A Carta

A Carta

Para entender a Constituição brasileira

organização
Naercio Menezes Filho
André Portela Souza

todavia

Apresentação 7

I. 1988-2018: Trinta anos de
constitucionalização permanente
Rogério B. Arantes (USP) e
Cláudio G. Couto (FGV/Eaesp) 13

II. Transferências fiscais no Brasil
Marta Arretche (USP/CEM) 53

III. O sistema de justiça brasileiro: Atores, atuação
e consequências do arranjo constitucional
Rafael Bellem de Lima (Insper)
e Natália Pires de Vasconcelos (USP) 83

IV. Educação: Avanços recentes
e propostas para o futuro
Naercio Menezes Filho (Insper/USP)
e Reynaldo Fernandes (USP) 117

V. A Constituição de 1988 e a Assistência Social
Ricardo Paes de Barros (Insper/Instituto Ayrton Senna),
Ricardo Henriques (Instituto Unibanco), Lycia
Lima (FGV/Clear; FGV/Cepesp) e Laura Muller
Machado (Insper/Instituto Ayrton Senna) **143**

VI. A saúde na Constituição de 1988:
Trinta anos de SUS e os desafios pela frente
Rudi Rocha (FGV/Eaesp) **173**

VII. Regulação do mercado de trabalho:
Dualidades cristalizadas
André Portela Souza (FGV)
e Hélio Zylberstajn (USP) **203**

VIII. A Constituição Federal de 1988
e a Previdência Social
Paulo Tafner (Fipe/USP) **231**

Apresentação

Naercio Menezes Filho
André Portela Souza

Este é um livro sobre a Constituição brasileira de 1988 escrito por um grupo de autores com diferentes formações para ser lido por um público amplo, e não apenas por constitucionalistas. O desejo de organizá-lo surgiu por entendermos que as pessoas gostariam de ter acesso a um livro que explicasse as características principais da Carta Magna de 1988 e suas consequências para as políticas públicas no Brasil de forma descomplicada, a partir de uma linguagem acessível para os que não são especialistas em direito.

A Constituição completou trinta anos em 2018. Além de ser um ótimo momento para celebrar a nossa democracia, é também uma oportunidade para analisar, refletir e debater o seu legado no campo das políticas públicas. Há um debate perene entre especialistas com relação aos efeitos da Constituição. Por um lado, a sociedade parece perceber que a Constituição firmou uma noção ampla de direitos e garantiu a ampliação de acesso aos sistemas de saúde, educação e proteção social para as famílias mais pobres, que estavam excluídas desses sistemas. Por outro lado, vários especialistas vêm alertando há algum tempo que a Carta e suas emendas acabaram contendo um número demasiado de regulações sobre políticas públicas, o que teria dificultado mudanças necessárias com o passar do tempo. Além disso, também questionam a sustentabilidade das despesas públicas num contexto em que o Estado acaba atendendo também aos grupos com maior poder de organização, em vez de focar nos mais necessitados, o que pode acabar concentrando ainda mais a renda do país. Afinal, quem está com a razão?

Os capítulos deste livro tentam responder a essa e a outras questões. Qualquer pessoa que queira entender as políticas públicas no Brasil precisa levar em conta a Constituição. Os autores deste livro são cientistas sociais especializados em política, direito ou economia, que se deparam com questões importantes quando estudam as políticas públicas no país: Por que regulamentar políticas públicas na Constituição? O que de fato está regulamentado em cada uma das áreas? Os objetivos das regulamentações foram alcançados? Quais as consequências dessas regulamentações para a sociedade? Seria necessário apenas reformar a Constituição ou fazer uma nova, partindo do zero, para garantir as promessas de 1988?

Vale ressaltar que todos os autores dos capítulos foram convidados a participar do livro pelo seu conhecimento e excelência de pesquisa no tema e não pela sua posição a respeito da Constituição. Assim, não se deve esperar uma opinião única com relação à Carta em todos os capítulos. Pelo contrário, será possível encontrar vários argumentos favoráveis e desfavoráveis ao texto constitucional ao longo do livro. Ao fim, o julgamento caberá ao leitor.

No primeiro capítulo, Rogério B. Arantes e Cláudio G. Couto fazem uma análise do texto original da Constituição de 1988 e de como ele se transformou desde então, por meio do emendamento constitucional. Ao compararem nossa Carta com Constituições de outros países, observam que a brasileira apresenta uma curiosidade: ela não para de crescer, tendo aumentado 44% desde sua promulgação. Embora Constituições se destinem a organizar a estrutura política básica (*Polity*) de um país, por vezes também incorporam políticas públicas (*Policy*), com consequências importantes para o processo governamental. Os autores mostram que a Carta de 1988 e suas várias emendas posteriores constitucionalizaram um grande número de políticas públicas. Mas, como tais políticas precisam ser reformadas de tempos em tempos, o emendamento constitucional permanente se faz necessário, implicando custos mais elevados de governabilidade.

No segundo capítulo, Marta Arretche trata das transferências fiscais no Brasil, discutindo a descentralização das políticas públicas estabelecida pela Constituição e a forma de financiamento dessas políticas. A autora explica como o sistema de transferências visou minimizar as incertezas associadas a um modelo descentralizado, ao mesmo tempo que produziu impactos não triviais no orçamento da União. Composto por várias camadas de transferência de recursos, esse sistema de transferências fiscais compensa desigualdades de capacidade de gasto entre estados e municípios, mas suas regras deveriam ser revistas de modo a priorizar aqueles entes com maior concentração de população vulnerável.

No terceiro capítulo, Rafael Bellem de Lima e Natália Pires de Vasconcelos discutem o novo sistema de justiça nacional criado pela Constituição de 1988. Argumentam que, se por um lado a Constituição estendeu o acesso ao sistema judiciário para minorias antes excluídas, por outro ampliou o papel do poder judiciário e demais órgãos da Justiça na execução de políticas públicas, aumentando muito o custo do sistema para a sociedade. Segundo os autores, o sistema judiciário brasileiro agora tem amplo papel de controle e redefinição de programas e políticas, chegando inclusive a redistribuir recursos entre setores da sociedade de acordo com seus critérios.

Os capítulos seguintes tratam do impacto da Constituição nas políticas sociais.

Naercio Menezes Filho e Reynaldo Fernandes discutem como as emendas à Constituição que introduziram o Fundef e depois o Fundeb ampliaram o acesso à educação no Brasil, mas não resolveram o problema da sua qualidade, que permanece baixa. Os autores propõem mudanças no sistema de gestão e avaliação da educação como o próximo passo para garantir melhorias no aprendizado dos alunos.

Ricardo Paes de Barros, Ricardo Henriques, Lycia Lima e Laura Muller Machado tratam da assistência social, mostrando que a Constituição foi a primeira a explicitar a garantia dos direitos sociais a todos os cidadãos. Além disso, a Carta estabeleceu que a regulação da assistência ficaria a cargo do governo federal, mas que o atendimento seria feito pelos estados e municípios com a participação de entidades do terceiro setor. Os autores mostram que os avanços no atendimento aos mais pobres foram substanciais nas últimas três décadas, mas que há muito ainda a ser feito nessa área e que nem todos esses avanços devem ser necessariamente atribuídos à Constituição.

Rudi Rocha explica a criação do Sistema Único de Saúde (SUS), que estabeleceu uma ampla gama de serviços de saúde de forma gratuita, administrado pelo Estado e com recursos públicos. Segundo o autor, o SUS foi o principal mecanismo de inclusão social no país, atendendo dezenas de milhões de brasileiros todos os anos, incluindo programas de atendimento comunitário, imunização e tratamento de aids. Como resultado da criação do SUS, a expectativa de vida cresceu e a mortalidade infantil decresceu substancialmente. Porém, há muitos desafios a serem enfrentados pela sociedade brasileira para sustentar esse sistema, especialmente com o envelhecimento da população e o aumento da carga de doenças.

André Portela Souza e Hélio Zylberstajn analisam no capítulo VII o sistema de regulação do mercado de trabalho definido pela Constituição. Segundo os autores, o sistema atual tem dualidades, já que o trabalhador no setor público é tratado de forma diferente do trabalhador no setor privado, ao mesmo tempo que o trabalhador formal tem um amplo sistema de garantias e o informal fica praticamente desassistido. Esse sistema, de acordo com eles, incentiva a rotatividade e diminui os incentivos para a produtividade. Os autores veem avanços obtidos com a reforma trabalhista recente, mas propõem mais mudanças na Justiça do Trabalho, articuladas com a reforma da previdência e tributária.

Por fim, Paulo Tafner trata da questão da previdência social, amplamente debatida nos dias de hoje. O autor deixa claro, através de uma análise cuidadosa dos dados, que o sistema previdenciário é deficitário e que as despesas triplicaram em termos reais, de tal forma que nossos gastos com previdência como porcentagem do PIB são equivalentes aos de sociedades que já passaram pelo processo de transição demográfica. Assim, Tafner sugere mudar a Constituição para reformar a previdência, alterando os valores e as regras de acesso aos benefícios.

Não podemos deixar de agradecer as várias pessoas que contribuíram para tornar este projeto possível. Marcos Lisboa, presidente do Insper, sempre apoiou todo o processo. Os debatedores convidados e demais participantes dos seminários de preparação do livro também contribuíram bastante para aprimorar os capítulos. Nossos sinceros agradecimentos a Fabio Giambiagi, Fernanda Estevan, Fernando Limongi, Fernando Haddad, José Pastore, José Roberto Afonso, Mônica Viegas, Virgílio Afonso da Silva e Wanda Engel. Por fim, agradecemos aos editores da Todavia que fizeram sugestões importantes em todos os capítulos para tornar a sua leitura mais prazerosa.

Acreditamos que o leitor tem em mãos um conjunto de reflexões que poderão contribuir para o entendimento dos últimos trinta anos de democracia no Brasil e também para o debate sobre o futuro dessa democracia e das políticas públicas nos anos vindouros.

I.
1988-2018: Trinta anos de constitucionalização permanente*

Rogério B. Arantes (USP)
Cláudio G. Couto (FGV/Eaesp)

*No mundo da política,
as pessoas nunca tentam
restringir a si próprias,
mas apenas aos outros.*[1]

A Constituição hoje

Engana-se quem comemora os trinta anos da Constituição achando que a Carta que temos hoje é a mesma de 1988. Tal como os seres vivos, ela se transformou sensivelmente com a passagem do tempo. Embora carregando ou mesmo sendo predeterminada por forte carga genética, nossa Constituição sofreu a influência de mudanças no meio ambiente e, sobretudo, foi transformada pela ação deliberada do homem, isto é, dos políticos.

Marco da transição democrática, mais comemorada por suas virtudes do que atacada por seus defeitos, a Constituição de 1988 apresenta uma característica um tanto incomum em relação às suas congêneres no mundo: ela não para de crescer.

* Agradecemos a Fernando Haddad e Fernando Limongi, bem como aos demais participantes do seminário de preparação deste livro, pelos comentários.   1 A frase é de Jens Arup Seip, em diálogo com Jon Elster, citado por este no prefácio de seu livro *Ulysses Unbound* (2000), no qual o autor revê sua teoria da Constituição como autorrestrição, desenvolvida em *Ulysses and the Sirens* (1979).

Modificado inúmeras vezes por meio de emendas constitucionais, o texto que completa três décadas — um dos mais duradouros de nossa história republicana — é 44% maior do que quando foi promulgado. Medida na forma de dispositivos — conforme veremos a seguir —, a Carta original somava 1855 deles (considerados o texto principal e o Ato das Disposições Constitucionais Transitórias) enquanto o texto atual é formado por 2683 dispositivos (considerados os originais e os acrescidos por mais de cem emendas aprovadas neste período).

Promulgada em 5 de outubro de 1988, pode-se dizer que a Constituição deitou raízes e passou a estruturar a vida do país em diversas dimensões, da política à economia, dos direitos individuais e coletivos às políticas públicas, do funcionalismo às finanças públicas, dentre inúmeras outras. Instituições e órgãos diversos passaram a atuar com base nela, usufruindo de novas prerrogativas, mas entrando em choque e tensionando seus limites muitas vezes. Atores sociais e políticos invocaram a "Constituição cidadã" na luta por igualdade e justiça, outros por liberdade e direitos de minorias. O que parecia então um texto promissor, porque democrático, exaustivamente debatido, longa e detalhadamente redigido, não conheceu, todavia, a estabilidade almejada. Por razões que este capítulo pretende explicar, a Constituição de 1988 permaneceu em constante transformação e significativo crescimento. Ou dito de outra forma, governos e legislaturas de diferentes colorações partidárias investiram sobre a Constituição e realizaram mudanças na Carta durante praticamente todo o período. Desde 1992, quando foi aprovada a primeira emenda constitucional, até 2018, não se passou ano sem que a Constituição tivesse sido alterada pelo menos uma vez ou que novos elementos tivessem sido a ela acrescentados por meio de emendamento constitucional.

Mais do que modificar o texto original, maiorias políticas lançaram mão de novas emendas para acrescentar mais elementos à Constituição. Emendas têm sido utilizadas nestes trinta anos não apenas para modificar aspectos da estrutura institucional do país, mas principalmente para estabelecer ações de governo e novas políticas públicas. A constitucionalização de políticas públicas foi uma escolha do constituinte originário, em 1987-8; dela decorreu a necessidade de um contínuo processo de emendamento constitucional, pelo constituinte derivado, o que por sua vez levou à introdução de ainda mais políticas públicas na Constituição, requerendo a continuidade do emendamento, num processo que se retroalimenta. Essa é a principal razão pela qual esses trinta anos foram marcados por um estado de constitucionalização permanente e, como veremos aqui, pelo crescimento ininterrupto do texto constitucional.

Este capítulo pretende apresentar as características que fizeram da Constituição de 1988 um caso singular. Voltaremos ao texto original para mostrar sua composição genética e como esta determinou em grande medida a carta constitucional que temos hoje. Em seguida, descreveremos como o emendamento foi praticado por sucessivos governos com vistas principalmente à execução de suas políticas, alterando o fenótipo constitucional ao longo do tempo. A aprovação de uma emenda exige quórum mais elevado do que aquele necessário para aprovar legislação infraconstitucional, mas ao constitucionalizar uma determinada política, a maioria política limita as possibilidades de veto de outros atores institucionais — o Judiciário e os governos estaduais, por exemplo — e ainda vincula as gerações seguintes às suas preferências atuais. Em seção específica examinaremos a dinâmica da política constitucional, tal como ela ocorre nos marcos do presidencialismo de coalizão e na interação com o Judiciário, responsável pelo controle de constitucionalidade das leis. Por fim, discutiremos se os tradicionais votos de saúde e muitos anos de vida fazem sentido neste trigésimo aniversário e que futuro parece reservado à Constituição de 1988.

Por que a Constituição se tornou o que é hoje:
O código genético da Constituição de 1988

Constituições são um conjunto de dispositivos que visam estruturar e regular aspectos fundamentais da organização de determinadas comunidades políticas. Em geral escritas (mas há também as não escritas), procuram definir os elementos básicos do Estado e da nação, os direitos fundamentais civis, políticos e sociais, bem como as regras do jogo que presidirão as relações entre as instituições estatais e a sociedade e daquelas entre si.

Embora a qualidade das normas estabelecidas por uma Constituição importe para a sua aceitação e durabilidade, Constituições são consideradas leis de status superior, às quais todos devem obediência, porque são protegidas por mecanismos institucionais que lhes asseguram tal superioridade. Curiosamente, o primeiro e mais importante desses mecanismos é o mesmo que permite sua atualização ao longo do tempo. Trata-se da regra de emendamento, de que a quase totalidade dos textos constitucionais dispõe. Variando de Constituição para Constituição, essa regra estabelece o quórum político necessário e procedimentos especiais para que o texto possa ser modificado de tempos em tempos. Ao impor tais exigências, a mesma regra que autoriza a mudança torna a Constituição um diploma legal mais difícil de alterar do que as leis comuns, e daí a superioridade da primeira em relação a essas últimas.

O segundo mecanismo importante, embora não presente na totalidade dos regimes constitucionais e com razoável variação na forma concreta como se dá, diz respeito à possibilidade de controlar e/ou revisar a constitucionalidade das leis e atos normativos produzidos pelos diferentes poderes, mas especialmente pelo Legislativo. Regimes que estabelecem esse tipo de controle, entregando a função ao Judiciário ou a Cortes

Constitucionais especialmente desenhadas para essa finalidade, buscam proteger a Constituição e lhe assegurar superioridade frente a leis comuns que podem ser invalidadas caso ofendam a lei maior. Pode-se dizer que outros tantos mecanismos são úteis ao *enforcement* da Constituição, tais como a separação de poderes e funções (que impede a concentração num mesmo ramo e promove controles recíprocos na forma clássica dos *checks and balances*), a criação de órgãos específicos de controle interno e externo até a adesão a tratados internacionais, incorporando âncoras externas ao texto constitucional.

No médio e longo prazos, Constituições podem ser bem ou malsucedidas no intuito de criar regimes políticos e estabilizá-los, de funcionar como estímulo para o desenvolvimento da cidadania e como limite ao exercício do poder político, podem durar décadas e às vezes séculos, como podem sucumbir à primeira mudança brusca do ambiente externo. No mais abrangente estudo sobre nascimento, vida e morte das constituições existentes entre 1789 e 2005, Elkins, Ginsburg e Melton (2009) demonstraram que a mediana de duração das Constituições nesta longa história foi de apenas dezenove anos. Examinando fatores endógenos e ambientais responsáveis pela durabilidade constitucional, concluíram que os primeiros se mostraram mais importantes do que os segundos. E contrariando o senso comum, segundo o qual Constituições mais enxutas e mais rígidas são as melhores,[2] os autores revelaram que Cartas mais detalhadas, porém não muito difíceis

---

2 O senso comum é claramente influenciado pelo exemplo da Constituição americana de 1789, tomada como paradigma por ser uma das menores e mais difíceis de mudar, graças a sua rígida regra de emendamento. De fato, como mostra a Tabela 1, há outras constituições pequenas e duradouras, como a da Noruega (1814) ou mesmo a do Canadá (1867) e a da Bélgica (1831), mas à luz dos achados de Elkins et al. pode-se dizer que constituições deste tipo são exceções e não a regra.

de mudar, que tenham sido elaboradas por processos políticos inclusivos e que deram origem igualmente a instituições políticas inclusivas, tendem a durar mais do que aquelas nas quais não estão presentes tais características. A Constituição brasileira de 1988 aproxima-se deste último modelo de Constituição duradoura empiricamente verificado por Elkins et al. Não por acaso, ela é muito citada no livro destes autores. Elaborada por uma Assembleia Constituinte eleita para essa finalidade (embora não exclusiva), discutida, redigida e votada por um método bastante descentralizado e participativo, mas envolta num ambiente de incerteza sobre o futuro da política democrática, a Constituição de 1988 apresentou características propícias à durabilidade: é detalhada, inclusiva e relativamente fácil de mudar. Segundo Elkins et al., Constituições que reúnem esses atributos convidam os atores políticos relevantes à permanente renegociação do marco constitucional e se transformam elas mesmas no ponto focal da interação política desses atores.

Em um ranking de 2016, a Constituição brasileira era a terceira maior em número de palavras, entre 190 países pesquisados, ficando pouco atrás da Carta da Nigéria (de 1999) e da primeira e extensíssima Constituição da Índia (de 1949). Em quantidade de direitos, ocupa a décima posição, ficando atrás das mais jovens do Equador (de 2008), da Bolívia (de 2009) e de Angola (de 2010), mas também de casos peculiares como México (de 1917) e Portugal (1976). A título ilustrativo, a Tabela 1 traz informações sobre vinte dos 190 países considerados.

A Constituição brasileira não é apenas extensa e pródiga em direitos. Ao cobrir uma infinidade de temas e problemas, a Constituição de 1988 acabou por constitucionalizar políticas públicas, para além do arcabouço institucional básico do regime democrático brasileiro. Desde trabalhos anteriores (Arantes, 2008, 2009, 2012; Arantes e Couto, 2003, 2006) temos desenvolvido uma

Tabela 1 — Constituições de países selecionados (ordenadas por tamanho)

País	Ano de promulgação	Tamanho (em palavras)	Posição no Ranking de 190 países	Número de direitos*
Índia	1949	146 385	1	44
Nigéria	1999	66 263	2	57
Brasil	**1988**	**64 488**	**3**	**79**
México	1917	57 087	6	81
Equador	2008	54 555	9	99
Quênia	2010	48 818	14	72
África do Sul	1996	43 062	22	60
Bolívia	2009	39 375	31	88
Venezuela	1999	37 344	35	82
Portugal	1976	35 219	40	87
Alemanha	1949	27 379	57	48
Angola	2010	27 181	59	80
Sérvia	2006	19 891	75	88
Canadá	1867	19 565	80	36
Rússia	1993	12 908	116	64
França	1958	10 180	145	13
Estados Unidos	1789	7762	166	35
Noruega	1814	7307	170	39
Japão	1946	4998	186	48
Mônaco	1962	3814	190	26

* Segundo Elkins, Ginsburg e Melton, coordenadores do banco de dados: *"Number of Rights* — In our ongoing book project on human rights, we analyze a set of 117 different rights found in national constitutions. The rights index indicates the number of these rights found in any particular constitution". Disponível em: <http://comparativeconstitutionsproject.org/ccp-rankings/>.

FONTE: Elaborada pelos autores a partir do *Comparative Constitutions Project* (2016).

metodologia de análise constitucional que nos permite demonstrar esse curioso fenômeno. A seguir, apresentamos de maneira sumária os seus principais passos, mas o leitor interessado em maior detalhamento pode recorrer aos trabalhos citados.

O primeiro passo de nossa metodologia é teórico, e envolve um esforço de distinguir duas dimensões normativas do processo político democrático que, por economia de linguagem, denominamos de *Polity* e *Policy*. A primeira dimensão (*Polity*) é justamente aquela que a maioria dos autores chamaria de Constituição. Trata-se da normatividade de nível *constitucional*, que se caracteriza por estabelecer os elementos centrais da organização política e os parâmetros gerais do jogo político. Tais elementos devem ser dotados de generalidade e relativa neutralidade para que os atores políticos relevantes adiram ao pacto democrático e para que nenhum deles em particular se considere no direito de subvertê-lo. Se normas fundamentais introduzem divisões assimétricas de poder, privilegiando uns e prejudicando outros, dificilmente o arcabouço constitucional será aceito e, se imposto unilateralmente, dificilmente perdurará em paz.

A segunda dimensão (*Policy*) é justamente aquela que a maioria dos autores *não* chamaria de Constituição. Trata-se da normatividade de nível *governamental*, isto é, das normas produzidas por governos com vistas à implementação de suas políticas. Neste sentido, elas veiculam as preferências daqueles que conquistaram o poder de governar legitimamente e delas não se deve esperar neutralidade ou generalidade. Políticas públicas se caracterizam pelo recorte partidário e o princípio da alternância no poder permite que elas sejam revistas de tempos em tempos. Mesmo que sejam específicas e controversas, as normas que introduzem *Policy* não ameaçam a estrutura fundamental da *Polity* e, por essa razão, não despertam nos diferentes atores a sensação de risco à ordem democrática. Ganhar e perder nesse plano são resultados aceitáveis, desde que as regras constitucionais propiciem confiança intertemporal suficiente para manter a todos no jogo. Em termos ideais, pode-se concluir que um bom regime democrático é aquele no qual *Polity* e *Policy* não se confundem, e enquanto a primeira se encarrega da estabilidade, a segunda se presta bem à mudança. Se a dimensão da *Polity* mudasse ao sabor das rivalidades entre os atores, o regime seria necessariamente instável; se a dimensão da *Policy* tivesse resultados substantivos congelados no tempo, de nada ou muito pouco serviria a alternância no poder entre os contendores. Num cenário ou noutro, pode-se dizer que a democracia estaria em risco.

Estabelecidas as dimensões *Polity* e *Policy* do processo político-democrático, o segundo passo de nossa metodologia é traduzi-las em elementos observáveis no interior dos textos constitucionais. Resumidamente, considerando a experiência dos regimes liberal-democráticos contemporâneos, é razoável assumir que a *Polity* contempla quatro ordens de fatores, que podem ser encontrados justamente nas cláusulas que estipulam: (1) o Estado, a nação e a nacionalidade; (2) direitos civis e políticos; (3) regras do jogo institucional, estruturas e procedimentos fundamentais do sistema político; (4) direitos materiais orientados para o bem-estar.

Quanto à primeira ordem de fatores, Constituições se notabilizam desde o século XVIII por definir a estrutura básica do Estado, os contornos externos e internos da nação (isto é, seu território, mas também eventuais subdivisões internas como as de corte linguístico, étnico, cultural ou simplesmente político-administrativo na forma do federalismo), os critérios de nacionalidade e o regime político a ser adotado.

A segunda ordem é clássica e se confunde com a origem do próprio constitucionalismo: ela define os direitos de cidadania e os termos básicos de sua relação com o Estado. Primeiramente importam os direitos civis, que protegem os indivíduos, asseguram a propriedade e constituem a ampla esfera das relações privadas, mas também das liberdades públicas como as de expressão, de fé religiosa etc. Em seguida importam os direitos políticos, que promovem a participação e habilitam os cidadãos a intervirem na política pelo voto, pelas manifestações, pela organização de partidos e pelo exercício de cargos públicos.

A terceira ordem de fatores diz respeito ao emaranhado de regras necessárias ao funcionamento da *Polity*. Em poucas palavras, são as chamadas *regras do jogo*, pelas quais as Constituições são bastante conhecidas. A complexidade do arcabouço institucional definirá a quantidade de regras e procedimentos. Se um país separa rigorosamente os poderes Executivo, Legislativo e Judiciário, adota o federalismo em três níveis (União, estados e municípios), dispõe de uma pletora de agências, órgãos e empresas que se espraiaram historicamente para os mais diferentes domínios, das atividades econômicas às sociais, de defesa, controles da própria administração e de justiça, é bastante provável que sua Constituição assuma a forma de uma extensa teia de regras responsáveis por estabelecer competências e regular suas relações recíprocas.

Por fim, mas não menos importante, a *Polity* democrática não se resume a um leque de regras e instituições e aos direitos de participar ou delas se proteger, mas requer igualmente um conjunto de direitos materiais orientados para o bem-estar social, essenciais para promover a adesão de todos ao pacto democrático. A inserção de direitos como educação, saúde, trabalho, segurança e outros deve igualmente respeitar os critérios de generalidade e neutralidade apontados acima, não se confundindo com a *Policy* a ser escolhida para a sua implementação. Uma Constituição pode conter tais tipos de direitos — e isto tem sido cada vez mais frequente — e não necessariamente predefinir as políticas públicas a eles associadas. Embora mais suscetíveis a essa confusão, é possível estabelecer direitos materiais como princípios fundamentais, deixando às maiorias políticas futuras o papel de implementá-los conforme o resultado dos embates políticos democráticos. Se a Constituição antecipa a política específica, por mais bem-intencionada que seja, pode na verdade antecipar interesses particulares e privilégios de grupos que poderão produzir, mais adiante, o efeito contrário à esperada adesão ao acordo constitucional, sujeitando a própria Carta à instabilidade das mudanças frequentes. Assim, à luz de nossa metodologia, é possível distinguir uma "Constituição programática" — dedicada a promover o bem-estar social — de uma Constituição *policy-oriented* — que, imbuída ou não dos mesmos propósitos, desce ao plano governamental e constitucionaliza políticas públicas.

Estes dois passos da metodologia nos permitem finalmente distinguir, no interior dos textos constitucionais, os elementos conformadores de *Polity* e as políticas públicas eventualmente constitucionalizadas. Com base na distinção entre a normatividade constitucional e a normatividade governamental, é possível identificar na Constituição dispositivos de *Policy* em estado puro, isto é, aqueles que não se relacionam com nenhum dos quatro tipos de *Polity* e veiculam políticas públicas na forma direta de ações governamentais. Há também dispositivos que, embora relacionados aos quatro tipos de *Polity*, ganham formulações tão específicas e controversas que acabam por afrontar os princípios da generalidade e neutralidade que se esperam das normas constitucionais. Neste sentido, são *Policy*, não em estado puro, mas por sua especificidade e controvérsia.

O terceiro passo da metodologia é quantificar *Polity* e *Policy* no interior dos textos constitucionais. Pesquisadores estrangeiros dedicados ao estudo empírico de cartas constitucionais costumam usar o número de palavras como medida do tamanho das Constituições e, quando realizam estudos qualitativos, costumam partir de uma tábua prévia de elementos (direitos ou funções governamentais, por exemplo) para identificar sua presença ou não nos textos constitucionais comparados. Nenhuma dessas formas nos permitiria uma codificação exaustiva do inteiro teor das Constituições, nem uma maneira segura de compará-las. Por isso, nossa metodologia trabalha com dispositivos, definidos como a menor unidade de texto dotada de sentido completo. Alcançar empiricamente essa unidade nos obriga a examinar artigos, parágrafos, alíneas e incisos de uma Constituição, isolando cada trecho capaz de formar um dispositivo. Por vezes, o caput de um artigo encerra sentido completo e assim ocupa uma linha de nosso banco de dados. Outras vezes ele depende do parágrafo subjacente para se completar e ambos reunidos formam então um dispositivo. A situação de incompletude pode se estender por incisos, alíneas e letras até que se forme o sentido completo e nesse corte e costura da Constituição podemos chegar finalmente não só ao seu tamanho real, mas a unidades que podem ser examinadas e classificadas qualitativamente.

Aplicamos essa metodologia à Constituição de 1988. Seu texto principal original, formado por 245 artigos, desdobrou-se em 1627 dispositivos, enquanto os setenta artigos do Ato das Disposições Constitucionais Transitórias (ADCT) se desdobraram em outros 228 dispositivos. Passamos então à classificação do texto principal em dispositivos de *Polity* e *Policy*.

Examinados os 1627 dispositivos do texto principal original, chegamos a 69,3% de *Polity* e 30,7% de *Policy* constitucionalizada.

Considerando os títulos que compõem a Constituição, o "Da organização dos poderes" é responsável por 537 ou quase ⅓ do total de dispositivos da Carta, o que sugere a preocupação dos constituintes em organizar detalhadamente essa dimensão do sistema político brasileiro. Composição, competências, prerrogativas e regras de funcionamento dos poderes Executivo, Legislativo, Judiciário e órgãos como Ministério Público, Advocacia-Geral da União, Defensoria Pública, entre outros, são os objetos tratados no título IV. Do total de dispositivos desse título, 398 são justamente *regras do jogo*, pois tratam também de elegibilidade e investidura nas respectivas carreiras públicas, bem como de normas relativas ao exercício dos cargos (mandatos, imunidades, responsabilidades etc.); regulamentam o processo legislativo, a fiscalização financeira e orçamentária do governo e outros procedimentos para o controle recíproco entre os Poderes; descem a detalhes na organização do Judiciário federal e impõem linhas gerais para a organização da Justiça nos estados.

O segundo maior título é "Da organização do Estado", que estabelece a estrutura político-administrativa do país, com ênfase na dimensão do federalismo, dos governos subnacionais e de suas relações com a União. Embora propenso a definir Estado e Nação, esse título também se notabiliza pela presença de regras do jogo e é aquele que apresenta, proporcionalmente, o maior número de dispositivos de *Polity* dotados de mais de um sentido, justamente aqueles que somam em sua definição elementos estruturais do Estado e da Nação com regras de relacionamento entre eles. Os direitos de cidadania, sejam os civis e políticos, sejam os materiais voltados ao bem-estar, aparecem em maior proporção, como era de esperar, no título "Dos Direitos e Garantias Fundamentais" e "Da Ordem Social". Embora a nova Carta tenha sido denominada de "Constituição cidadã", todos esses direitos somados perfazem apenas 14% da *Polity* democrática brasileira.

Com efeito, embora a Constituição mereça ser celebrada pelos direitos de cidadania que estabeleceu, seu texto é um dos maiores do mundo por outras razões. Mais da metade da *Polity* democrática (excluídos os dispositivos de *Policy*, portanto) é formada exclusivamente por *regras do jogo* (54,7%), característica também predominante nos demais 24,4% de dispositivos que foram classificados com mais de um sentido de *Polity*. Isso corresponde de fato à complexidade do arranjo institucional resultante da redemocratização do país e o constituinte não poupou palavras para estabelecer divisões de prerrogativas e funções entre os atores institucionais, os mecanismos operacionais do processo decisório governamental e os tempos e prazos que balizam tais processos, nos três poderes e demais órgãos, e por todos os níveis da Federação.

A outra razão da extensão constitucional diz respeito ao fato de que 30,7% do texto é composto por políticas públicas constitucionalizadas. Com exceção do título "Dos Princípios Fundamentais" (que dispõe apenas de 22 dispositivos), todos os demais títulos de nossa Constituição *policy-oriented* apresentam dispositivos de *Policy*, sendo cinco deles acima da média de 30,7% e três abaixo: o título "Da Ordem Econômica e Financeira" apresenta o maior índice de *Policy* (71,2%), seguido do "Das Disposições Gerais"; com 62,5%; "Da Ordem Social", com 59,9%; "Da Tributação e do Orçamento", com 34,3%; "Da Organização do Estado", com 29,4%; "Da Organização dos Poderes", com 10,2%; e "Da Defesa do Estado e das Instituições Democráticas", com 3,6%.

Dos 499 dispositivos classificados como *Policy*, 180 deles (36,1%) são políticas públicas em estado puro e nem sequer estão associadas a um dos quatro princípios constitucionais da *Polity*. Outros 45,5% ao menos tangenciam um daqueles quatro tipos, mas seu nível de especificidade é tal que se aproximam mais da normatividade governamental e não constitucional e por isso foram classificados como *Policy* por especificidade. Pelo critério de controvérsia, quarenta dispositivos que remetem a aspectos da *Polity* também receberam a classificação de *Policy*, porque introduzem elementos de dissenso onde caberia apenas o consenso básico que deve caracterizar regras propriamente constitucionais. Por fim, outros 52 dispositivos foram classificados como *Policy* por serem simultaneamente específicos e controversos. Em tese, dispositivos de *Policy* poderiam pertencer ao reino das leis complementares e ordinárias, sem prejuízo até mesmo dos dispositivos de *Polity* aos quais eventualmente estejam referidos.

Com essas características, a Constituição de 1988 pode ser considerada bastante singular, especialmente quando a comparamos com as Cartas anteriores e mesmo com as de outros países selecionados. A Tabela 2 oferece essa comparação. De inspiração socialista, a pioneira Constituição mexicana de 1917 é a que mais se aproxima da brasileira de 1988 em termos de *Policy* constitucionalizada, mas em termos absolutos estamos falando de 103 dipositivos, enquanto a nossa dispõe de 499. Mesmo a Constituição portuguesa de 1976, tida como inspiração para a brasileira, é mais tradicional do que se imagina, pois contém apenas 42 dispositivos de *Policy*, em meio a um total de 933. A brasileira não só é bem maior, como sua taxa de *Policy* constitucionalizada é quase sete vezes maior do que a da portuguesa.

Na comparação com as anteriores, a Constituição de 1988 mostra-se bastante diferenciada, seja pelo tamanho (tem, por exemplo, o dobro de dispositivos de sua antecessora), seja pela quantidade de *Policy* constitucionalizada. É fato que já em 1934 atingimos o patamar expressivo de 15,2% de políticas públicas inseridas no texto, mas nenhuma das Cartas se assemelha à de 1988. Outra comparação interessante, baseada na Tabela 2, é aquela que nos permite ver como Constituições que inauguram períodos democráticos tendem a constitucionalizar proporcionalmente mais *Policy* do que aquelas que inauguram regimes autoritários, ou ainda muito pouco democráticos, como as do Império e da Primeira República. O paradoxo dessa maior

Tabela 2 — Constituições brasileiras e estrangeiras comparadas*

Constituições brasileiras	% *Policy* (Total)	Constituições estrangeiras	% *Policy* (Total)
1824	3,5% (287)	México (1917)	17% (606)
1891	2,7% (335)	Venezuela (1999)	8,4% (1107)
1934	15,2% (782)	Portugal (1976)	4,5% (933)
1937	13,2% (492)	Alemanha (1949)	0,8% (500)
1946	12,6% (767)	Estados Unidos (1789)	0,8% (125)
1967	8,6% (873)	Itália (1947)	0,5% (400)
1988	30,7% (1627)	Espanha (1978)	0,3% (667)

* Os percentuais se referem à proporção de *Policy*, e os números absolutos entre parênteses dizem respeito ao total de dispositivos da Constituição.

FONTE: Contamos com Bruna Angotti para a classificação das Constituições brasileiras anteriores a 1988, e com Lincoln Noronha para a classificação das estrangeiras, no âmbito do projeto Constitucionalismo e Democracia em Perspectiva Comparada.

constitucionalização em períodos democráticos deriva de que tais Constituições tendem a diminuir a margem de governabilidade das maiorias políticas futuras, uma vez que obrigam, mais do que as autoritárias, a que governos democraticamente eleitos arquem com os custos de governar por meio de maiorias qualificadas, necessárias para emendar o texto constitucional.

Entre as Constituições brasileiras, a de 1988 elevou esse paradoxo ao paroxismo. Seguramente, nenhuma Constituinte anterior foi tão aberta, descentralizada na forma de trabalhar, participativa do ponto de vista social e político e submetida permanentemente a escrutínio público como a de 1987-8. Todavia, foi justamente pelo método adotado de elaboração e votação que chegamos a um texto tão grande e tão carregado de interesses e políticas específicas constitucionalizadas. A Constituição de 1988 não partiu de um projeto prévio, foi costurada em subcomissões e comissões, cujos textos produzidos foram empilhados numa redação final que, mais do que qualquer outra coisa, reflete a soma de inúmeras partes, mas não um todo básico e coerente. Dessa forma, chegou-se a uma Constituição extensa e detalhada, que enredou as gerações futuras em compromissos pontuais e conjunturais que, para serem revistos, necessitam de maiorias mais amplas do que as democraticamente eleitas.

A expansão constitucional ao longo de trinta anos: Carga genética e sua descendência

Ao constitucionalizar políticas públicas, o texto de 1988 desceu à normatividade governamental, impondo aos sucessivos mandatários o desafio de governar com a Constituição. Se o constituinte optou por uma Constituição extensa e *policy-oriented*, também adotou uma regra de emendamento que requer os votos de no mínimo ⅗ dos membros da Câmara dos Deputados e do Senado Federal, em duas votações consecutivas em cada casa. Para os padrões internacionais, essa regra não deve ser considerada das mais exigentes, mas, no contexto do nosso multipartidarismo fragmentado, alcançar tais maiorias não é uma tarefa fácil para os governantes. Em contrapartida, a Constituinte de 1987-8 habilitou o presidente da República — aquele que em geral lidera mudanças nas políticas públicas — à proposição de PECs, prerrogativa que faltava aos executivos federais sob a Constituição de 1945, o que agravou as crises de governabilidade naquele período (Figueiredo, 1993).

Desde 1992, quando foi aprovada a primeira emenda constitucional, a Carta foi modificada 105 vezes até 2017, sendo 99 emendas aprovadas pelo método regular mencionado acima (art. 60 da CF88) e seis aprovadas durante a chamada Revisão

Constitucional.[3] Traduzidas em dispositivos pela nossa metodologia, as 105 emendas resultaram em 1319 novos dispositivos constitucionais. Em outras palavras, nestes trinta anos já produzimos, por meio de emendas, quase a mesma quantidade de dispositivos do texto principal promulgado em 1988. Basicamente, o emendamento constitucional pode modificar um dispositivo já existente ou mesmo retirá-lo da Carta, como pode acrescentar novos. Veremos adiante que essa atividade não se resumiu a essas três possibilidades e se tornou um pouco mais complexa no caso brasileiro. Antes, cabe destacar que as 105 emendas acrescentaram 192 dispositivos de *Polity* e retiraram apenas 33, num saldo positivo de 159 na dimensão normativa da *Polity*. Por outro lado, acrescentaram nada menos do que 720 dispositivos de *Policy* e retiraram apenas 64, num saldo positivo de 656 dispositivos relativos a políticas públicas. O saldo total final, somados *Polity* e *Policy*, foi positivo em 815 dispositivos. Considerados os 1855 originais de 1988 (texto principal e ADCT), nossa Constituição cresceu continuamente e está chegando ao seu aniversário de trinta anos 44% maior do que quando nasceu. O mais importante é que 80,5% desse crescimento diz respeito a novas políticas públicas constitucionalizadas.

Mais do que modificar, suprimir ou acrescentar dispositivos, o emendamento constitucional brasileiro evoluiu para uma teia complexa de inovações, conforme se pode ver pela Tabela 3.

---

3 Prevista no Ato das Disposições Constitucionais Transitórias, a Revisão Constitucional ocorreu entre 1993 e 1994. Apesar da regra facilitada de aprovação de emendas (maioria absoluta dos membros do Congresso Nacional, em sessão unicameral), a Revisão não alcançou os resultados esperados e apenas seis emendas foram aprovadas. Para uma análise das causas da frustração dessas expectativas criadas pela Revisão, ver Melo, 2002.

Tabela 3 — Tipos de dispositivos de Emendas (1992-2017, 105 emendas)

Tipos de dispositivos de emendas	Frequência	%
Aditivo	719	54,5%
Modificador de Texto Original	258	19,6%
Aditivo de Paraconstitucional	160	12,1%
Modificador de Adicionado	57	4,3%
Revogador de Texto Original	34	2,6%
Modificador de Modificador	28	2,1%
Renumerador de Texto Original	21	1,6%
Modificador de Paraconstitucional adicionado	18	1,4%
Outros dispositivos de 2ª rodada	9	0,7%
Outros dispositivos de 3ª rodada	7	0,5%
Outros dispositivos de 4ª rodada	3	0,2%
Outros dispositivos de 5ª rodada	1	0,1%
Outros diversos	4	0,3%
Total	**1319**	**100%**

FONTE: Elaborada pelos autores.

Surpreendentemente, mais da metade dos dispositivos de emenda aprovados (54,6%) se destinou a adicionar mais aspectos à Carta, enquanto apenas 2,6% tiveram a finalidade inversa, isto é, de retirar dispositivos do texto original. É importante destacar que a Tabela 3 se refere aos dispositivos das emendas e não do texto principal sobre o qual eles incidiram: os revogadores, por exemplo, podem incidir sobre a Carta de forma singular ou múltipla, ou seja, cada dispositivo de emenda pode retirar um ou mais dispositivos do texto original. Assim, os 34 revogadores por nós identificados nas emendas (além de alguns dispositivos de mais de uma rodada) foram responsáveis pela eliminação de 97 dispositivos constitucionais ao longo desses trinta anos, uma quantidade quase irrelevante se comparada àquela acrescida à Constituição.

Dentre os 1319 dispositivos aprovados, 19,6% se destinaram a modificar pontos do texto original e aqui encontramos um resultado que reforça nossa hipótese principal sobre a constitucionalização de políticas públicas em 1988: os dispositivos modificadores atingiram 12,7% da *Polity* democrática original e 22,4% (quase o dobro) da *Policy* constitucionalizada em 1988. A incidência sobre *Policy* é ainda mais sintomática quando observamos os 178 dispositivos que já estão na segunda rodada ou mais de modificações. Perfazendo nada menos do que 13,5% do emendamento, tais dispositivos modificam outros de emendas anteriores, numa sucessão de alterações que podem chegar a até cinco rodadas. Desses, nada menos do que 75% buscaram corrigir dispositivos de políticas públicas veiculadas anteriormente, ao passo que apenas 25% incidiram sobre dispositivos de *Polity*.

Outro dado que merece bastante atenção diz respeito aos 12,1% de dispositivos de emendas que denominamos de *paraconstitucionais*. Muitas emendas aprovadas não se limitaram a modificar, retirar ou acrescentar dispositivos, mas passaram a conter artigos autônomos que se situam no corpo da emenda, mas não são agregados formalmente ao texto constitucional principal. Constituem, portanto, uma espécie de Constituição paralela hoje formada por 159 dispositivos. Quem procurar por eles no texto compilado para o aniversário de trinta anos da Constituição não irá encontrá-los por lá; porém, tendo sido introduzidos por emenda, são igualmente constitucionais e merecem ser convidados para a festa.

O Gráfico 1 traz a Constituição que comemorou trinta anos em 2018. Trata-se de um texto bastante modificado, como temos visto até aqui. Sumarizando as modificações, a Constituição atual dispõe de mais 12,7% de definições de Estado e Nação e 15% a mais de Regras do Jogo, o que indica que o arranjo institucional brasileiro cresceu estruturalmente e se tornou ainda mais complexo do que era em 1988. A cidadania, como se vê, não se beneficiou tanto do emendamento constitucional, já que nos direitos civis e políticos o crescimento foi pífio (apenas 1,1%) e nos direitos materiais o acréscimo foi de 4,1%. Por outro lado, houve um crescimento de 52,3% do número de políticas públicas constitucionalizadas no texto principal da Constituição. Se considerarmos que, dos novos dispositivos acrescentados ao ADCT (que cresceu 121,1% no período), nada menos do que 97,8% também veicularam políticas públicas, e que dos novos dispositivos paraconstitucionais, 85% dizem respeito a *Policy*, resta evidente que governos e maiorias políticas, além de serem dependentes do legado de 1988, optaram por governar por meio da Constituição, constitucionalizando cada vez mais as políticas governamentais.

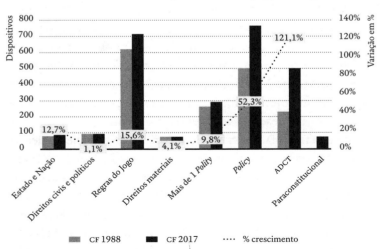

Gráfico 1 — Constituição: ontem e hoje (1988-2017)

FONTE: Elaborado pelos autores.

Governando com a Constituição no presidencialismo de coalizão

Em um dos estudos mais abrangentes sobre mudanças constitucionais na América Latina, Negretto (2012) demonstrou que a maior estabilidade que caracteriza as Constituições elaboradas em meio à terceira onda democrática na região (pós-1978) se deve a uma combinação virtuosa de "instituições que dividem poder, procedimentos mais flexíveis de emendamento constitucional, e fortes mecanismos de adjudicação constitucional" (Negretto, 2012, p. 51). Embora o autor faça a ressalva de que crises constitucionais ainda representam ameaça à estabilidade política na região, aquele arranjo constitucional, na linha do que Elkins et al. (2009) igualmente encontraram, pode assegurar longevidade às constituições. Negretto também aponta em seu livro *Making Constitutions* uma mudança importante no desenho do presidencialismo latino-americano. Segundo o autor, com as novas Constituições, presidentes ganharam mais poderes legislativos e de agenda, de modo a superar as tradicionais crises de governabilidade decorrentes de impasses entre Executivo e Legislativo em contextos multipartidários. Por outro lado, as presidências perderam poderes institucionais sobre uma série de órgãos (tais como Ministério Público, Defensorias e outros) que, ao ganharem autonomia, passaram a exercer controle sobre o Executivo ou a desenvolver agendas próprias.

Em boa medida, o Brasil se encaixa muito bem nessa descrição, se considerarmos as opções institucionais de 1988. Por um lado, o constituinte manteve a força do Executivo, alcançada durante o período autoritário anterior, por meio de mudanças introduzidas desde o Ato Institucional de 1º de abril de 1964. Transmudou o decreto-lei em medida provisória, reservou áreas de legislação à iniciativa exclusiva do presidente, que passou a controlar o orçamento com rédeas curtas e a dispor da prerrogativa de enviar propostas de emendas constitucionais ao Congresso, além de outros instrumentos de controle da agenda legislativa. O disruptivo multipartidarismo foi acomodado na forma de coalizões partidárias de apoio ao presidente durante a maior parte do período pós-1988, com raras e breves exceções. Mais precisamente, coalizões são forjadas a partir da alocação de cargos e ministérios, que se desdobram na definição de políticas e no direcionamento de recursos. É fato que o Congresso também recuperou o poder perdido sob o autoritarismo, a ponto de ter afastado dois dos quatro presidentes eleitos diretamente entre 1989 e 2014, mas a despeito desses dois processos de impeachment a interação com o Executivo produziu cooperação pela maior parte do tempo, nos marcos do que se convencionou chamar de presidencialismo de coalizão (Figueiredo e Limongi, 1999).

No que diz respeito ao tema propriamente constitucional, a mesma Carta que constitucionalizou políticas públicas optou por um sistema de controle de constitucionalidade das leis e atos normativos de amplo acesso a atores institucionais, políticos e sociais, que por meio dele podem questionar na Justiça as medidas governamentais adotadas. Nosso sistema de controle constitucional combina elementos dos dois modelos clássicos, o difuso norte-americano e o concentrado europeu. No sistema híbrido brasileiro, os juízes de todas as instâncias têm a prerrogativa de examinar a constitucionalidade das leis e atos normativos dos demais poderes no julgamento de casos concretos, assim como o Supremo Tribunal Federal, que, além de julgar esses casos concretos em grau de recurso extraordinário, pode ser provocado por meio de ação direta a decidir sobre a lei em abstrato, fulminando-a na hipótese de declarar sua inconstitucionalidade. Não satisfeito com esse duplo e descentralizado sistema, o constituinte abriu as portas do STF para nove agentes legitimados a propor ações diretas de controle constitucional, o que antes de 1988 cabia apenas ao procurador-geral da República. Saliente-se ainda que nas cortes constitucionais europeias o número de tais agentes é bem menor do que no Brasil (Arantes, 1997, 2013).

A Figura 1 é uma tentativa de ilustrar como esse arranjo institucional produz uma permanente e acirrada *política constitucional*. Por política constitucional, entendemos toda atividade do sistema político que tem a Constituição como objeto e particularmente aquela que resulta em alterações constitucionais, seja por emendamento formal, seja por interpretação judicial dos tribunais. A existência de muitas políticas públicas no texto da Constituição exacerba a política constitucional, tornando corriqueiro em nosso caso o que seria excepcional noutros contextos — nos quais a Constituição apenas contém normas materialmente (ou seja, propriamente) constitucionais.

Figura 1 — A política constitucional no Brasil

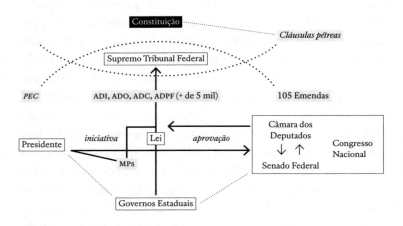

FONTE: Elaborada pelos autores.

A Constituição de 1988 definiu um complexo arranjo consensual, nos termos de Lijphart (2003), combinando separação de poderes, um legislativo bicameral no âmbito da União, com Senado e Câmara praticando poderes simétricos, um sistema eleitoral proporcional para os legislativos (exceto para o Senado, que adota o sistema majoritário, similar ao das eleições para o Executivo), multipartidarismo exacerbado, federalismo no qual as unidades subnacionais (estados e municípios) dispõem de alguma capacidade legislativa e mantêm suas próprias Constituições e leis orgânicas, e um dos sistemas de controle constitucional das leis mais abrangentes e acessíveis de que se tem notícia.

Em meio a essa fragmentação institucional, a Carta de 1988 ainda constitucionalizou políticas públicas e desse modo introduziu mais um importante ponto de veto no sistema político, atraindo a atividade governamental para o seu bojo e obrigando governos a implementar suas agendas à base de ⅗ de deputados e senadores. Colocada em movimento, a Figura 1 mostra um presidente capaz de editar medidas provisórias e de ter leis aprovadas pelo Congresso desde que as relações Executivo-Legislativo estejam lastreadas pela coalizão partidária. Todavia, essa produção normativa é frequentemente questionada no Judiciário e principalmente junto ao seu órgão de cúpula, o Supremo Tribunal Federal, uma vez que a Constituição é extensa e *policy-oriented* e o acesso à Corte é franqueado a inúmeros atores interessados. Governos estaduais também participam da política constitucional, acionando o STF em defesa de seus interesses ou sendo acionados perante a Corte sob acusação de produzir normas legais, inclusive normas constitucionais estaduais, inconstitucionais perante a Constituição Federal. No pós-1988, mais de setecentos autores diferentes patrocinaram mais de 5 mil ações diretas de controle constitucional perante o STF, números dificilmente verificáveis em outras cortes constitucionais do mundo.

Embora esse padrão de política constitucional possa ser atribuído, na forma de *path-dependence*, ao perfil original da

Constituição, especialmente os 30,7% de *Policy* constitucionalizada, os sucessivos governos não se limitaram a emendar a Constituição naqueles pontos originais e patrocinaram emendas sobre novos assuntos, constitucionalizando ainda mais o mundo das políticas governamentais. Voltando à Figura 1 em movimento, nossa hipótese é que a opção por Propostas de Emenda Constitucional (PECs) é uma forma de se prevenir de dois pontos de veto importantes do sistema político: o federalismo e o controle constitucional pelo Judiciário. Introduzindo políticas por meio de emendamento constitucional, governos (aqui entendidos como a coalizão governista com sede no Executivo e no Legislativo) obrigam mais fortemente as unidades subnacionais a se colocarem de acordo e diminuem as chances de que tais políticas sejam questionadas no Judiciário. Embora seja essa a estratégia dominante, a Figura 1 mostra que a opção pelo emendamento pode não alcançar êxito se esbarrar nas chamadas cláusulas pétreas[4] da Constituição, uma espécie de *super veto point*: mesmo emendas aprovadas e que modificam a Constituição podem ser questionadas perante o STF caso ofendam as referidas cláusulas e se o tribunal assim entender, poderá derrubar a vontade majoritária de ⅗ de deputados e senadores.

Todos os governos pós-1988 recorreram ao emendamento constitucional, independentemente de seu programa político e de sua coloração partidária. Embora a medida mais convencional na literatura especializada seja o número de emendas por ano (dado que na maioria dos países esse é um evento raro), o Gráfico 2 adota como taxa de emendamento a proporção de emendas por mês, seja porque entre nós o fenômeno é mais frequente, seja porque os períodos presidenciais foram mais

---

4 Segundo a Constituição, em seu artigo 60, § 4º, "não será objeto de deliberação a proposta de emenda tendente a abolir: I — a forma federativa de Estado; II — o voto direto, secreto, universal e periódico; III — a separação dos Poderes; IV — os direitos e garantias individuais".

erráticos, sendo mais bem descritos em meses do que em anos. Note-se que a taxa, além de elevada para os padrões internacionais, é relativamente uniforme ao longo dos sucessivos governos que sucederam a Revisão Constitucional, com destaque para o período mais recente, em que a média superou 0,5 emenda por mês, sob a presidência de Michel Temer.

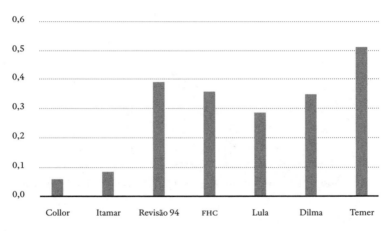

Gráfico 2 — Número de emendas por mês (1988-2017, 105 emendas)

FONTE: Elaborado pelos autores.

Nossa metodologia permite que as emendas também sejam contabilizadas pela quantidade de dispositivos. O Gráfico 3 apresenta a produção de emendas ao longo dos períodos presidenciais de acordo com o número de dispositivos aprovados. Enquanto o número de emendas indica a quantidade de vezes que a coalizão logrou reunir as maiorias necessárias, o número de dispositivos pode indicar o nível de detalhamento do assunto ou mesmo o *logrolling* legislativo que se fez necessário para a sua aprovação. Nessa forma de apresentação dos dados, o governo Temer se destaca dos demais em proporção superior à do Gráfico 2, com uma média de quase nove dispositivos de emendas por mês.

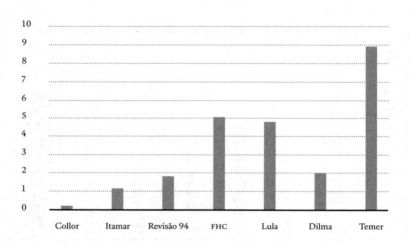

Gráfico 3 — Número de dispositivos de emendas por mês
(1988-2017, 105 emendas)

FONTE: Elaborado pelos autores.

O Gráfico 4 traz a série de emendas constitucionais aprovadas entre 1992 e 2017, com os dispositivos discriminados em *Polity* e *Policy*, e o Gráfico 5 agrupa essas informações por períodos presidenciais.

Embora emendas importantes tenham sido aprovadas no período 1992-4, incluindo as de Revisão, foi no governo de Fernando Henrique Cardoso que o emendamento constitucional passou a refletir mais claramente uma agenda de governo e adquiriu alta frequência. Das 105 emendas aprovadas até hoje, 35 o foram durante a presidência de FHC. Parte significativa delas tratou das reformas econômica e do Estado que notabilizaram

Gráfico 4 — 105 emendas constitucionais (dispositivos de *Polity* e *Policy*)

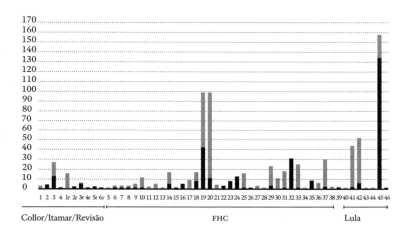

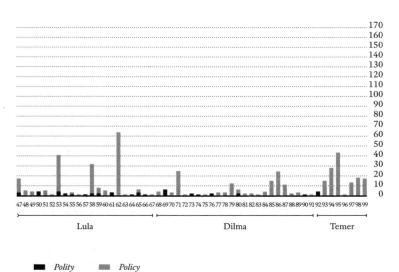

■ *Polity*   ■ *Policy*

FONTE: Elaborado pelos autores.

Gráfico 5 — Proporção *Policy/Polity* nas emendas, por períodos presidenciais

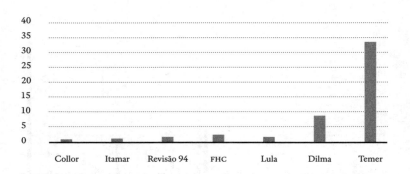

FONTE: Elaborado pelos autores.

o governo tucano. Temas de emendas desse período foram a concessão dos serviços estaduais de distribuição de gás canalizado, a exploração do subsolo por quaisquer empresas com sede no país, eliminando-se a distinção entre empresas nacionais e estrangeiras, permissão para navegação de cabotagem a embarcações estrangeiras, abertura dos serviços de telecomunicações à exploração das empresas privadas, fim do monopólio estatal do petróleo, prorrogação por várias vezes do Fundo Social de Emergência (que havia sido criado pela EC de Revisão, de 01/03/1994), sob diferentes denominações (Fundo de Estabilização Fiscal, Desvinculação de Receitas da União), assim como do Imposto Provisório sobre Movimentações Financeiras (IPMF), transformado por emendas posteriores em Contribuição... (CPMF), criação de fundos como o Fundo de Manutenção e Desenvolvimento do Ensino Fundamental e de Valorização do Magistério (Fundef) e o Fundo de Combate e Erradicação da Pobreza, condições de contratação de servidores públicos da área da saúde, participação de pessoas jurídicas no capital social das empresas jornalísticas, de rádio e TV, além da instituição da taxa de iluminação pública nos municípios e Distrito Federal, entre outros temas. Em destaque no Gráfico 4 aparecem a emenda da Reforma Administrativa (EC 19, de 04/06/1998) e a da Reforma Previdenciária (EC 20, de 15/12/1998), que ocuparam cerca de cem dispositivos cada, boa parte deles relativos a *Policy*. As emendas desse período também incidiram sobre as regras de funcionamento do sistema político e sobre a organização do aparato estatal, tais como as que versaram sobre o estabelecimento de critérios para a criação de novos municípios e a reeleição dos chefes do poder Executivo nos três níveis da federação, as que realizaram mudanças nas Justiças federal e trabalhista e no regime constitucional dos militares, as que criaram o Ministério da Defesa, alteraram o regime de tramitação das Medidas Provisórias e redefiniram as condições de imunidade parlamentar.

Esse ritmo de emendamento prosseguiu durante o governo Lula, quando outras 28 emendas foram aprovadas. O maior destaque foi a mais extensa de todas as emendas, a EC 45, que implementou uma ampla reforma do sistema de justiça, instituindo mudanças como a adoção da súmula vinculante e a criação dos conselhos nacionais do Judiciário e do Ministério Público. Como se vê pelo Gráfico 4, há um nítido predomínio de dispositivos de *Polity* na EC 45, mas outras emendas importantes contemplaram predominantemente dispositivos de *Policy*, como a 40 (reforma do sistema financeiro nacional), a 41 (reforma previdenciária do setor público), a 42 (reforma tributária), a 47 (nova reforma previdenciária), a 53 (criação do Fundeb), a 58 (referente à composição das Câmaras Municipais) e a mais curiosa entre elas, a EC 62, que trata do pagamento de precatórios judiciais por governos subnacionais. Esta última merece especial atenção pois dispositivos de três emendas anteriores buscaram, sucessivamente e sem êxito, equacionar o problema do pagamento dos precatórios (EC 20, 30 e 37). A EC 62/2009 parecia dar fim a essa sequência de fracassos, já que dedicava 64 dispositivos ao tema (a quarta maior emenda de toda a série histórica representada no Gráfico 4), organizando uma nova sistemática de pagamentos e um regime de transição até ela. Sete anos depois, a EC 94/2016 e, em seguida, a EC 99/2017 voltariam ao tema dos precatórios com 27 e dezoito novos dispositivos, respectivamente. Em resumo, o tratamento dado aos precatórios é talvez o ponto extremo do quadro criado pela constitucionalização de *Policy*: quanto mais se constitucionaliza hoje, mais se constitucionalizará no futuro, num ritmo crescente e infindável.

Durante o governo de Dilma Rousseff, as emendas concentraram-se basicamente em políticas públicas, numa razão de 8,7 dispositivos *Policy* para cada dispositivo *Polity* (contra razões de 2,3 durante FHC e 1,7 durante Lula). Uma das emendas mais extensas foi a 71, que instituiu o Sistema Nacional de Cultura, com 25 dispositivos — todos tratando unicamente de políticas públicas. Houve também emendas relativas a direitos trabalhistas, a política tributária, a política orçamentária, à prorrogação da Zona Franca de Manaus, aos servidores públicos, entre outros temas. Embora o número de emendas por mês durante o período Dilma não tenha diferido dos antecessores, FHC e Lula, nota-se que o número de dispositivos por emenda caiu, o que pode ser atribuído às notórias dificuldades da então presidente com o Congresso, as quais culminaram em seu impeachment.

Uma reviravolta acontece com a posse de Michel Temer. Em menos de dezoito meses, o Congresso logrou aprovar oito emendas constitucionais, praticamente dobrando a média mensal de aprovações em comparação com os períodos FHC e Lula. Outro dado significativo é que a razão de políticas públicas explode, indo para 33,8 dispositivos de *Policy* para cada um de *Polity*. A mais notável emenda foi sem dúvida a 95, que instituiu o novo regime fiscal (conhecido também como "teto de gastos"), mas houve também mais uma renovação da Desvinculação de Receitas da União, a regulamentação de esportes que envolvam animais ("Lei da Vaquejada"), normas relativas aos servidores públicos dos antigos territórios do Amapá e Roraima (emenda Jucá) e, como já mencionamos, duas novas emendas atinentes a precatórios judiciais, editadas num intervalo de apenas dezoito meses (EC 94 e 99). Argumenta-se que Temer foi mais bem-sucedido que sua antecessora no que diz respeito à negociação parlamentar e à manutenção da coalizão de partidos governistas, mas desde a decretação da intervenção federal no Rio de Janeiro, em 16 de fevereiro de 2018 (mal o Congresso voltava de seu recesso), não foi mais possível aprovar emendas constitucionais.[5] Por essa razão, o ano de 2018 foi o primeiro sem emendamento constitucional desde que ele se iniciou, em 1992.

Das 99 emendas regulares aprovadas, 25% tiveram origem no poder Executivo, 36,5% na Câmara e 38,5% no Senado, uma distribuição razoavelmente equilibrada das fontes institucionais do emendamento, mas com claro predomínio do Legislativo sobre o Executivo. Embora no presidencialismo brasileiro o Executivo tenha instrumentos para controlar o processo legislativo, o emendamento é a única forma de produção legal em que a última palavra é do Congresso, já que o presidente não dispõe de poder de veto sobre emendas aprovadas. Seja para ultrapassar os obstáculos representados pela divisão federativa de competências e poderes, seja pelo controle constitucional do Judiciário, ou ainda para usufruir dessa vantagem em relação ao Executivo, há boas razões para o Congresso adotar a via do emendamento para a implementação de políticas públicas. Em termos partidários, entretanto, observa-se que mais de ⅔ do emendamento teve origem nos três principais

---

5 Segundo a Constituição, em seu artigo 60, § 1º: "A Constituição não poderá ser emendada na vigência de intervenção federal, de estado de defesa ou de estado de sítio".

partidos que governaram o país nesses trinta anos, os dois primeiros à frente do Executivo e o terceiro à frente do Legislativo: PSDB (29,3%), PT (19,2%) e MDB (20,2%) foram os partidos que mais obtiveram êxito na aprovação de PECs,[6] sendo os 31,3% restantes dispersos pela autoria de onze partidos.

Quanto mais cresce, mais tempo dura?

A tese de Elkins et al. (2009) sobre a durabilidade de Constituições mais extensas e detalhadas funda-se na ideia de que textos constitucionais mais amplos têm a capacidade de contemplar uma maior diversidade de preferências sociais, basear-se em processos mais participativos de tomada de decisão e ajustar-se mais facilmente à mudança dos tempos — mediante regras de emendamento mais frouxas. Desse modo, o emendamento constitucional seria indício de vitalidade, e não de crise da Constituição, pois representaria uma espécie de renegociação permanente e pacífica do pacto constitucional entre atores relevantes, evitando-se assim a ruptura por meio da substituição completa de um texto por outro. Enquanto a Constituição permanecer como ponto focal das elites políticas e partidárias, com as negociações ocorrendo em torno dela, melhor para a estabilidade do próprio regime democrático.

Todavia, na linha do que já havia mostrado Lutz (1995) para um conjunto menor de Constituições, Elkins et al. (2009) também sugerem em seu censo constitucional que a relação entre emendamento e durabilidade não é linear, e que a partir de uma certa taxa de modificação do texto a tendência se inverte e o risco de

---

6 No caso do PSDB, foram dezessete iniciativas oriundas da presidência com FHC e doze do partido no Congresso. No caso do PT foram sete PECs aprovadas oriundas das presidências Lula/Dilma e doze do partido no Congresso. No caso do MDB, houve uma iniciativa de Temer e dezenove do partido no Congresso.

morte volta a aumentar. É importante lembrar que, embora considerem que Constituições podem incluir funções governamentais ou mesmo tangenciar assuntos de política ordinária, tais autores não concebem em seu estudo a ideia de que Constituições podem ser *policy-oriented*. Em outras palavras, para essa literatura, elas são fundamentalmente documentos de *Polity*. Assim, se uma Constituição nunca é reformada, corre o risco de se tornar desimportante ou de ser substituída integralmente por outra. Ao contrário, o excesso de reformas significa que a *Polity* se desconfigurou e talvez o melhor seja substituir a Constituição por outra completamente nova.

No caso brasileiro, verificamos que o emendamento constitucional teria ultrapassado o limite do razoável identificado por Elkins et al., de modo que por esse indicador a Constituição de 1988 estaria condenada a morrer em breve, mais por voracidade do que por letargia. Todavia, esse excesso de emendamento não desfigurou a *Polity* democrática instituída em 1988 e seguimos praticando o jogo democrático de competição e exercício do poder político basicamente sob as mesmas regras há trinta anos. O que demonstramos neste capítulo é que, ao lado da reestruturação da *Polity*, a Constituinte de 1987-8 fez uma opção histórica por um modelo de constitucionalização da *Policy*, engendrando um padrão que se estendeu por todo o tempo de vigência até aqui. Foi assim que nossa Constituição se converteu em um repositório de interesses circunstanciais e específicos de diversos grupos, que utilizam a regra decisória mais exigente do emendamento constitucional (em comparação à requerida para projetos de lei), como diria Seip, não para *restringir a si próprios, mas apenas aos outros*. A permanente e crescente constitucionalização da *Policy* seria uma tentativa de maiorias momentâneas de proteger suas políticas, no curto prazo, contra ações de veto disparadas de outras dimensões do sistema político — como a Justiça e a Federação — e, no longo prazo, contra a eventualidade de alternâncias no poder. Desse modo, o crescimento do texto constitucional por meio de novas e sucessivas emendas é o resultado institucional esperado de um processo de negociação política em que a modificação de normas protegidas constitucionalmente enseja a proteção constitucional de normas novas, numa espiral infindável.

No entanto, como os capítulos deste livro demonstram, a opção por constitucionalizar políticas públicas comporta variação. Três aspectos emergem dos estudos aqui apresentados e devem ser considerados pela análise comparada. O primeiro diz respeito à forma como a política foi representada na Constituinte e ganhou letra constitucional. Compare-se, por exemplo, os casos trabalhista e da saúde. Enquanto o primeiro foi marcado principalmente pela defesa da constitucionalização da legislação preexistente, sem grandes inovações e sob a liderança sindical convencional, o segundo inaugurou o novo ao fixar as bases do Sistema Único de Saúde (SUS), bandeira do influente movimento sanitarista. Em grande medida, tais pontos de partida influenciaram decisivamente a trajetória da política constitucional que praticamos em torno dessas duas áreas ao longo desses trintas anos, como os respectivos capítulos deste livro analisam.

O segundo aspecto está relacionado à hipótese levantada por nós sobre a importância dos fatores propriamente institucionais, desde a necessidade de governar por meio de emendas que a Constituição original impunha ao Executivo, até os incentivos à permanente constitucionalização como forma de ultrapassar os pontos de veto representados pela federação e pelo controle constitucional das leis pelo Judiciário. Os capítulos dedicados ao sistema de transferências fiscais e ao sistema de justiça bem demonstram a relevância dessas dimensões do arranjo institucional brasileiro e seus impactos sobre a política constitucional e a dinâmica das políticas públicas. Com efeito, os casos da Educação e da Previdência Social, analisados neste livro, ilustram a importância desses fatores institucionais. O primeiro requer boas doses de coordenação federativa, desde o financiamento até a execução da política por parte dos entes federados. O segundo constitui a principal rubrica (exceto juros) do orçamento da União, mas também envolve um dos direitos individuais mais sacralizados, de tal modo que qualquer tentativa de mudança nessa área tem forte potencial de judicialização na forma do controle constitucional pelo Judiciário. Não por acaso, tais áreas são objeto de frequente emendamento constitucional, com vistas à superação desses riscos e obstáculos.

Por fim, o terceiro aspecto diz respeito ao *trade-off* que envolve a constitucionalização de *Policy*: salvaguardá-la da maioria ordinária com vistas à sua permanência implica, pela própria regra do emendamento, ter de negociar com as minorias a cada necessidade de alteração da política. Suponha-se que uma determinada área de política tenha recebido dois ou três dispositivos constitucionais gerais, mas a política pública correspondente não tenha sido antecipada pelo texto constitucional. Nesse cenário, caberá a alguma maioria política futura a decisão de implementar a *Policy* por via ordinária ou constitucionalizá-la, se quiser. Considere-se, entretanto, que se uma força política se acha hegemônica e se encontra em posição-chave no interior do poder Executivo para executar a política pública numa determinada direção, ela pode preferir não constitucionalizá-la, especialmente em contexto de alta fragmentação partidária, para não ter que negociar os termos dessa política com um maior número de partidos no congresso. O caso da Assistência Social, tratado neste livro, ilustra bem esse *trade-off*. Como nessa área a *Policy* não foi constitucionalizada em 1988, salvo pela adoção de princípios gerais, os formuladores da política — que tiveram o êxito de concebê-la em larga escala — não defenderam sua constitucionalização, apostando em sua própria capacidade hegemônica e preferindo não dividir as decisões sobre seu desenho em troca da estabilidade constitucional. Ademais, políticas mais resilientes — que contam com grande adesão — talvez prescindam da constitucionalização como meio para se manterem, enquanto políticas altamente controversas e não resilientes, mesmo constitucionalizadas, provavelmente não sobreviverão.

Em resumo, este capítulo procurou mostrar como a Constituição brasileira não se limitou a estabelecer regras do jogo, direitos fundamentais e estruturas cruciais do Estado, mas também enveredou pela constitucionalização de políticas que, muitas vezes, refletem interesses setoriais bastante específicos e controversos de grupos sociais, corporações profissionais e entes governamentais. Porém, como tais interesses são eles mesmos conflitantes e sujeitos a contestações frequentes, é de esperar que a Carta se converta num campo de disputa política constante, mudando não só porque é flexível e aberta, mas principalmente porque é capturada e questionável. Desse modo, em que pesem as previsões baseadas nas taxas de sobrevivência encontradas pela literatura internacional, não descartamos a possibilidade de que a Constituição de 1988 dure ainda bastante tempo, mas podemos assegurar que sua duração não implicará estabilidade nem tampouco a sacralização do texto constitucional pela sua própria antiguidade. Em vez de uma Constituição repositório das origens nacionais, com suas relíquias restauradas de tempos em tempos pelo exercício judicial da reinterpretação, como ocorre no clássico exemplo norte-americano, o que se tem aqui é um terreno frequentemente remexido pelo processo de emendamento, ocupado por construções fadadas a, em tempo, ceder o lugar a outras. Noutros termos, como se trata de uma Constituição cuja genética enseja um longo e interminável processo de reformulação, o que temos a celebrar são trinta anos de constitucionalização permanente.

Referências bibliográficas

ARANTES, Rogério B. *Judiciário e política no Brasil*. São Paulo: Sumaré; Fapesp; Educ, 1997.

_____. "A constituição sem fim". In: DINIZ, Simone; PRAÇA, Sérgio (Orgs.). *Vinte anos de Constituição*. São Paulo: Paulus, 2008, pp. 31-60.

_____. "Uma Constituição incomum". In: CARVALHO, Maria Alice Rezende; ARAÚJO, Cícero; SIMÕES, Júlio Assis. *A Constituição de 1988: Passado e futuro*. São Paulo: Hucitec; Anpocs, 2009, pp. 17-51.

_____. "Constitutionalizing Policy: The Brazilian Constitution of 1988 and Its Impact on Governance". In: NOLTE, Detlef; SCHILLING-VACAFLOR, Almut (Orgs.). *New Constitutionalism in Latin America: Promises and Practices*. Farnham: Ashgate, 2012.

_____. "Cortes Constitucionais". In: AVRITZER, Leonardo; BIGNOTTO, Newton; Filgueiras, Juarez GUIMARÃES, Fernando; STARLING, Heloisa (Orgs.). *Dimensões políticas da Justiça*. Rio de Janeiro: Civilização Brasileira, 2013, pp. 195-206.

ARANTES, Rogério B.; COUTO, Cláudio G. "¿Constitución o políticas públicas?: Una evaluación de los años FHC". In: PALERMO, Vicente. *Política brasileña contemporánea: De Collor a Lula en años de transformación*. Buenos Aires: Siglo Veintiuno, 2003, pp. 95-154.

_____. "Constituição, governo e democracia no Brasil". *Revista Brasileira de Ciências Sociais*, São Paulo, v. 21, n. 61, pp. 41-62, 2006.

COUTO, Cláudio G.; LIMA, Giovanna M. R. "Continuidade de políticas públicas: A constitucionalização importa?". *Dados*, v. 59, n. 4, pp. 1055-89, 2016.

COUTO, Cláudio G.; ABSHER-BELLON, Gabriel. "Imitação ou coerção?: Constituições estaduais e centralização federativa no Brasil". *Revista de Administração Pública*, v. 52, n. 2, pp. 321-44, 2018.

ELKINS, Zachary; GINSBURG, Tom; MELTON, James. *The Endurance of National Constitutions*. Nova York: Cambridge University Press, 2009.

ELSTER, Jon. *Ulysses and the Sirens: Studies in Rationality and Irrationality*. Nova York: Cambridge University Press, 1979.

_____. *Ulysses Unbound*. Nova York: Cambridge University Press, 2000.

FIGUEIREDO, Argelina. *Democracia ou reformas?: Alternativas democráticas à crise política: 1961-1964*. São Paulo: Paz e Terra, 1993.

_____; LIMONGI, Fernando. *Executivo e Legislativo na nova ordem constitucional*. Rio de Janeiro: Editora FGV, 1999.

LIJPHART, Arend. *Modelos de democracia: Desempenho e padrões de governo em 36 países*. Rio de Janeiro: Civilização Brasileira, 2003.

LUTZ, Donald. "Toward a Theory of Constitutional Amendment". In: LEVINSON, Sanford (Org.). *Responding to Imperfection: The Theory and Practice of Constitutional Amendment*. Princeton: Princeton University Press, 1995, pp. 237-74.

MELO, Marcus André. *Reformas constitucionais no Brasil: Instituições políticas e processo decisório*. Rio de Janeiro: Revan; Brasília: Ministério da Cultura, 2002.

NEGRETTO, Gabriel. "Toward a Theory of Formal Constitutional Change: Mechanisms of Constitutional Adaptation in Latin America". In: NOLTE, Detlef; SCHILLING-VACAFLOR, Almut (Orgs.). *New Constitutionalism in Latin America: Promises and Practices*. Farnham, Burlington: Ashgate, 2012.

_____. *Making Constitutions: Presidents, Parties, and Institutional Choice in Latin America*. Nova York: Cambridge University Press, 2013.

II.
Transferências fiscais no Brasil*

Marta Arretche (USP/CEM)

Qualquer união política — estados unitários, federativos ou mesmo confederações de Estados nacionais — tem de optar por um arranjo institucional de alocação de responsabilidades sobre políticas bem como das receitas para financiá-las. Apenas para citar as que mais têm impacto na vida dos cidadãos, que nível de governo é responsável pela oferta das políticas de educação, saúde, segurança pública? Alocadas as responsabilidades, uma decisão institucional sobre a fonte dos recursos para o financiamento dessas políticas também é necessária. Em uma união política, tributos podem ser arrecadados por uma esfera de governo e transferidos para os demais, bem como podem ser feitas transferências entre as jurisdições, por exemplo, dos estados mais ricos para os mais pobres.

Os formuladores da Constituição Federal de 1988 e de medidas adotadas ao longo dos últimos trinta anos acabaram por consolidar um modelo em que as políticas de garantia de renda são executadas pelo governo federal (previdência, compensação ao desemprego e programas assistenciais) ao passo que as políticas de prestação de serviços passaram a ser executadas pelos governos subnacionais. Os serviços básicos de saúde, educação,

---

* Agradeço a José Roberto Afonso, Reynaldo Fernandes, Naercio Menezes Filho, André Portela, Rogério B. Arantes, Cláudio G. Couto, bem como dos participantes dos Seminários do Projeto 30 Anos de Constituição realizados no Insper, pelos comentários. Agradeço a Edgard Fusaro pela colaboração na elaboração dos dados e ilustrações.

coleta de lixo, transporte urbano, iluminação pública e desenvolvimento são executados dominantemente pelos governos municipais. As políticas de habitação e saneamento podem ser executadas por governos estaduais ou municipais. Os serviços hospitalares, oferta de ensino médio e segurança pública são responsabilidade dos governos estaduais. Na prática, há exceções a esse modelo, mas é essa a distribuição básica de competências que acabou por viger no Brasil, por efeito da Constituição de 1988. Esse é o arranjo que é conhecido como um modelo descentralizado de execução das políticas.

Em qualquer país do mundo, a adoção desse tipo de arranjo institucional — a descentralização da execução das políticas que afetam diretamente o bem-estar dos cidadãos — implica uma segunda decisão institucional. Como essas políticas serão financiadas? Estados e municípios são diferentes em duas dimensões críticas: necessidades e recursos. Dois municípios exatamente iguais em população podem ter populações SUS-dependentes (isto é, sem seguro privado de saúde) de tamanhos muito distintos. Logo, contam com demandas muito distintas de serviços de saúde básica. Dois estados com tamanhos populacionais muito semelhantes podem ter capacidades de arrecadação muito distintas, por desigualdade de base tributária. Na ausência de transferências fiscais, a descentralização da prestação de serviços implicaria correlata desigualdade em sua oferta.

Logo, transferências fiscais têm o propósito de complementar as receitas próprias dos governos subnacionais. Não há registro de países que não contem com políticas institucionalizadas orientadas a compensar as desigualdades de capacidade de arrecadação entre suas jurisdições. Podem estar orientadas a financiar políticas específicas, como é o caso das Constituições de 37 estados norte-americanos, desenhadas para reduzir as desigualdades de capacidade de gasto dos distritos educacionais (Sellers; Petroy e Hondagneu-Messner, 2017, p. 36). Podem ainda ter caráter amplo, para equalizar a capacidade de gasto dos estados, como é o caso do sistema alemão (Prado, 2006) ou dos municípios de um Estado unitário, como é o caso na Suécia (Lidström, 2017) ou na República Tcheca (Kostelecký e Vobecká, 2017). A maioria dos sistemas de transferências no mundo, entretanto, produz equalização parcial ou compensação (Sellers et al., 2017b). Este capítulo discute as regras das transferências fiscais vigentes no Brasil e seus efeitos redistributivos. Essas regras não tiveram origem em 1988 nem mesmo representaram uma ruptura paradigmática em relação ao modelo anterior. No Brasil, a adoção de um modelo em que um nível de governo conta com um percentual da arrecadação de um imposto coletado por outro nível de governo data da Constituição de 1934. Variaram ao longo do tempo os percentuais dessas transferências e as regras de sua distribuição, e até mesmo a direção das transferências. O arranjo atual, pelo qual estados e municípios contam — por regra constitucional — com transferências dos níveis superiores de governo data da Constituição de 1946. A novidade de 1988 consistiu basicamente em que os percentuais dos impostos federais a serem transferidos aos governos subnacionais são os mais elevados de nossa história fiscal, sendo essa decisão uma das responsáveis pelo desequilíbrio fiscal da União.

O presente capítulo se concentra no modelo adotado a partir de 1988. A regulamentação posterior, bem como as mudanças legais aprovadas nos últimos trinta anos, não alterou seus pilares. Por razões de simplificação, será dada ênfase às regras vigentes no momento de produção deste texto. Uma série de modificações incrementais foi introduzida desde 1988, mas seu detalhamento tornaria este capítulo mais histórico do que analítico. Examinando o impacto redistributivo das transferências fiscais, o capítulo pretende demonstrar como um complexo conjunto de regras orientadas a reduzir a desigualdade de capacidade de gasto dos governos subnacionais acaba por produzir apenas uma compensação limitada para as desigualdades de capacidade de arrecadação, estando longe de privilegiar as unidades que concentram maior necessidade. A seção de conclusões sugere que uma revisão das regras de alocação das transferências deveria ter como prioridade reduzir as desigualdades de capacidade de gasto entre estados e municípios tendo como parâmetro a concentração de vulnerabilidades em sua população. Estados e municípios mal situados, isto é, com maior concentração de população vulnerável, deveriam ter prioridade na distribuição de recursos. Este é o único caminho para garantir um patamar básico de prestação de serviços que afetam o bem-estar dos cidadãos, dada a escolha prévia de um modelo descentralizado para sua execução.

As transferências fiscais

Simplificadamente, as transferências fiscais no Brasil podem ser distinguidas em três tipos: as transferências constitucionais, as transferências legais e as transferências negociadas ou discricionárias. Seu principal objetivo é — ou declara-se ser — corrigir a desigualdade na capacidade de arrecadação de estados e municípios.

No Brasil, o poder tributário das unidades constituintes é regido por regras nacionais homogêneas. Governos locais ou estaduais não são autorizados a coletar impostos livremente, mesmo que 100% de seus moradores aceitassem pagá-los. Os governos municipais são autorizados a taxar a propriedade urbana (IPTU), os serviços (ISS) e a transferência de propriedade (ITBI). Os governos estaduais, por sua vez, podem coletar o Imposto sobre Circulação de Mercadorias e Serviços (ICMS), o Imposto sobre Transmissão de Heranças (ITCMD) e o Imposto sobre Propriedade de Veículos Automotores (IPVA).

Estados e municípios também podem cobrar taxas pela contraprestação de serviços, desde que autorizadas pela legislação federal. Portanto, esse regime de separação de fontes tributárias autoriza que os governos subnacionais definam apenas as alíquotas de seus próprios impostos. Estão proibidos pela Constituição de criar novos impostos.

A arrecadação própria reflete, em grande medida, a dinâmica econômica de cada unidade da federação. Em 2016, por exemplo, o coeficiente de Gini da arrecadação própria dos municípios brasileiros era de 0,506 (para os 5326 municípios sobre os quais temos dados). Essa desigualdade de receita se estenderia à capacidade de prestação de serviços. Serviços básicos, tais como educação fundamental, saúde básica, transporte coletivo, infraestrutura urbana, por exemplo, seriam desigualmente providos; no limite, unidades com baixíssima capacidade de arrecadação não prestariam serviços.

As transferências fiscais são parte importante das receitas dos governos subnacionais no Brasil. Em 2016, metade dos estados brasileiros obteve apenas 50% do total de suas receitas a partir da arrecadação própria. Isso significa que a outra metade provém de transferências federais. Trinta por cento dos estados brasileiros obtinham no máximo 40% de seus respectivos orçamentos de receitas próprias. Oitenta por cento deles arrecadaram diretamente cerca de 60% de suas receitas.

Duas conclusões decorrem desse dado. Ao decidir sobre regras de distribuição de transferência, o Congresso afetará diretamente a sobrevivência fiscal da esmagadora maioria dos estados brasileiros. Logo, não é fácil formar maiorias parlamentares que imponham perdas fiscais. Pelo contrário, se submetidas ao Congresso, as transferências tendem a aumentar em volume. Em segundo lugar, essas decisões não afetam apenas os governadores, como usualmente descrito. Ao contrário, unem todos os interesses de cada estado, a começar pelos eleitores, passando por deputados federais, senadores e secretários de Fazenda, dado que afetam diretamente a capacidade de gasto dos governos subnacionais. Gostemos ou não, é politicamente inviável a eliminação das transferências fiscais no Brasil.

Transferências constitucionais

Como dito anteriormente, não há registro de país que não conte com algum sistema de transferências fiscais para compensar desigualdades derivadas da arrecadação própria. O Brasil, adicionalmente, adotou transferências constitucionais, isto é, suas fontes e regras de distribuição estão inscritas na Constituição. Essas são, de longe, as transferências fiscais mais importantes. Em 2016, a arrecadação média per capita dos municípios brasileiros equivalia a 220 reais. Se incluídas as transferências constitucionais — isto é, a participação na receita da União e as transferências de compensação pela exploração de recursos naturais bem como as transferências realizadas pelos governos estaduais — essa média subia para 2217 reais. Em outras palavras, as transferências constitucionais aumentavam em dez vezes a capacidade de gasto dos municípios brasileiros. Veremos adiante, contudo, que essa média esconde grande desigualdade de capacidade de gasto.

Por que constitucionalizar? As razões estão associadas às consequências derivadas da incerteza. Victor Nunes Leal (1948) demonstrou que, na Primeira República, a fraqueza do município e sua dependência do governo estadual afetavam a competição eleitoral. Ao eleitor, seria racional votar no candidato alinhado com a situação estadual, pois esta seria a única forma de obter investimentos para seu município. Votar na oposição implicaria penúria nos serviços municipais. Rigorosamente, a fraude eleitoral nem seria necessária. Se racional, o eleitor não votaria na oposição.

O Ato Complementar nº 40/1968, que alterou as transferências constitucionais — Fundo de Participação dos Estados (FPE) e Fundo de Participação dos Municípios (FPM) — a 5% da arrecadação do Imposto de Renda (IR) e do Imposto sobre Produtos Industrializados (IPI), produziu o mesmo impacto na competição eleitoral. A fraude não seria necessária para ganhar a eleição, pois, nas eleições locais, o eleitor racionalmente escolheria votar no partido de sustentação do regime militar então vigente para obter investimentos para seu município. A segunda consequência potencial está associada à implementação de um modelo descentralizado de execução de políticas. Na incerteza das transferências, não é racional que os governos subnacionais invistam nos recursos necessários para executar as políticas sob sua responsabilidade. Não construirão hospitais, escolas, nem farão as contratações necessárias à execução dos serviços. Reduzir a incerteza das transferências é a contrapartida da implementação de um modelo descentralizado.

No modelo adotado em 1988, os municípios recebem transferências constitucionais do governo federal e dos governos estaduais. As receitas do FPM são compostas por 24,5%[1] das receitas dos dois principais impostos federais: o Imposto de Renda (IR) e o Imposto sobre Produtos Industrializados (IPI). As transferências constitucionais dos governos estaduais para seus municípios, por sua vez, operam segundo o princípio da devolução tributária. Isto é, os estados devem distribuir para seus próprios municípios 25% do total da arrecadação do ICMS bem como 50% das receitas do IPVA. Setenta e cinco por cento do montante a ser distribuído deve ser calculado segundo a arrecadação em cada jurisdição. Observe-se, portanto, como veremos mais abaixo, que a regra de distribuição

---

[1] Este percentual resultou de ampliação progressiva: de 20% em 1988 a 23,5% (pela EC 55/2007), bem como aumento de 1% pela EC 84/2014.

das transferências dos estados para seus municípios privilegia reproduzir a atividade econômica local, não tendo, portanto, caráter redistributivo.

Os governos estaduais, por sua vez, recebem transferências constitucionais apenas do governo federal. Tal como o FPM, o FPE é formado pela arrecadação do IR e do IPI; mas o FPE retém 21,5% dessa arrecadação.[2]

Juntamente com as receitas de royalties de recursos naturais, o FPE, o FPM e o Fundeb são as principais transferências constitucionais. Em 2017, 46% do total das transferências constitucionais do governo federal para os estados foi realizado através do FPE. Quarenta e dois por cento desse total, por sua vez, foi realizado pelo Fundeb, cujas regras aparecem a seguir. Para os municípios, no mesmo ano, 45,5% das transferências constitucionais foram feitas via FPM ao passo que 39% foram realizadas pelo Fundeb.[3] Para estados e municípios, neste mesmo ano, 8% e 8,5% do total das transferências constitucionais corresponde aos royalties de receitas da União derivadas de recursos naturais.[4] O restante corresponde à arrecadação federal da Cide-Combustíveis, do IOF-Ouro e do IPI-Exportação.

Vinte por cento do total da arrecadação federal desses impostos — assim como do FPM e FPE — é descontado para compor o Fundo de Manutenção e Desenvolvimento da Educação Básica e de Valorização dos Profissionais da Educação

---

2 Este percentual passou a vigorar em 1993. Quando da promulgação da Constituição de 1988, o valor correspondia a 18% e se elevou gradualmente. 3 Cálculos realizados com base nos dados da Secretaria do Tesouro Nacional. Disponível em: <http://sisweb.tesouro.gov.br/apex/f?p=2600:1:::::>. Acesso em: 16 fev. 2018. 4 Estes correspondem à participação nas receitas da exploração de petróleo ou gás natural, de recursos hídricos para fins de geração de energia elétrica e de outros recursos minerais no respectivo território, plataforma continental, mar territorial ou zona econômica exclusiva, ou compensação financeira por essa exploração.

(Fundeb), ao qual se acrescenta um aporte da União a título de complementação.[5]

Distribuição das transferências constitucionais

As regras constitucionais não apenas obrigam o governo federal a repartir parcela substancial de suas receitas com estados e municípios como obrigam os estados a repartir parte de sua arrecadação com seus próprios municípios. As regras de distribuição são definidas por Lei Complementar, isto é, regulamentam as disposições constitucionais. Isso significa que seus formuladores pretenderam reduzir ao mínimo a incerteza quanto à realização das transferências, eliminando a hipótese de penalização derivada do não alinhamento partidário (ou político) entre presidente, de um lado, e governadores e prefeitos, de outro, ou no interior dos estados.

Se ao longo do tempo o perfil socioeconômico de estados e municípios muda, seria também razoável adotar mudanças na repartição de recursos. Por isso a legislação previu a revisão periódica das cotas de partilha desses fundos. Na prática, contudo, estas revelaram grande estabilidade.

Vimos anteriormente que FPE/FPM, Fundeb e royalties do petróleo representam conjuntamente 96% e 93% — respectivamente para estados e municípios — do total das transferências constitucionais. Essas são, portanto, as transferências cujas regras de distribuição mais tendem a afetar as receitas de estados e municípios. Por razões de simplificação, convém concentrar a análise nessas três fontes de receita.

---

5 Aprovado em 2006, o Fundeb substituiu o Fundef (Fundo de Manutenção e Desenvolvimento do Ensino Fundamental e de Valorização do Magistério), que retinha 15% das transferências.

Comecemos pelo FPE. A Lei Complementar (LC) 62/1989 previa que 85% de sua arrecadação deveria ser destinada às regiões Centro-Oeste, Norte e Nordeste e 15% para o Sul e Sudeste. Internamente às regiões, as cotas de cada estado deveriam ser calculadas com base nos seguintes critérios: 5% deveriam ser proporcionais à área dos estados, ao passo que os demais 95% deveriam ser calculados na razão direta do tamanho da população e no inverso da razão entre a renda per capita estadual e a nacional. A mesma LC 62/1989 estabeleceu que a fórmula de cálculo das cotas deveria ser revista em 1991. Na prática, ela ficou congelada até 2015. Ações Diretas de Inconstitucionalidade apresentadas por estados do Sul e Centro-Oeste levaram o Supremo Tribunal Federal a intimar o Congresso a rever aquela LC em 2013 com base em sua extemporaneidade. Em resposta, o Congresso aprovou a LC 143/2013, cuja vigência se iniciou em 2016. A nova LC mudou a regra de atualização dos valores que reitera os critérios de população e inverso da renda per capita como fatores do cálculo das cotas estaduais, mas estabelece as cotas de 2015 como referência. Ainda que a fórmula da LC 62/1989 tenha sido formalmente extinta, na prática a variação foi da ordem de 1% — para cima ou para baixo — nas cotas de cada estado nos anos de 2016 e 2017.[6]

Passemos ao FPM. A mesma LC 62/1989 definiu os critérios de distribuição das cotas do FPM para os municípios. A Lei reiterou as regras do Código Tributário Nacional, instituídas em 1966. Estabeleceu ainda que este critério deveria ser revisto em 1991. Sucessivas LCs — 72/1993; 74/1993; 91/1997; 106/2001 — apenas reiteraram as regras para o cálculo das cotas municipais do FPM.

---

6 Amazonas, Espírito Santo, Mato Grosso do Sul, Rio de Janeiro e Rondônia ganharam, ao passo que Bahia, Ceará, Pernambuco, Rio Grande do Sul, Sergipe e Tocantins perderam. Os demais foram marginalmente afetados.

A estabilidade das regras de cálculo das cotas de distribuição do FPM e FPE indica que prever — mesmo que constitucionalmente — uma revisão dos fatores de cálculo não é condição suficiente para que mudanças significativas ocorram. Não é a ausência de dispositivos legais que explica a estabilidade das regras de distribuição. Mantidas as demais condições constantes, se forçados a rever as regras, os legisladores tenderão a reproduzi-las. A razão para esse resultado nos parece cristalina: o número de estados e municípios beneficiados pelas regras vigentes é maior do que os não beneficiados, o que afeta as decisões do Congresso Nacional sobre a matéria.

Como são calculadas — anualmente — as cotas municipais das transferências do FPM feitas pelo Tesouro Nacional? Dez por cento do total da arrecadação é distribuído entre as capitais. O fator população é calculado com base na proporção do total da população de cada capital em relação ao total da população das capitais brasileiras, Brasília incluída. Já o fator inverso da renda per capita é calculado para cada estado, privilegiando os estados mais pobres. Isso significa que duas capitais com a mesma população, mas localizadas em estados diferentes, podem obter diferentes cotas de participação no FPM.

Dos 90% restantes, 86,4% são destinados a todos os municípios do interior. Uma primeira repartição é feita por estados. Isto é, o conjunto dos municípios de cada estado tem uma cota a ser distribuída com base no fator população. Esta primeira repartição privilegia os estados mais populosos. Quanto maior o estado, maior a cota de participação de seus municípios sobre o total.

Uma segunda repartição é feita no interior dos estados. Os municípios são distribuídos por faixas de população. Um coeficiente de participação é atribuído a cada município de acordo com a faixa em que está localizado. Esse coeficiente aumenta na razão direta dos valores das faixas populacionais. Logo, o crescimento ou redução do tamanho da população — calculados anualmente pelo IBGE — implicam a mudança da faixa em que se localiza o município, com consequências diretamente proporcionais sobre o efeito do fator população no cálculo da cota a ser recebida. O fator inverso da renda per capita é calculado do mesmo modo que o descrito previamente para as capitais, ou seja: dois municípios de mesma faixa populacional, mas localizados em estados diferentes, também podem ter diferentes cotas de participação no FPM.

A regra de distribuição do FPM para os municípios do interior penaliza as maiores cidades, porque o teto dos coeficientes populacionais corresponde às cidades com população superior a 156 216 habitantes. Isto é, o mesmo coeficiente é atribuído a todos os municípios com população superior a esse tamanho — cerca de 160 em 2012. Na prática, Guarulhos, em São Paulo — com 1,3 milhão de habitantes em 2017 —, tem o mesmo coeficiente de participação de São Caetano do Sul, que contava em 2017 com 157 mil habitantes.

Para compensar esse problema, 3,6% do total da arrecadação do FPM é destinado à Reserva, que é distribuída apenas entre os municípios com população superior a 142 633 habitantes. Estes recebem, portanto, como municípios do interior e da Reserva. Para o cálculo da cota de cada município, aplica-se a mesma lógica adotada para as capitais. Calcula-se o peso de cada município no total da população dos municípios Reserva e também se aplica a lógica do inverso da renda per capita de cada estado. Isso significa, portanto, mais uma vez, que dois municípios de mesmo tamanho podem obter cotas de participação distintas, se localizados em estados diferentes.

Desde 1998, às transferências do FPM e do FPE — assim como às da Lei Kandir, do ICMS e do IPI-Exportação — é aplicada uma retenção por conta do Fundef — de 1998 a 2006 — e do Fundeb — previsto para operar de 2007 a 2020. Do total dessas transferências constitucionais, 15% foram retidos pela Secretaria do Tesouro Nacional e alocados em Fundos estaduais destinados a financiar a educação fundamental até 2006. A partir de 2007, 20% passaram a ser retidos para financiar a educação básica, o que implicou a inclusão do ensino infantil e do ensino médio nos critérios de distribuição desses recursos.

A partir de então, portanto, uma parte importante das transferências constitucionais deixou de ter aplicação livre e passou a estar vinculada à prestação de serviços educacionais por parte de estados e municípios.

Por fim, temos as receitas de royalties. Como mostrado mais acima, elas representam cerca de 8% do total das transferências constitucionais. A Constituição estabelece que todos os recursos naturais, inclusive do subsolo, são bens da União. Podem ser explorados pela iniciativa privada, sob concessão. Mas royalties, derivados da compensação por eventuais danos causados por essa exploração, bem como participações especiais — uma espécie de imposto de renda para os casos de grandes volumes de produção — sobre a atividade, devem ser pagos à União, que, por sua vez, deve dividi-los com estados e municípios. A Constituição não estabelece, contudo, suas regras de distribuição.

Na verdade, quando da elaboração da Constituição de 1988, essas receitas não eram expressivas. Por essa razão, os conflitos redistributivos no processo constituinte concentraram-se sobretudo na distribuição do FPE, sendo relativamente incontroversa a distribuição do FPM.

Duas leis estabeleceram as regras para distribuição dos recursos do petróleo e gás natural — que, entre os recursos naturais, são de longe as fontes mais importantes de geração de receitas. Tanto a Lei 7990/1989 quanto a Lei 9478/1997[7] favorecem estados e municípios produtores e/ou confrontantes. Isso significa que o número de estados e municípios beneficiados pelas transferências de royalties e participações é pequeno. Do total de 5338 municípios para os quais temos informação em 2016, 862 receberam recursos a título da Lei 7990/1989 e 389, a título da Lei 9478/1997. Seis e onze estados — das 27 unidades federativas — receberam recursos de acordo com as mesmas Leis, respectivamente, em 2016.

Desde o início dos anos 2000, o preço do barril do petróleo cresceu muito, tendo atingido um pico em 2008. Além disso, foram descobertas bacias com grande potencial de produção de petróleo de boa qualidade. Um número expressivo de contratos de exploração foi firmado. Não há dúvida de que um volume muito elevado de receitas vinculado a menos de 20% dos municípios brasileiros somente poderia ampliar desigualdades de receita.

Como consequência, uma fonte de receita que não estava no horizonte das alternativas de arrecadação até o final dos anos 1990, quando foi aprovada a Lei 9478/1997, foi para o centro das disputas entre estados e municípios.

---

7 A Lei do Petróleo (9478/1997), em seu artigo 48, definiu que os primeiros 5% de royalties, correspondentes ao montante mínimo, serão rateados na forma da Lei 7990/1989 (70% aos estados produtores; 20% aos municípios produtores; e 10% aos municípios onde se localizarem instalações marítimas ou terrestres de embarque ou desembarque de óleo bruto e/ou gás natural). A parcela do valor do royalty que exceder a 5%, será partilhada entre os estados e municípios produtores, e oscila, dependendo do local da exploração. Se ocorrer a produção em terra ou em lagos, rios e ilhas, os estados e municípios recebem respectivamente 52,5% e 15% da exploração em seu território (limite espacial). No caso de produção localizada na plataforma continental os estados e municípios confrontantes recebem cada um 22,5%. Os municípios diretamente afetados recebem 7,5%. Em extensões marítimas, a União já fica com 40% de todos os royalties produzidos.

A Lei 12 734/2012 é resultado de intensa movimentação parlamentar — isto é, a apresentação de várias emendas orientadas a mudar ou manter as regras de repartição. Estados e municípios excluídos dessa fonte de receita passaram a reivindicar sua distribuição por obrigação legal ao passo que os beneficiados pretendiam manter tudo como estava. Sem surpresa, por esmagadora maioria nas duas Câmaras, a Lei 12 734/2012 foi aprovada no dia 30 de novembro de 2012. Na prática, ampliou significativamente a cota de participação de estados e municípios não produtores e não confrontantes nos royalties,[8] seja para os contratos vigentes, seja para futuros contratos. A presidente Dilma Rousseff vetou a aplicação da lei aos contratos já em vigência, isto é, a nova regra de repartição valeria apenas para os contratos futuros. Passo seguinte: os governadores dos estados mais negativamente afetados pela aprovação da nova lei — a saber: São Paulo, Rio de Janeiro e Espírito Santo — entraram com uma ação direta de inconstitucionalidade (Adin) no Supremo Tribunal Federal, alegando a inconstitucionalidade da Lei 12 734/2012. Em liminar à Adin impetrada por Sérgio Cabral, a ministra Cármen Lúcia suspendeu os efeitos da Lei, mas jogou a decisão final para o plenário do Supremo

---

8 Nos royalties de até 5%, os estados confrontantes caem de 30% para 20% de participação, ao passo que os municípios confrontantes cairiam de 30% para 17% (sendo este valor reduzido para 4% até 2019). Os municípios afetados teriam sua participação reduzida de 10% para 3% (e para 2% em 2017). Como consequência, um fundo especial a ser distribuído entre os demais estados e municípios passaria de 10% para 20% (subindo para 27% até 2019). Quando os royalties superarem 5%, os estados confrontantes têm sua participação reduzida de 22,5% para 20%, ao passo que os municípios confrontantes caem do mesmo patamar para 17% (e para 4% em 2019). Os municípios afetados caem de um patamar de 7,5% para 3% (e para 2% em 2017). O Fundo Especial a ser distribuído entre todos os estados, territórios e municípios aumenta de 7,5% da arrecadação dos royalties para 20%, e para 27% até 2019.

Tribunal Federal. No momento em que este capítulo foi elaborado, o assunto ainda aguardava decisão da Suprema Corte. Não há surpresa na aprovação da Lei 12 734/2012. A regra anterior beneficiava uma minoria de estados e municípios. A aprovação da lei converte essa minoria em uma maioria de estados e municípios beneficiados.

Transferências legais

Um segundo tipo de transferências fiscais está vinculado a políticas específicas. Podem ser chamadas de condicionadas, mas, no espírito da redução da incerteza, sucessivos governos acabaram por adotar regras universais de distribuição. Na prática, podem ser consideradas universais porque todos os governos subnacionais que cumpram seus requisitos de alocação estão intitulados a recebê-las.

Essas transferências visam induzir a adoção de políticas por parte de estados e municípios. Em montantes, as mais importantes referem-se à coparticipação da União no financiamento das políticas de saúde e de educação. Na saúde, tornaram-se universais em 1998,[9] uma vez completado o longo processo de adesão voluntária ao Sistema Único de Saúde iniciado em 1990. Essas transferências estão vinculadas a ações de saúde, da atenção básica até o atendimento hospitalar. Na educação, envolvem basicamente recursos para a merenda escolar e o livro didático.

Embora não sejam constitucionais, todas são parte integrante das receitas de estados e municípios e centrais na coordenação de políticas específicas. Não podemos negligenciar sua

---

9 A Norma Operacional Básica (NOB) 1996/1998 — assim como as demais NOBs — condiciona transferências federais à adesão às normas do Ministério da Saúde. Adicionalmente, a NOB 1996/1998 reduziu a incerteza quanto ao fluxo das transferências, tornando crível que estas seriam efetivamente realizadas.

importância para a capacidade de prestação de serviços de estados e em particular de municípios. Em 2016, para 22% dos municípios brasileiros, as transferências vinculadas à saúde representaram pelo menos 10% de seu orçamento total. As transferências dos estados para seus próprios municípios, por sua vez, têm um impacto marginal nos orçamentos municipais. A conclusão é clara: na saúde, as transferências federais são muito mais importantes do que as transferências estaduais. Dito de outro modo, a indução federal é um componente importante da prestação de serviços básicos de saúde por parte dos municípios.

Transferências discricionárias ou negociadas

As transferências discricionárias (ou negociadas) são definidas em cada processo orçamentário. Resultam de negociações entre autoridades centrais, governos subnacionais e os representantes no Parlamento.

Objeto de grande interesse na agenda pública, sua importância nas transferências fiscais é de fato muito pequena, embora tenda a crescer em anos eleitorais. Em 2002, ano de eleições gerais, as transferências discricionárias acrescentaram em média oitenta reais per capita aos cofres municipais. Em 2006, outro ano de eleições gerais, a média das transferências negociadas para todos os municípios foi de cerca de duzentos reais per capita. Em 2016, dos 5338 municípios para os quais temos informação, apenas 1975 receberam recursos de convênios com a União.

Portanto, é francamente exagerada a importância que o debate público e acadêmico confere às transferências negociadas. Podem ter impacto isolado para programas isolados de alguns estados e municípios. Certamente, têm importância nas negociações de apoios políticos. Mas seu impacto sobre as receitas correntes de estados e municípios é marginal. Mais que isso, seu impacto sobre a execução regular das políticas que afetam a vida dos cidadãos é mínimo. Nossas reflexões sobre o sistema brasileiro de transferências fiscais não podem se basear nas evidências obtidas para esse tipo de transferência. Ao contrário, a parte mais expressiva das receitas dos governos subnacionais está fora de barganhas políticas, visto que sua distribuição está definida por regra constitucional ou legal. Portanto, embora as transferências negociadas possam ter alguma relevância nas negociações políticas entre o presidente e os parlamentares, seu impacto sobre os recursos de estados e municípios é bem menos relevante do que se supõe. Prefeitos e governadores contam com recursos da União independentemente de lealdades partidárias ou comportamento parlamentar. Embora recursos adicionais possam ser objeto de negociação, a oferta de serviços públicos locais não depende de relações políticas, sejam elas partidárias ou individuais.

Portanto, nossa reflexão deve se concentrar sobre o impacto redistributivo das transferências legais e constitucionais.

Impacto redistributivo das transferências fiscais

Até aqui, vimos que o Brasil tem regras de transferências fiscais complexas, altamente institucionalizadas, estáveis desde sua instituição pela Constituição Federal de 1988. Resta saber se o país cumpre seus objetivos redistributivos.

Para fazer essa análise, adotamos metodologia desenvolvida no Centro de Estudos da Metrópole, que visa caracterizar os estados e municípios brasileiros de acordo com suas condições de vulnerabilidade, medida por indicadores socioeconômicos e demográficos. Foram utilizadas as informações do Censo Demográfico 2010 e a técnica multivariada de análise fatorial para a obtenção de uma variável sintética capaz de discriminar os governos subnacionais de acordo com as necessidades de sua população.

Para fins de interpretação, as variáveis foram operacionalizadas de forma a expressar a pior situação em cada um dos aspectos considerados, fazendo com que no indicador sintético os maiores valores correspondam às piores situações nas dimensões consideradas. As variáveis empregadas no modelo são as seguintes: percentual de responsáveis pelo domicílio não alfabetizados; percentual de mulheres responsáveis pelo domicílio não alfabetizadas; percentual de pessoas entre seis e oito anos não alfabetizadas; inverso do rendimento nominal médio mensal das pessoas responsáveis por domicílios particulares permanentes; percentual de responsáveis com rendimento de até dois salários mínimos (inclusive sem rendimento); percentual de crianças de zero a cinco anos no total de moradores; percentual de adolescentes de quinze a dezenove anos no total de moradores; percentual de jovens de vinte a 24 anos no total de moradores; percentual de pessoas com 65 anos ou mais no total de moradores; percentual de responsáveis por domicílio com idade entre dez e 29 anos no total de moradores.[10]

A análise fatorial obteve um único fator, o que significa que uma variável latente, que expressa a vulnerabilidade presente nos municípios e estados brasileiros, resume o comportamento das variáveis do estudo. Em outras palavras, essas diferentes dimensões de vulnerabilidade — tais como elevado percentual de domicílios dirigidos por chefes de família sem escolaridade recebendo rendimentos muito baixos e com elevada presença de crianças e jovens — tendem a se superpor nos municípios brasileiros.

---

10 As duas últimas variáveis não entraram no modelo final. A variável percentual de jovens de 20 a 24 anos no total de moradores não entrou no modelo final para os estados.

Com base nesse indicador, os municípios foram distribuídos em cinco grupos, que variam dos mais mal situados para os mais bem situados. De modo geral, há uma concentração espacial da situação de vulnerabilidade. À exceção do estado de Minas Gerais, cuja área norte concentra municípios com elevada concentração de população vulnerável, esse tipo de município está majoritariamente presente nas regiões Norte e Nordeste. Os municípios mais bem situados, isto é, com menor concentração de população vulnerável, estão concentrados nas regiões Sul e Sudeste, embora com alguma presença em Goiás e Mato Grosso do Sul.

O passo seguinte consistiu em calcular (i) a receita per capita derivada da arrecadação própria dos municípios e estados para compará-la com (ii) a receita per capita total de cada município e estado, resultante da soma da arrecadação própria com a receita de todas as transferências federais e estaduais. Assume-se que esta última é o resultado do conjunto das transferências fiscais, incluindo portanto as transferências constitucionais, legais e discricionárias. Assume-se ainda que o conjunto das transferências fiscais deveria favorecer os estados e municípios com maior concentração de vulnerabilidade. Se o percentual de população vulnerável do município A é maior do que o percentual de população vulnerável do município B, isso significa que A deve despender mais recursos para atender sua população. Logo, para prestar serviços adequados à sua população, A deveria contar com mais recursos per capita do que B.

A seguir, os Gráficos 1 e 2 apresentam a relação entre o indicador de necessidade, no eixo horizontal, e a receita de arrecadação própria per capita (gráfico à esquerda) bem como a receita per capita total (gráfico à direita), no eixo vertical, ambos para 2010, respectivamente para estados e municípios. No eixo x, estados e municípios estão ordenados do mais bem situado para o mais mal situado.

Os gráficos demonstram que as transferências fiscais não beneficiam os estados e municípios com maior concentração de populações vulneráveis. A despeito de acrescentar grande volume de receitas aos estados e municípios, essa redistribuição não é capaz de adequar necessidades a receitas.

O Gráfico 1 permite observar que os antigos territórios — Acre e Roraima — obtêm uma receita per capita quase cinco vezes superior à de estados como o Maranhão, Pará e Paraíba, apesar de apresentarem situação bastante similar em termos da concentração de vulnerabilidades de suas respectivas populações. O Distrito Federal obtém um valor per capita de receitas mais de duas vezes superior ao dos estados de Santa Catarina e Paraná, embora as necessidades de suas populações sejam similares. Estados com necessidades muito desiguais — como Santa Catarina e Rio Grande do Norte — obtêm o mesmo volume per capita de receitas.

Mais que isso, apesar de acrescentarem recursos aos cofres estaduais, as transferências fiscais modificam apenas a posição relativa dos estados do Acre, Amapá e Roraima em relação à situação em que se encontrariam na ausência de transferências. Os demais estados do Norte e do Nordeste, a despeito de se encontrarem igualmente entre os mais mal situados no quesito necessidade, permanecem com menor receita per capita, mesmo após realizadas as transferências.

O Gráfico 2, agora sobre os municípios, não mostra um resultado diferente. A capacidade de arrecadação própria dos municípios brasileiros variava muito em 2010, mas a maior parte deles arrecadou diretamente menos de duzentos reais per capita/ano. O conjunto das transferências eleva suas receitas para outro patamar: de aproximadamente mil a 5 mil reais per capita/ano.

Gráfico 1 — Associação entre necessidade, arrecadação própria e receita total per capita

Estados brasileiros — 2010

Gráfico de dispersão entre o indicador socioeconômico/demográfico e a receita de arrecadação própria per capita (R$)

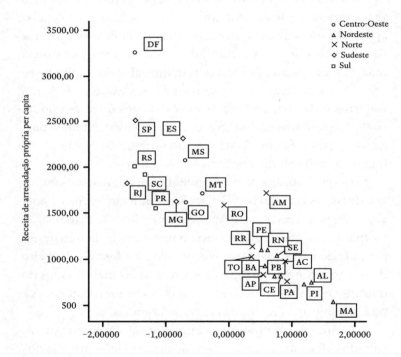

Estados brasileiros — 2010

Gráfico de dispersão entre o indicador socioeconômico/demográfico e a receita total per capita (R$)

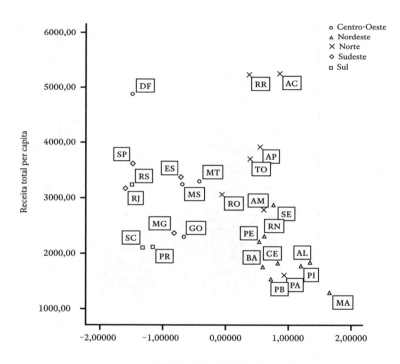

FONTES: IBGE, Censo Demográfico de 2010 e Secretaria do Tesouro Nacional.

Gráfico 2 — Associação entre necessidade, arrecadação própria e receita total per capita

Municípios brasileiros — 2010*

Gráfico de dispersão entre o indicador socioeconômico/demográfico e a receita total per capita (valor máximo da receita total per capita = R$ 5000,00)

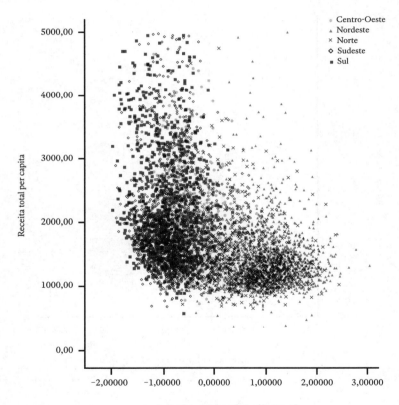

* Para o gráfico da arrecadação per capita própria, foram excluídos 39 municípios com arrecadação própria superior a mil reais/ano. Para o gráfico da receita per capita total, foram excluídos 50 municípios com receita per capita total superior a 5 mil reais/ano. O universo é composto por 5496 municípios.

Municípios brasileiros — 2010

Gráfico de dispersão entre o indicador socioeconômico/demográfico e a receita de arrecadação própria per capita (valor máximo da receita de arrecadação própria per capita = R$ 1000)

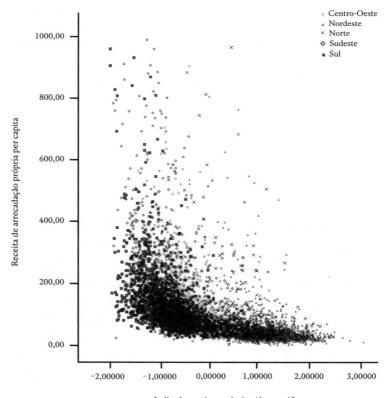

FONTES: IBGE, Censo Demográfico de 2010 e Secretaria do Tesouro Nacional.

Mas, uma vez realizadas as transferências, não há qualquer relação entre concentração de necessidade e orçamento municipal. Municípios com concentração de vulnerabilidades muito diferentes obtêm o mesmo valor per capita de receita total. Caso a concentração de vulnerabilidade implicasse de fato receitas adicionais, os municípios mais mal situados (metade direita do gráfico) deveriam receber receitas per capita superiores, dado que prestam serviços para um contingente superior de população vulnerável. Não é esse o resultado final da distribuição das transferências constitucionais, legais e negociadas. A posição relativa dos municípios no ranking da distribuição permanece bastante similar à situação anterior às transferências, isto é, não há associação entre necessidade e receita.

Conclusões

O Brasil conta com regras complexas e altamente institucionalizadas de transferências fiscais. Seus pilares fundamentais resultam da Constituição Federal de 1988. Embora essas regras tenham sofrido várias alterações desde então, seu modelo básico permaneceu. Em outras palavras, as transferências constitucionais e legais bem como suas regras de distribuição se revelaram bastante estáveis a despeito de pressões de diversas ordens.

Essa estabilidade se explica por uma razão básica. Embora todas as unidades da federação recebam transferências, o número de beneficiários é muito maior do que o número de não beneficiários. Do total de 5496 municípios observados em 2010, apenas quatro não obtinham pelo menos 50% de sua receita total das transferências. Daquele total, 5294 multiplicavam por cinco suas receitas após receber as transferências, ao passo que 4559 as multiplicavam por dez. Entre os estados, dezoito dos 26, excluído o Distrito Federal, obtiveram pelo menos 40% de suas receitas totais das transferências. A sobrevivência dessas regras se deve, portanto, ao fato de que o número de representantes das jurisdições que são beneficiárias líquidas das transferências no Congresso supera o número de representantes das jurisdições que são doadoras líquidas. Em outras palavras, estados e municípios ganhadores no atual desenho são a maioria. Não por acaso a principal modificação relevante na distribuição das transferências envolveu as receitas derivadas do petróleo, que passaram a ser distribuídas de modo a favorecer a maioria das jurisdições representadas no Congresso.

A conclusão é evidente: a probabilidade de supressão das transferências fiscais da Constituição brasileira é bem próxima de zero.

Há razões para duvidar que essa supressão fosse mesmo desejável, dada a escolha — também constitucional — por um modelo descentralizado de execução de políticas. Na ausência das transferências constitucionais e legais, à limitada capacidade de arrecadação corresponderia desigualdade na prestação de serviços. A conversão das transferências constitucionais e legais em transferências negociadas também afetaria os investimentos dos governos subnacionais nos recursos necessários à prestação desses serviços, pois aumentaria a incerteza e reduziria a regularidade das receitas dos governos subnacionais.

Entretanto, embora produzam significativa redistribuição, as transferências fiscais não produzem adequação entre necessidades e receita dos governos subnacionais. Esse é, portanto, o grande desafio das reformas a serem adotadas no futuro. Para tanto, nossa reflexão deve se deslocar das transferências negociadas — cuja importância é muito pequena — para as regras que regem as transferências fiscais, de modo a reduzir as desigualdades de capacidade de gasto, que persistem. Um sistema de transferências que realmente leve em conta as necessidades da população residente nas diferentes unidades federativas deveria ser nossa prioridade, caso queiramos manter um sistema descentralizado de execução de políticas que seja capaz de reduzir desigualdades no acesso a serviços.

Por outro lado, qualquer sistema nacional de transferências fiscais corre o risco de transferir receitas dos ricos dos estados ricos para os ricos dos estados pobres. Isto é, a existência de transferências não constitui em si uma garantia de que os recursos transferidos para os estados mais pobres sejam de fato empregados em favor da população que realmente necessita de serviços públicos. Ao longo dos últimos trinta anos, o Brasil constituiu um sistema igualmente complexo de controle e monitoramento dos governos subnacionais. As vinculações de recursos à educação e saúde, por exemplo, fazem parte dessas engrenagens através das quais os legisladores pretendem induzir os governos subnacionais a empregar suas receitas em benefício da população. Estados são obrigados pela Constituição a gastar 25% de suas receitas em educação e 12% em saúde, ao passo que, para os municípios, essas vinculações são de 25% para educação e 15% para saúde. Na mesma direção, a Lei de Responsabilidade Fiscal impede que os governos subnacionais gastem mais de 60% de sua receita líquida com despesas de pessoal. Em outras palavras, embora essas políticas sejam as mais exemplares, um conjunto de mecanismos legais tenta evitar que as transferências sejam apropriadas pelos ricos dos estados pobres. A contrapartida dessas vinculações é, sem dúvida, o engessamento dos orçamentos dos governos subnacionais. Manter as transferências fiscais e eliminar as vinculações constitucionais de gasto requerem, contudo, que o eleitor seja capaz de disciplinar seus próprios governantes.

Referências bibliográficas

KOSTELECKÝ, Tomás; VOBECKÁ, Jana. "Socio-Spatial Inequalities in the Czech Metropolitan Areas: The Case of Prague Metro". In: SELLERS, Jefferey M.; ARRETCHE, Marta; KÜBLER, Daniel; RAZIN, Eran. *Inequality and Governance in the Metropolis: Place-Equality Regimes and Fiscal Choices in Eleven Countries*. Londres: Palgrave Macmillan, 2017, pp. 221-36.

LEAL, Victor Nunes. *Coronelismo, enxada e voto*. Rio de Janeiro: Forense, 1948.

LIDSTRÖM, Anders. "The Equal Metropolis?: Can Social Policies Counteract Diversity in Swedish Metropolitan Settings?". In: SELLERS, Jefferey M.; ARRETCHE, Marta; KÜBLER, Daniel; RAZIN, Eran. *Inequality and Governance in the Metropolis: Place-Equality Regimes and Fiscal Choices in Eleven Countries*. Londres: Palgrave Macmillan, 2017, pp. 237-52.

PRADO, Sérgio. *Equalização e federalismo fiscal: Uma análise comparada*. Rio de Janeiro: Konrad-Adenauer-Stiftung, 2006.

SELLERS, Jefferey M.; PETROY, Erika R.; HONDAGNEU-MESSNER, Sasha. "Contested Metropolis: Inequality and the Multilevel Governance of Metropolitan Regions in the USA". In: SELLERS, Jefferey M.; ARRETCHE, Marta; KÜBLER, Daniel; RAZIN, Eran. *Inequality and Governance in the Metropolis: Place-Equality Regimes and Fiscal Choices in Eleven Countries*. Londres: Palgrave Macmillan, 2017a, pp. 27-56.

SELLERS, Jefferey M.; ARRETCHE, Marta; KÜBLER, Daniel; RAZIN, Eran. "Conclusion". In: _____. *Inequality and Governance in the Metropolis: Place-Equality Regimes and Fiscal Choices in Eleven Countries*. Londres: Palgrave Macmillan, 2017b, pp. 253-74.

III.
O sistema de justiça brasileiro: Atores, atuação e consequências do arranjo constitucional*

Rafael Bellem de Lima (Insper)
Natália Pires de Vasconcelos (USP)

Introdução

As escolhas institucionais da Constituição de 1988 transformaram a questão social de caso de polícia (e de política) em problema da Justiça (e de justiça). Promulgada com a missão transformadora de afastar o país de seu passado autoritário e de promover uma sociedade mais igualitária e inclusiva, a Constituição garantiu não apenas o catálogo tradicional de direitos políticos e garantias individuais, mas também incorporou um conjunto abrangente de direitos sociais, como educação, saúde, trabalho, segurança, lazer e assistência social. A escolha clara foi por atribuir ao Estado, e não apenas aos particulares, a responsabilidade de efetivar esses direitos, quer por meio da prestação de serviços, quer por meio da regulação do mercado.

À primeira vista, trata-se de uma escolha que atribui ao Legislativo e ao Executivo a tarefa de produzir e efetivar políticas sociais, mas o fato é que a Constituição de 1988 partilhou essa responsabilidade também entre o Poder Judiciário e os demais

---

* Agradecemos aos participantes dos três seminários realizados no Insper para discussão deste livro, pelos comentários, críticas e sugestões generosas a versões preliminares deste texto. Somos gratos em especial a Virgílio Afonso da Silva, que, como debatedor do presente capítulo, fez uma análise abrangente e pormenorizada de nosso trabalho.

órgãos que compõem o sistema de Justiça nacional. A Constituição tornou o controle judicial inafastável, deu às instituições já pertencentes a esse sistema mais autonomia e segurança, criou novos atores e ampliou as possibilidades de acesso ao controle judicial de constitucionalidade. De espaço de resolução de conflitos de direito privado, trabalhista e de responsabilização criminal, as instâncias judiciais passaram a funcionar também como esferas de controle e redefinição do processo e das escolhas dos agentes políticos e dos atores privados.

Em um contexto de supervalorização da independência de juízes e demais atores do sistema de Justiça, esse potencial de atuação tem se dado de forma crescente e cada vez mais atomizada. Como resume Luciano Da Ros:

> Um dos efeitos dessa enorme autonomia individual dos magistrados é que cada juiz decide da forma que entende e, desse modo, é impossível ter posições claras de como o Judiciário, institucionalmente, decide. A melhor forma de ilustrar isso é que não existe um poder Judiciário propriamente no Brasil, e sim 17 mil magistrados.[1]

Não bastasse esse diagnóstico de dispersão decisória no Judiciário, os demais agentes do sistema de justiça tampouco atuam de forma coordenada, não apenas entre si, mas também dentro das suas próprias carreiras.

Em trinta anos de vigência da Constituição, a Justiça chegou a mais gente, mais lugares, deu voz e direitos a minorias e maiorias silenciadas. O preço pago por essas escolhas foi significativo: temos um dos maiores e mais caros sistemas de justiça do mundo, que não garante segurança jurídica, seja para o processo

---

[1] Entrevista concedida ao jornal *El País*. Cf. André de Oliveira, *El Pais*, 20 jun. 2016.

político, para o mercado, ou para conquistas sociais. No âmbito das políticas sociais, a atuação do sistema de justiça pode ter efeitos ainda mais nocivos, desestruturando programas e redistribuindo recursos de forma ineficiente e nem sempre justa.

1. O sistema: Atores, atuação e fundamentos

O sistema de justiça passou por profundas transformações a partir de 1988. Dos 245 artigos do texto original da Constituição, 44 foram dedicados diretamente à Justiça e às chamadas funções essenciais ao seu exercício, sem contar as diversas referências indiretas aos órgãos do sistema. Dentre as principais inovações, destacam-se a criação do Superior Tribunal de Justiça e dos Tribunais Regionais Federais, a constitucionalização da Defensoria Pública e de carreiras da Advocacia Pública e a ampliação do acesso ao controle de constitucionalidade de leis perante o Supremo Tribunal Federal. Além disso, previu-se textualmente a inafastabilidade do controle judicial e a aplicabilidade imediata dos direitos fundamentais. Procurou-se, assim, não deixar dúvida de que a proteção e a implementação desses direitos seriam obrigatórias e não apenas programáticas. O compromisso firmado na Constituição não seria apenas uma carta de boas intenções.

Entre a revisão constitucional de 1993 e o ano de 2016, as normas constitucionais que tratavam do sistema de justiça foram alteradas em mais de quinze oportunidades. As principais modificações ocorreram em 2004, por meio da Emenda Constitucional nº 45, a chamada Reforma do Judiciário, que criou órgãos incumbidos do controle financeiro e administrativo do Poder Judiciário e do Ministério Público, com a participação de membros externos a essas carreiras: o Conselho Nacional de Justiça e o Conselho Nacional do Ministério Público. A Emenda também estendeu garantias institucionais e funcionais às carreiras da Defensoria e da Advocacia da União e instituiu importantes mecanismos de uniformização de jurisprudência e controle de volume processual no Supremo Tribunal Federal, como a súmula vinculante e a repercussão geral.

1.1. Os atores

1.1.1. Judiciário

O Poder Judiciário brasileiro divide-se entre as Justiças especiais, como a Justiça Militar, Eleitoral e do Trabalho, e a Justiça comum, que lida com todos os demais temas. A Justiça comum se divide, por sua vez, em dois grandes níveis, federal e estadual, a depender do tipo de norma ou problema jurídico que dá causa à ação dos atores. Cada um desses dois níveis foi organizado de forma descentralizada e muito capilarizada: em regiões, seções judiciárias e varas para o âmbito de atuação federal; e em comarcas e varas para o âmbito de atuação estadual. O estado de São Paulo, por exemplo, está dividido em 56 comarcas judiciais para a Justiça estadual e 44 seções judiciárias para a Justiça Federal, na primeira instância. Em segunda instância, cada estado possui um Tribunal de Justiça, para a Justiça estadual, e faz parte de uma das cinco regiões que dividem os tribunais da Justiça Federal. Além disso, tanto a Justiça Federal quanto a estadual contam com juizados especiais para o julgamento de causas de menor complexidade ou valor.

Sobre essa estrutura, há dois tribunais superiores, o Superior Tribunal de Justiça (STJ) e o Supremo Tribunal Federal (STF), que funcionam, na prática, como últimas instâncias recursais, para violações às leis federais e às normas constitucionais, respectivamente, cabendo ao STF, ainda, o controle abstrato de constitucionalidade. Como órgão auxiliar e não jurisdicional, o sistema conta com o Conselho Nacional de Justiça, presidido pelo presidente do STF e responsável pelo controle da atuação administrativa e financeira do Judiciário e do cumprimento dos deveres funcionais dos juízes em todo o país. Todo esse sistema conta com 15 398 unidades judiciárias em primeira instância, em torno de 448 964 funcionários, entre eles 18 168 mil juízes, 272 093 servidores e 158 703 auxiliares, ou seja, aproximadamente 8,7 juízes e 206,7 servidores e auxiliares para cada 100 mil habitantes.[2] Enquanto a proporção de juízes é equivalente a de países latino-americanos, da França e da Itália, a razão entre servidores e auxiliares no Brasil é extremamente alta, sendo aproximadamente seis vezes superior à média de servidores na França, cinco vezes à do Chile, Colômbia e Itália e quatro vezes à da Alemanha.

Esses números são o resultado de um processo de expansão do Judiciário que ocorre de maneira constante desde 1988. Naquele ano, o Judiciário possuía pouco menos de 5 mil juízes,[3] número que, como vimos, cresceu mais de três vezes. Mais do que simplesmente crescer, a Justiça se capilarizou. Se em 1987, apenas as capitais estaduais sediavam varas federais, hoje mais de 250 municípios brasileiros são alcançados pela Justiça Federal. Esse processo de expansão e capilarização não se restringe ao Judiciário, mas é acompanhado pelos demais atores do sistema. A chegada de uma unidade do sistema judiciário a um novo município implica também a criação de unidades da Defensoria e do Ministério Público, que, por sua vez, poderão ajuizar mais ações contra o poder público, demandando assim a atuação de um contingente maior de advogados públicos. Além de carregar a semente para o crescimento exponencial de todo o sistema de Justiça, a capilarização do Judiciário

2 Cf. CNJ, 2018, e Luciano Da Ros; Matthew Taylor, 2017. 3 Julia Affonso, 2016.

também explica, em alguma medida, o aumento significativo do contingente de magistrados e servidores.

1.1.2. Ministério Público

A Constituição de 1988 incumbiu o Ministério Público da defesa da ordem jurídica, do regime democrático e dos interesses sociais e individuais indisponíveis. Isso se traduz, essencialmente, em uma atuação tanto como propositor de ações no âmbito civil, administrativo e penal, bem como em uma atuação extrajudicial, por meio da adoção de medidas administrativas para apurar a existência de irregularidades e, quando necessário, estabelecer acordos de ajustamento de conduta com entidades públicas e privadas.

O processo histórico de construção desse conjunto de atribuições teve como um de seus marcos a Constituição de 1988. Até então, o Ministério Público era uma instituição vinculada ao Poder Executivo, atuando sobretudo como titular da ação penal. Antes mesmo da Constituinte, a instituição vinha se organizando para ampliar suas hipóteses de atuação no processo civil e na tutela do interesse público. A expansão das atribuições do Ministério Público — e de seu poder de interferência sobre a administração pública — ganhou força com a promulgação da Lei da Ação Civil Pública em 1985[4] e, especialmente, com a sua desvinculação funcional do Executivo, em 1988. Assim, a Constituição, ao estabelecer a autonomia, também orçamentária e administrativa, da instituição, fez com que promotores e procuradores passassem a contar com as mesmas garantias dos magistrados, como vitaliciedade, inamovibilidade, irredutibilidade de vencimentos e autonomia funcional.

4 Rogério B. Arantes, 2002.

A maior proteção de direitos difusos e coletivos (por exemplo, com o Código do Consumidor, o Estatuto da Criança e do Adolescente, o Estatuto do Idoso, o Estatuto da Pessoa com Deficiência) também ampliou as possibilidades de atuação do Ministério Público no âmbito cível, quer como demandante, quer como fiscal da aplicação da lei. Novas competências foram angariadas também na esfera penal, com o aumento da legitimidade para conduzir investigações e negociar transações penais. Atualmente, espelhando a organização do Poder Judiciário, o Ministério Público é composto pelos Ministérios Públicos estaduais, que atuam perante a Justiça estadual, e o Ministério Público da União, que é composto pelo Ministério Público Federal, Ministério Público do Trabalho, Ministério Público do Distrito Federal e Territórios e Ministério Público Militar, que atuam respectivamente nas Justiças federal comum, do trabalho e militar.

1.1.3. Defensoria

Ao lado da ampliação de poderes e forma de atuação do Ministério Público, a Constituição atribuiu a prestação de serviços gratuitos de assessoria jurídica à população a um órgão específico: a Defensoria Pública. Antes da promulgação da Constituição, esses serviços eram prestados, na maior parte dos estados, por procuradores estaduais, advogados particulares selecionados pela OAB e, até mesmo, membros do Ministério Público. Apesar da previsão constitucional, alguns desses atores foram especialmente resistentes à criação efetiva das defensorias,[5] o que importou em um movimento lento de implementação da carreira de defensor em diversos estados. Até 1990, apenas sete estados brasileiros contavam com defensorias públicas

---

5 Thiago de Miranda Queiroz Moreira, 2016.

estaduais. A existência de defensores públicos em todos os estados da União só foi efetivada em 2012, quando o STF obrigou o estado de Santa Catarina a criar sua defensoria pública.[6] O próprio âmbito de atuação da Defensoria também foi alterado nos últimos trinta anos. Incumbida originalmente da "orientação jurídica e [d]a defesa, em todos os graus, dos necessitados",[7] em 2014 a Defensoria Pública foi redefinida constitucionalmente "como expressão e instrumento do regime democrático", passando a ser autorizada a exercer, "fundamentalmente, a orientação jurídica, a promoção dos direitos humanos e a defesa, em todos os graus, judicial e extrajudicial, dos direitos individuais e coletivos, de forma integral e gratuita, aos necessitados".[8] Muito mais do que uma mudança na redação constitucional, houve uma significativa alteração no escopo e no perfil institucional da carreira. Além de assessorar juridicamente aqueles que não poderiam custear advogados, defensores públicos passaram a atuar também na defesa de direitos difusos e coletivos, de modo cada vez mais semelhante ao Ministério Público.

A aproximação entre esses dois entes também alcançou garantias institucionais que haviam sido conquistadas apenas por magistrados e promotores no processo constituinte, como a autonomia administrativa e financeira, a prerrogativa para elaboração de sua própria lei orçamentária, independência funcional

---

6 Tatiana Whately Moura et al., 2013. 7 Artigo 134: "A Defensoria Pública é instituição essencial à função jurisdicional do Estado, incumbindo-lhe a orientação jurídica e a defesa, em todos os graus, dos necessitados, na forma do art. 5º, LXXIV". — Constituição Federal — Redação original de 1988. 8 Artigo 134: "A Defensoria Pública é instituição permanente, essencial à função jurisdicional do Estado, incumbindo-lhe, como expressão e instrumento do regime democrático, fundamentalmente, a orientação jurídica, a promoção dos direitos humanos e a defesa, em todos os graus, judicial e extrajudicial, dos direitos individuais e coletivos, de forma integral e gratuita, aos necessitados, na forma do inciso LXXIV do art. 5º desta Constituição Federal". Constituição Federal — Redação dada pela EC 80/2014.

e a existência de defensores públicos em todas as comarcas jurisdicionais.[9] Tal como a Justiça e o Ministério Público, a Defensoria se organiza em níveis estadual e federal. Até o fim de 2012, 5054 defensores estaduais atendiam apenas 28% das comarcas do país.[10]

1.1.4. Advocacia pública

Uma das principais alterações no sistema de justiça operadas pela Constituição de 1988 se deu sobre o desenho da advocacia pública nacional. A Constituição criou a Advocacia-Geral da União, retirando a representação jurídica da União das atribuições do Ministério Público Federal, e consolidou a posição de procuradores estaduais como representantes judiciais e consultores jurídicos oficiais dos governos estaduais. Assim como no caso da Defensoria Pública, a implementação da Advocacia-Geral da União como carreira jurídica não foi automática. Até 1993, não havia lei complementar que regulasse a atuação do órgão, sendo o serviço então prestado pela Controladoria-Geral da União.[11] Somente em 2002 foi criada a carreira de procurador federal, reunindo não só os então chamados advogados da União, como também os procuradores da Fazenda Nacional e das autarquias federais.[12]

---

9 Conquistas constitucionalizadas por emendas constitucionais: Emenda Constitucional nº 45/2004; Emenda Constitucional n. 74/2013 e Emenda Constitucional nº 80/2014. **10** Tatiana Whately Moura et al., 2013. **11** Brasil. Ministério da Justiça, 2011. **12** Não dispomos de dados agregados sobre a advocacia pública nacional. Em 2011 o Ministério da Justiça realizou levantamento entre estados, municípios e União, obtendo resposta apenas de dez estados e treze municípios. Os dados sobre a Advocacia-Geral da União são os mais consistentes e apontam que já em 2011 a instituição contava com 5896 procuradores ativos e mais de 8 mil servidores e auxiliares.

É importante notar que não apenas a União e os estados precisam de assessoria jurídica. Os municípios também podem demandar esse tipo de serviço. A Constituição, contudo, não exige que se estruturem carreiras públicas para tanto, o que abre a possibilidade de representação por meio de advogados privados. Ainda assim, muitos municípios organizam seus serviços por meio de procuradorias municipais. A constitucionalização dessa exigência para estados e União retira a liberdade desses entes de optar por outras formas de representação. Como o Estado é um dos maiores litigantes por todo o país, isso significa que a expansão das advocacias públicas também acompanha o processo de capilarização judicial.

1.1.5. Advocacia privada

Embora não faça parte do sistema público de Justiça, a advocacia privada foi considerada uma "função essencial à Justiça" e, dessa forma, também foi objeto de atenção explícita da Constituinte. Além de garantir imunidade por atos e manifestações no exercício da advocacia[13] e prever que parte dos membros dos tribunais ingressasse na magistratura por meio da nomeação de indicados pela OAB,[14] a Constituição determina a participação de advogados no concurso de ingresso para as carreiras jurídicas[15] e nos Conselhos Nacionais de Justiça (CNJ) e do Ministério Público (CNMP). A OAB possui, ainda, legitimidade ativa para ajuizar ações de controle de constitucionalidade, sendo a única entidade de classe que não precisa

---

13 "Artigo 133. O advogado é indispensável à administração da justiça, sendo inviolável por seus atos e manifestações no exercício da profissão, nos limites da lei." **14** Artigos 94; 104, II; 107, I; III-A, I; 115, I; 119, II; 120, III; 123, I.
15 Nos concursos de ingresso da magistratura (artigo 93, I da Constituição), Ministério Público (artigo 129, § 3º) e advocacia pública (artigo 132).

demonstrar relação temática direta com a matéria questionada para recorrer ao Supremo Tribunal Federal.[16] O tratamento especial conferido pela Constituição à OAB, que a diferencia de todas as demais entidades profissionais, pode ser visto como fruto da influência histórica dos homens do direito sobre a definição do ordenamento jurídico brasileiro e, de certo modo, os rumos políticos do país. Essa influência foi potencializada pela participação ativa da entidade no processo de redemocratização, que posicionou alguns membros da instituição como atores-chave no desenho do processo constituinte.

A influência dos advogados sobre rumos do sistema de Justiça não se restringe, contudo, à sua participação formal ou informal na definição do arcabouço normativo relativo ao acesso à Justiça no país. A situação atual da Justiça no país está diretamente relacionada à atuação dos mais de 1 milhão de advogados regularmente inscritos na OAB,[17] cuja grande maioria identifica no processo judicial o único meio de exercício profissional e associa o bom desempenho à alta combatividade. Isso explica, por exemplo, o alto número de recursos e ações, que muitas vezes são ajuizados independentemente das chances de sucesso da demanda, assim como a resistência dos advogados a propostas de redução dos números de recursos e tentativas de aumentar a vinculação aos precedentes judiciais. Esses são fatores que influenciam as taxas de congestionamento da Justiça e o elevado número de recursos repetitivos.[18]

---

16 Este entendimento foi fixado pelo Supremo Tribunal Federal no julgamento da ADI 3, em 1992. ADI 3/DF, Rel. Min. Moreira Alves, DJ 07/02/1992.
17 Conselho Federal da OAB, Quadro Institucional de Advogados. Disponível em: <http://www.oab.org.br/institucionalconselhofederal/quadroadvogados>. Acesso em: 24 maio 2018. **18** *El País*, 20 jun. 2016.

1.2. Como o sistema de Justiça pode atuar

Além das funções tradicionalmente assumidas pelo Judiciário, como aplicar o direito a situações concretas e garantir o cumprimento de obrigações jurídicas decorrentes de lei, decisões judiciais e compromissos firmados entre particulares, os órgãos do sistema de justiça também podem atuar como instâncias de contestação de decisões públicas por meio, por exemplo, dos mecanismos típicos de controle de constitucionalidade ou da tutela de interesses difusos e coletivos.

Se no Brasil o controle judicial de constitucionalidade é admitido formalmente desde a Primeira República,[19] com o governo militar de 1964 o espaço de contestação judicial perdeu grande parte de seu significado, passando a servir primordialmente à resolução de questões formais e de conflitos federativos. Para reverter essa situação, tida por muitos como incompatível com o propósito de redemocratização da Constituição de 1988,[20] o controle judicial de constitucionalidade não apenas foi retomado na prática, como também ganhou papel de destaque no arranjo institucional brasileiro.[21]

Ao contrário do que acontece na maioria das democracias constitucionais, que optaram pelo predomínio de uma única

---

19 Conforme a Constituição Federal de 1891, art. 60, § 1º. **20** Embora seja recorrentemente associado à ideia de democracia por juristas brasileiros, o caráter democrático do controle judicial de constitucionalidade é, provavelmente, uma das questões mais controvertidas na literatura constitucional e política contemporânea. Para críticas à falta de legitimidade democrática do controle judicial de constitucionalidade, cf. John Hart Ely, 1980; Mark Tushnet, 1999; Jeremy Waldron, 1999. **21** Como argumenta Oscar Vilhena Vieira, "as constituições, em geral, buscam demarcar as diferenças entre o regime deposto e aquele por ela arquitetado. Esta lógica também esteve presente nas transições portuguesa, de 1976; brasileira, de 1988; sul-africana, de 1996; ou mesmo indiana, de 1950, elaborada no contexto do processo de descolonização" (2008).

modalidade de controle, optou-se no Brasil por um modelo misto ou cumulativo.[22] De um lado, existe a possibilidade de arguir incidentalmente a inconstitucionalidade no âmbito de uma demanda judicial já existente, seguindo a prática iniciada nos Estados Unidos, no chamado controle incidental ou concreto. Em paralelo, admite-se também o ajuizamento de ações específicas para questionar em abstrato a incompatibilidade de leis e outros atos normativos com a ordem constitucional, como ocorre em diversos países da Europa Continental. A inovação constitucional de 1988, contudo, não se deu propriamente na adoção concomitante desses dois modelos,[23] mas em sua ampliação e seu fortalecimento.

Essa ampliação abrangeu tanto os atores legitimados quanto os instrumentos processuais à disposição desses atores. Se antes de 1988 apenas o procurador-geral da República[24] podia questionar a constitucionalidade de leis em abstrato, com o advento da Constituição a legitimação para questionar a constitucionalidade de leis independe de vinculação ao caso concreto, estendendo-se ao presidente da República, à Mesa do Senado Federal, à Mesa da Câmara dos Deputados, às Mesas das Assembleias Legislativas, aos governadores de Estado, ao Conselho Federal da OAB, a partidos políticos com representação no Congresso e a entidades de classe de âmbito nacional.

Em relação aos instrumentos, foram introduzidas a possibilidade de questionar a omissão legislativa considerada inconstitucional, por meio da ação direta de inconstitucionalidade por omissão, e, a partir de 1993, a ação declaratória de constitucionalidade. Além disso, também foi prevista a arguição de descumprimento de preceito fundamental (ADPF), mecanismo

22 Cf. Virgílio Afonso da Silva, 2009.   23 Desde a Constituição de 1934, elementos do modelo de contestação de leis em abstrato passaram a ser progressivamente incorporados ao direito constitucional brasileiro. 24 Constituição de 1967, artigo 114, inciso I, alínea l.

que, na atual compreensão abrangente e genérica do STF, pode ser utilizado de forma suplementar a todas as ações de controle, permitindo que a Corte revise qualquer ato contrário àquilo que for considerado preceito fundamental da Constituição.[25] Somados à já existente ação direta de inconstitucionalidade e ao amplo rol de atores legitimados, esses instrumentos criam possibilidades praticamente ilimitadas de intervenção do STF sobre a atuação dos Poderes Legislativo e Executivo.

O fortalecimento do controle é uma decorrência tanto do uso progressivo dessas oportunidades quanto de uma prática cada vez menos contida da Corte, tendência observada em outros países como um movimento de expansão global do poder Judiciário.[26] Até 2007, por exemplo, quando acionado para avaliar a omissão inconstitucional do legislador, o STF restringia-se a atestar que a Constituição exigiria a criação de uma lei para regular determinada matéria.[27] Com o julgamento de uma ação pleiteando a regulamentação do direito de greve dos servidores públicos, a Corte, após sucessivas declarações de omissão legislativa sobre esse caso, decidiu suprir, ela mesma, a omissão, determinando que se aplicariam aos servidores públicos, quando compatível, a regulamentação destinada aos trabalhadores da iniciativa privada.

Esse movimento em direção a uma postura mais interventiva da Corte não se restringiu aos casos de falta de regulamentação legislativa de algum direito, quando claramente exigida pela Constituição. Ministros do STF têm recorrido cada vez mais a novidades jurídicas para inovar no ordenamento jurídico. Isso se dá por meio da reconfiguração de ferramentas já previstas no direito

---

25 Gabriel Dias Marques Cruz, 2011. **26** C. Neal Tate e Vallinder Torbjörn, 1995.
27 Mandado de Injunção nº 107, questão de ordem, Min. Rel. Moreira Alves, DJ 21/09/1990. Nesta decisão a Corte atesta a posição que pautaria o entendimento até 2007, considerando que a eficácia da decisão seria "meramente declaratória" da mora legislativa.

brasileiro, como "interpretação conforme a Constituição"[28] e "modulação de efeitos",[29] e também da importação nem sempre contextualizada de noções desenvolvidas em outros países, casos das doutrinas de "proteção insuficiente"[30] e "mutação constitucional",[31] ou mesmo por meio da criação de novas figuras jurídicas como a "sentença aditiva"[32] e a ideia de "reserva do impossível".[33]

Como apontamos anteriormente, além da contestação de leis em tese, admite-se ainda que a inconstitucionalidade de leis seja declarada no julgamento de casos concretos, por meio da modalidade incidental de controle, que é admitida em todas as instâncias judiciais. Isso significa que qualquer magistrado brasileiro pode suspender a aplicação de qualquer norma infraconstitucional — como artigos dos Códigos Civil, Penal ou Tributário — caso entenda que os resultados produzidos sejam incompatíveis com a Constituição.[34] Se levarmos em conta, de um lado, a extensão do Judiciário brasileiro e o seu alto grau de atomização, e, do outro, a abrangência e o caráter aberto dos enunciados constitucionais, é fácil perceber que os impactos dessa modalidade de controle podem ser extremamente significativos.

Não bastasse isso, é importante notar que atos do Poder Público também podem ser reformados por meio dos instrumentos processuais de tutela coletiva, como a ação civil pública, o mandado de segurança coletivo e a ação popular. Apoiando-se sobretudo na constitucionalização de direitos difusos e coletivos,

---

28 Virgílio Afonso da Silva, 2006. **29** Flavio Beicker, 2012. **30** Conferir Brasil. Supremo Tribunal Federal, 2007b. **31** Gilmar Ferreira Mendes, 2004. **32** Alexandre Antonucci Bonsaglia, 2010. **33** Conferir Brasil. Supremo Tribunal Federal, 2007. **34** Ressalve-se que em órgãos colegiados a Constituição estabeleceu que a declaração de inconstitucionalidade somente pode ser proferida pelo voto da maioria absoluta dos membros do tribunal ou do seu respectivo órgão especial. Conferir artigo 97 da Constituição Federal sobre reserva de plenário.

Ministério Público e Defensoria Pública têm se valido desses instrumentos para contestar decisões estatais de qualquer natureza e de forma abrangente. Como essas ações são julgadas por juízes de todo o Brasil, tem-se a multiplicação dos espaços de ingerência do sistema de justiça sobre a atividade política e econômica do país.[35]

1.3. Os fundamentos jurídicos da atuação do sistema de justiça brasileiro

O poder e a dimensão da atuação dos órgãos do sistema de justiça não podem ser compreendidos de forma adequada sem que se considere a mudança significativa no status dos princípios constitucionais e dos direitos fundamentais advinda com a Constituição de 1988. Muito mais do que prever um amplo conjunto de liberdades individuais, direitos políticos e sociais, a Constituição não deixou dúvidas quanto ao caráter vinculante dessas normas, que, nos termos do § 1º do artigo 5º da Constituição, passaram a ser consideradas de aplicação imediata. O intuito dessa mudança foi especialmente o de afastar a interpretação vigente até então de que as normas constitucionais seriam meros compromissos programáticos, cuja efetivação estaria submetida a juízos de conveniência e oportunidade do poder público. Optou-se, assim, pela previsão explícita de uma norma assegurando a aplicabilidade imediata dos direitos e garantias fundamentais, que foi combinada a uma outra escolha expressa também na Constituição: a inafastabilidade do controle judicial. Nos termos do artigo 5º, inciso XXXV, "a lei não excluirá da apreciação do poder judiciário lesão ou ameaça a direito". Essa combinação entre vinculação do conteúdo do texto constitucional e inafastabilidade do

---

35 Sociedade Brasileira de Direito Público, 2018.

controle é a chave para que o numeroso conjunto de atores dotados de múltiplos instrumentos de atuação possa atuar juridicamente na efetivação de normas constitucionais.

Como vimos no capítulo anterior, o conteúdo da Constituição perpassa desde temas relacionados à organização do Estado a regulamentações mais específicas, como a previsão de detalhes de políticas públicas. Não bastasse esse cenário, as normas constitucionais são, via de regra, positivadas de forma aberta, como é o caso, por exemplo, das garantias fundamentais à igualdade, liberdade de expressão, liberdade religiosa, propriedade, livre-iniciativa etc. Isso faz com que os conflitos normativos sejam recorrentes e as tarefas de mediação e harmonização pela via judicial, cada vez mais necessárias.

2. As consequências do arranjo institucional do sistema de justiça brasileiro

Ao longo deste texto evidenciou-se um sistema composto por múltiplas instituições, independentes entre si, integradas por numerosos agentes autônomos capazes de contestar e reformar decisões com base em parâmetros vagos. Nas últimas três décadas, esse sistema de justiça teve importantes implicações no acesso da população a direitos, no funcionamento político e eleitoral do Estado, no comportamento de agentes econômicos, enfim, em diferentes aspectos do mundo social.

A escolha feita pelo constituinte levou a uma completa redefinição do escopo de atuação do sistema de justiça. Alargando um âmbito destinado primordialmente à exigência do cumprimento de obrigações contratuais e legais e à aplicação da lei penal, o sistema de justiça passou a atuar para proteger o indivíduo contra o Estado e por meio do Estado, seja garantindo liberdades, seja obrigando o Poder Público a efetivar direitos sociais. Transformações importantes da sociedade passaram pela atuação do Ministério Público, da Defensoria, de juízes e Cortes. A incorporação de medicamentos antirretrovirais ao SUS, a permissão do aborto de fetos anencefálicos e da união homoafetiva são alguns dos exemplos de atuação decisiva do sistema de justiça na promoção de direitos de grupos que encontraram no Judiciário uma porta para remediar problemas de participação e representação no processo político tradicional. Além disso, o uso do sistema de justiça contra o Estado exige de seus representantes um esforço de justificação por ações e omissões. Ainda que a qualidade dessas justificações e da própria intervenção judicial possa ser questionada, o fato é que há um claro ganho democrático em exigir das autoridades estatais a exposição das razões que entendem justificar os seus atos. Não é por acaso que, a partir da Constituição de 1988, o acesso à Justiça passa a ser associado, sem grandes questionamentos, com o exercício da cidadania.

A Justiça chegou a mais municípios no interior dos estados.[36] Porém, alcançar mais espaços geográficos não significa necessariamente atender a uma parcela maior da população, sobretudo aos mais necessitados. O acesso ao provimento judicial exige representação jurídica especializada, ou seja, um advogado, e o pagamento dos custos processuais. Logo, para atender aos mais pobres é necessário um serviço público de acesso à Justiça, o que foi feito principalmente pela expansão do acesso gratuito, com o redesenho das funções do Ministério Público e pela criação da Defensoria Pública. Esses órgãos representam juridicamente camadas da população que não teriam acesso à assistência jurídica privada e individual, ou que não conseguiriam arcar com os custos organizacionais da atuação coletiva. Como vimos anteriormente, tanto a Defensoria

---

36 Maria Tereza Aina Sadek, 2004; Id., 1999.

quanto o Ministério Público passaram por um processo contínuo de fortalecimento institucional nos últimos trinta anos,[37] com expansão de seus quadros, aumento de prerrogativas funcionais e empoderamento dos seus mecanismos de atuação. Uma outra estratégia que permitiu a ampliação do acesso aos serviços de justiça foi a expansão dos juizados especiais, voltados à solução de conflitos cíveis de menor complexidade e de infrações penais de menor potencial ofensivo, sem a necessidade de representação por meio de advogado, nem de pagamento de custas processuais.[38] Sua origem remonta à Constituição de 1934, que concedia ao governo estadual a prerrogativa de criar juizados cíveis de pequenas causas, com juízes de investidura limitada. Em 1988, tornou-se exigência constitucional a criação dos juizados, providos por juízes de carreira, e englobando tanto a área cível quanto a penal. Além dessa alteração, a Constituição também tornou obrigatória a criação de juizados pela União, de modo que também a Justiça Federal passaria a contar com esse tipo de serviço.[39] Os juizados buscavam também reduzir a morosidade e a litigiosidade da justiça comum por meio de um processo mais simplificado, com um tempo de tomada de decisões muito menor e a um custo de entrada estabelecido a priori como zero. Afinal, em causas dentro de um determinado valor não é necessária a presença de advogado e não há a condenação ao pagamento de custas e honorários advocatícios sucumbenciais em caso de derrota.

Passados trinta anos, os juizados especiais hoje já recebem grande parte do volume de demandas judiciais na Justiça Federal,

---

37 Rogério B. Arantes; Thiago M. Q. Moreira, 2017.   **38** A isenção se restringe ao provimento de primeira instância. No caso de recurso à segunda instância, permanece a exigência de pagamento de custas.

39 A regulamentação dos juizados especiais cíveis e criminais ocorreu por meio das Leis nº 9099 de 1995 para os juizados estaduais e n. 10 259/2001, para a Justiça Federal.

onde predominam discussões de direito previdenciário. Em 2016, por exemplo, o número de casos novos submetidos à Justiça especial ultrapassou o número da Justiça Federal comum de primeira instância e representou 44% do total de novos casos em todo o Judiciário federal, independentemente do grau de jurisdição. No âmbito estadual, casos envolvendo direito do consumidor são prevalentes e os juizados especiais cíveis representam 25% do total de novos casos.[40] Essa progressão, contudo, não foi acompanhada de uma redução da curva de litigiosidade da justiça comum. Além disso, o processo nos juizados especiais sofreu com a alta procura e ganhou complexidade processual, passando a admitir a revisão de decisões não apenas pelas turmas recursais, mas também por uma terceira instância: as turmas de uniformização de jurisprudência, que existem tanto em nível federal, como estadual. Para o ministro Gilmar Mendes, a situação atual dos juizados pode ser descrita como o "fracasso do sucesso".

O problema da sobrecarga e da morosidade não afeta apenas os juizados especiais. A maior parte dos processos de conhecimento na Justiça estadual comum demora mais de três anos para receber baixa e mais de dois anos para ser sentenciada, enquanto processos de execução podem esperar mais de cinco anos para serem sentenciados e receberem baixa. Mesmo os juizados especiais demoram mais de um ano para emitir a sentença e mais de dois anos para dar baixa na maior parte dos processos de conhecimento.[41]

A possibilidade de impetrar diferentes mecanismos recursais ao longo do processo comum é um dos fatores que contribuem para o longo tempo das ações. Cada litigante no processo detém em tese a possibilidade de recorrer a quatro instâncias para a solução de seus conflitos, desde o juiz singular, passando

---

40 Para mais detalhes, cf. Brasil. Conselho Nacional de Justiça, 2017a.
41 Conferir Supremo Tribunal Federal, 2007a.

pelos tribunais de segunda instância e duas Cortes superiores. Além disso, essas instâncias podem ser acionadas mais de uma vez em um mesmo processo dependendo da decisão judicial contestada. De cada cinco casos julgados pelo STF, por exemplo, ao menos dois são reexaminados pelo próprio tribunal em algum tipo de recurso interno.[42]

Além do volume de recursos, outro fator que afeta o tempo do processo é a própria carga de trabalho dos servidores do sistema. A multiplicidade de novas ações e de casos pendentes tem impacto significativo sobre o acervo de processos de juízes e tribunais. Diante deste cenário, as últimas décadas foram marcadas por reformas processuais que visavam a remediar esses problemas, como a introdução dos mecanismos da repercussão geral junto ao STF, o recurso repetitivo junto ao STJ e o incidente de recurso repetitivo junto aos tribunais estaduais e federais. Apesar de reduzir a carga de trabalho dos tribunais e cortes superiores e abreviar a duração dos processos, pois atuam como filtros para admissão de recursos, é importante notar que esses instrumentos não necessariamente diminuem o ingresso de novas demandas judiciais ou trabalho sobre casos pendentes junto às instâncias inferiores.

Uma das principais consequências da expansão do sistema de justiça é a sua pressão sobre as contas públicas. Em 2014, por exemplo, o Brasil gastou 1,8% de seu PIB com o custeio do sistema de justiça, enquanto, no mesmo ano, França, Itália, Inglaterra, Alemanha e Portugal gastaram entre 0,2% e 0,37% de seus PIBs.[43] Em 2016, somente o Judiciário custou 84 bilhões de reais, em torno de 1,4% do PIB nacional ou 411,73 reais per capita. Esse percentual destaca o Poder Judiciário brasileiro como o de maior orçamento em termos de capacidade comparada de poder de compra por habitante em países ocidentais.

42 Brasil. Supremo Tribunal Federal, 2016.   43 Luciano Da Ros, 2015.

Quase 90% dos seus gastos se destinam à remuneração de recursos humanos.[44] Juízes brasileiros têm vencimentos proporcionalmente maiores que os observados na maior parte dos países ocidentais e acumulam benefícios que aumentam sua remuneração. Mesmo juízes de primeira instância recém-empossados já recebem o equivalente a 80% dos vencimentos dos ministros do STF e, somados benefícios e verbas indenizatórias, podem inclusive receber mensalmente valores superiores ao teto constitucional.[45]

Além dos seus custos, o Poder Judiciário brasileiro também é alvo de críticas pela sua incapacidade de promover segurança jurídica. Com base na valorização exacerbada dos princípios processuais da independência judicial e do livre convencimento, bem como numa compreensão distorcida sobre a diferença entre os sistemas de *civil law* e de *common law*, argumenta-se com frequência que a jurisprudência não poderia ser considerada fonte de direito no Brasil e que, portanto, cada magistrado teria completa liberdade para interpretar e aplicar a lei a cada situação individual.[46] Como consequência, vive-se um cenário de forte resistência à vinculação a precedentes, algo que é extremamente nocivo tanto para a promoção da igualdade perante a lei, quanto para a garantia da previsibilidade necessária a diferentes esferas das relações sociais.

A dificuldade em estabelecer uma cultura de precedentes perpassa o sistema de justiça não apenas de forma vertical, ou seja, entre instâncias inferiores e superiores do Poder Judiciário, mas também de modo horizontal. Juízes têm dificuldade em se vincular às decisões firmadas por seus pares e, muitas vezes, nem sequer são coerentes com seus próprios julgamentos. Esse tipo de postura pode ser ilustrado pela reação do

---

44 Conferir Brasil. Supremo Tribunal Federal, 2007.   **45** *El País*, 20 jun. 2016.
46 Para uma análise crítica dessa posição, ver Adriana de Moraes Vojvodic, 2012.

ministro Marco Aurélio, que, quando confrontado por um de seus colegas sobre uma mudança de entendimento, respondeu: "Hoje tenho outra compreensão. Vão me colocar uma camisa de força? Eu dispenso cobrança de coerência. Digo que não tenho compromisso sequer com meus próprios erros".[47]

A esse cenário soma-se uma predisposição dos atores do sistema a recorrer a fundamentações jurídicas predominantemente ancoradas em princípios e direitos constitucionais, inclusive implícitos, sempre que for possível.[48] O recurso a essas normas constitucionais abertas em detrimento da regulamentação infraconstitucional, que por vezes é ignorada ou afastada por ser considerada hierarquicamente inferior, transforma o sistema de justiça em uma máquina de constante superação de leis e atos administrativos.[49] Nas palavras de Carlos Ari Sundfeld: "Vive-se hoje em dia um ambiente de geleia geral no direito público brasileiro, em que princípios vagos podem justificar qualquer decisão".[50]

Combinando lentidão e incerteza à leniência com maus litigantes, o sistema de justiça brasileiro não apenas é sobreutilizado, mas também promove uma espécie de seleção adversa, atraindo quem deseja postergar o cumprimento de suas obrigações e afastando litigantes legítimos.[51] Não é surpresa, portanto, que os maiores litigantes brasileiros sejam órgãos públicos, que se valem do sistema de precatórios para protelar o pagamento de suas dívidas, e empresas de consumo em massa, como operadoras de telefonia móvel e internet e bancos, que têm mais incentivos econômicos para se defender de eventuais demandas judiciais do que para corrigir falhas na prestação de serviço.[52]

---

47 Afonso Benites, 2017. **48** Carlos Ari Sundfeld, 2014, pp. 205-30; Marcelo Neves, 2013. **49** Rafael Bellem de Lima, 2014. **50** Carlos Ari Sundfeld, 2014, p. 205. **51** Ivo Teixeira Gico Jr., 2014. **52** *El País*, 20 jun. 2016.

3. Os efeitos sobre as políticas públicas

A Constituição e suas reformas aumentaram o acesso ao sistema de justiça e ampliaram sua capacidade de controlar a administração pública e promover a prestação de direitos, o que, no entanto, não corresponde necessariamente à melhoria estrutural de políticas sociais ou mais equidade. O debate mais acirrado sobre essa não correspondência ocorre no âmbito da atuação judicial na garantia do direito à saúde. O SUS responde anualmente a pelo menos 40 mil novas ações judiciais propostas tanto em nível federal quanto estadual, contra a União, estados e municípios. Os proponentes dessas ações requerem, em geral, medicamentos ou tratamentos de baixo custo-efetividade, não incluídos na política pública de saúde, ou em divergência com os protocolos clínicos e diretrizes terapêuticas estabelecidos pelo SUS.[53] Trata-se de pedidos individuais com alta taxa de sucesso em favor dos demandantes, em todas as instâncias judiciais. Os gastos com o cumprimento dessas decisões crescem ano a ano. No âmbito federal, saíram de um patamar de menos de 200 mil reais, entre 2005 e 2011, para atingir a casa do 1 bilhão em 2015, o que representou um aumento em gastos de 1300% em sete anos (de 2008 a 2015).[54]

Ações contra estados e municípios são mais frequentes e representam um impacto orçamentário relativo ainda maior. Apesar da ausência de dados agregados nacionais para esses dois outros níveis da federação, levantamentos para alguns dos estados com os maiores índices de judicialização mostram o crescente número de novas ações propostas contra as Secretarias de Saúde. A tendência de condenação do governo nessas ações é superior a 50%, levando a gastos crescentes

---

53 Octavio Luiz Motta Ferraz, 2011, pp. 76-102.   **54** Octavio Luiz Motta Ferraz e Daniel W. Wang, 2013.

que comprometem entre 1,5% e 8% dos orçamentos totais das pastas de Saúde estaduais.[55] Nos municípios, o impacto relativo é ainda mais significativo dado o menor orçamento total das pastas. A cidade paulista de Buritama, por exemplo, gasta mais da metade do orçamento de saúde com o cumprimento de decisões judiciais e, em 2009, os custos do tratamento de apenas um paciente consumiram 16% do orçamento anual de saúde da cidade.[56]

Dados os curtos prazos processuais para o cumprimento de decisões e o risco de fortes sanções judiciais em caso de descumprimento, que impedem processos adequados de pesquisa de preço e licitação, muitas das compras de medicamentos importam em procedimentos de aquisição pública mais custosos.[57] Estados e municípios são obrigados a recorrer a preços de mercado, não usufruindo do seu poder de compra e dos benefícios legais que lhes permitiriam condições mais favoráveis e eficientes. Bloqueios e sequestros judiciais de recursos orçamentários tornam-se cada vez mais frequentes e importam em ineficiências semelhantes, uma vez que os valores são fixados a partir de orçamentos de farmácias privadas apresentados pelos próprios demandantes.[58]

A saúde não é a única política social que enfrenta forte judicialização. O direito à educação também é objeto de muitas ações judiciais, com vagas em creches públicas sendo pleiteadas.[59] O alto percentual de sucesso desses pleitos perante tribunais em todo o país resulta em um efeito "fura fila", isto é, aqueles que recorrem à justiça conseguem passar na frente dos demais para garantir vagas.

---

55 Natália Pires de Vasconcelos, 2018. **56** Daniel W. Wang et al., 2014; Brasil. Tribunal de Contas da União, 2017. **57** Carlos Ari Sundfeld, 2014, pp. 205-30; Marcelo Neves, 2013. **58** Ibid. **59** Vanessa Elias de Oliveira; Vitor Marchetti, 2013; Varun Gauri; Daniel M. Brinks, 2008.

A concessão judicial de benefícios previdenciários e assistenciais é um dos temas mais judicializados no âmbito da Justiça Federal em primeiro e segundo grau.[60] Ao menos 16% das aposentadorias urbanas e mais de 30% das rurais foram concedidas judicialmente.[61] Apontada como um dos principais pontos a serem enfrentados pela proposta de Reforma da Previdência, a crescente ingerência dos órgãos judiciais sobre a concessão da aposentadoria rural pode ser atribuída tanto à disciplina normativa pouco clara desse benefício previdenciário, que dá margem a divergências entre o INSS e os órgãos judiciais,[62] quanto à interpretação extensiva que é dada pela jurisprudência aos meios de prova e critérios de concessão da aposentadoria rural.[63]

O benefício de prestação continuada (BPC), é ainda outro exemplo da atuação crescente e indireta do Judiciário sobre políticas sociais, com consequências orçamentárias. Criado pela Constituição de 1988 para garantir um salário mínimo a idosos ou pessoas com deficiência em situação de vulnerabilidade, o benefício é provido atualmente a 4,3 milhões de pessoas.[64] Até 2013 o acesso ao BPC era concedido somente a demandantes cuja renda familiar per capita não ultrapassasse ¼ do salário mínimo vigente. Em 2013, o Supremo Tribunal Federal flexibilizou essa exigência ao estabelecer que o critério de renda não seria o único fator considerado para a concessão do benefício, sem, no entanto, apontar um conjunto de critérios ou regras claras que pudessem guiar futuras concessões.[65]

Em 2016, por meio do decreto nº 8805/2016, foi estabelecida uma nova regulamentação para a concessão do benefício,

---

60 Conferir Brasil. Supremo Tribunal Federal, 2007a. **61** Brasil. Ministério do Planejamento, Desenvolvimento e Gestão, 2017. **62** Instituto de Pesquisa Econômica e Aplicada, 2017. **63** Brasil. Superior Tribunal de Justiça, 2017. **64** Fernando Gaiger Silveira et al., 2016. **65** Carlos Ari Sundfeld, 2014; Marcelo Neves, 2013.

que reafirmou o mesmo limite de renda e dificultou o processamento de novos benefícios.[66] Convivem, assim, duas diretivas divergentes, o que teve como resultado o aumento considerável não apenas do número de demandas judiciais para concessão do benefício, como também da taxa de sucesso dos litigantes. Prova disso é que o percentual de benefícios concedidos judicialmente saltou de 2,6%, em 2004, para 18,6%, em 2015. A concessão judicial do BPC custou ao governo federal, em 2014 e 2015, 3 432 148 802 reais e 4 542 548 441 reais, respectivamente, ou seja, entre 5% e 6% do orçamento executado e pago pelo hoje extinto Ministério do Desenvolvimento Social e Agrário.[67]

Esses exemplos ilustram como a judicialização de políticas sociais pode levar a uma atuação não coordenada e atomizada do Judiciário sobre o orçamento público, de difícil previsão e planejamento pelo Executivo. Além disso, essa atuação judicial pode importar em iniquidades no que diz respeito à focalização de políticas e ao acesso a serviços públicos, comprometendo a própria efetividade coletiva de direitos sociais. No caso da saúde, por exemplo, dada a alta taxa de sucesso dos demandantes e o teor das demandas, em sua maioria relativas a medicamentos não incorporados pela política de saúde, o Judiciário garante àqueles que conseguem apelar à justiça, muitas vezes se valendo de advogados particulares, uma situação privilegiada em relação a todos os demais usuários do SUS.[68] No caso do BPC, a flexibilização do critério de renda pelo Judiciário altera o escopo e focalização desta política assistencial. Se assumirmos que o desenho institucional do BPC visou pessoas em situação de extrema vulnerabilidade, a interferência judicial borrou os contornos dessa política ao abranger grupos "menos" vulneráveis e pouco identificáveis,

---

66 Ibid. **67** Brasil. Ministério da Fazenda, 2016. **68** Virgílio Afonso da Silva; Fernanda Vargas Terrazas, 2011.

dada a ausência de critérios claros para a determinação da condição social que permite acesso ao benefício.

Ainda que a expansão do acesso ao Judiciário seja uma das marcas da Constituição de 1988 e de muitas das suas reformas, tornar o recurso à justiça uma etapa necessária ao acesso a serviços públicos tende a ser ineficiente, pois exige a manutenção de duas estruturas distintas para um mesmo fim. Além disso, por meio da judicialização atomizada, que atende preferencialmente casos individuais, o sistema de justiça tem dificuldade de levar a escassez de recursos em consideração, de modo que a jurisprudência é absolutamente incapaz de indicar aos gestores como proceder para reestruturar as políticas e atender com equidade todos aqueles que se encontram sob a mesma situação.

Considerações finais

Pela forma como foi desenhado na Constituinte, desenvolvido por meio de reformas legislativas e constitucionais e, sobretudo, posto em prática pelos seus integrantes, o sistema de justiça brasileiro cresceu exponencialmente, difundiu-se pelo país, transformou seus mecanismos de atuação e passou a ter interferência cada vez maior em praticamente todos os setores da sociedade. Ao mesmo tempo que levou direitos às populações marginalizadas e vocalizou interesses e demandas sub-representadas nas esferas públicas de decisão, a atuação de ministros, desembargadores, juízes, promotores, procuradores, defensores e advogados públicos em geral também foi cara e, muitas vezes, incerta, descoordenada e com efeitos redistributivos injustos.

Mais que vincular governo e legislativo às escolhas constitucionais por transformação social, a Carta de 1988, ao fazer do Judiciário um ator inafastável, independente e com alto poder coercitivo, tornou o sistema de justiça — com todos os seus integrantes — protagonista na definição dos contornos da cidadania. Saúde, educação, previdência, por exemplo, deixaram de ser matérias definidas exclusivamente pelos vencedores no conflito de forças nas instâncias representativas. Atores do sistema de justiça entraram no jogo político e, com o passar do tempo, foram adquirindo mais poder e ingerência não apenas sobre as demais esferas do Estado, mas praticamente sobre todas as instâncias da vida pública e privada.

Questões importantes e complexas emergem da análise realizada neste capítulo. A primeira delas diz respeito à relação entre as consequências positivas e negativas mais visíveis do arranjo construído a partir de 1988: em que medida a ampliação do acesso à Justiça — em termos tanto quantitativos, com a capilarização dos órgãos do sistema, quanto qualitativos, com a maior permeabilidade às demandas de grupos sub-representados no jogo político — seria possível sem que o sistema de justiça atingisse a grande dimensão atual e atuasse de forma pouco ordenada?

Parece claro que a chegada de unidades judiciárias e, consequentemente, do Ministério Público e da Defensoria a novos municípios, ao mesmo tempo que levou justiça e cidadania a mais pessoas, também foi onerosa ao país, seja por conta da infraestrutura, do aumento do número de servidores ou da criação de novos canais de litigância. Raciocínio semelhante pode ser aplicado à falta de coordenação entre os órgãos e de vinculação a precedentes, pois muitas decisões hoje festejadas não teriam prosperado em um contexto de maior comprometimento com segurança jurídica e previsibilidade.

O questionamento acima não é meramente retrospectivo, mas guarda relação direta com perguntas que parecem urgentes para o futuro do país. Uma delas é: queremos seguir na trajetória trilhada nesses últimos trinta anos? A resposta para essa indagação não é simples e exige uma reflexão sobre aspectos negativos e positivos do sistema de justiça — o que é pouco trivial. Um segundo tipo de questionamento diz respeito às mudanças regulatórias e institucionais que devem ser feitas para mudar esse cenário. Se parte do problema da Justiça brasileira parece ser consequência do "voluntarismo irracional"[69] dos operadores do direito, faz sentido insistirmos em reformas constitucionais, na mudança de leis e códigos e na positivação de novas regras? Não seriam elas mesmas preteridas em favor da aplicação de princípios amplos como tem acontecido nos últimos anos?

As esperanças de funcionamento eficiente e com efeitos redistributivos justos do sistema de justiça brasileiro repousam exclusivamente sobre eventuais iniciativas de coordenação e de autocontenção de seus membros. Atos de colaboração, altruísmo, desprendimento e virtudes passivas existem, mas, a julgar pela experiência brasileira nos últimos trinta anos, a solução para os problemas apontados neste capítulo parece distante e improvável. Um país que se acostumou a buscar na Justiça o alívio para os sintomas de sua incapacidade de construir compromissos e soluções na esfera política parece não ter mais recursos contra os efeitos colaterais dessa opção.

---

69 Cf. José Reinaldo de Lima Lopes, 1994, p. 142.

Referências bibliográficas

AFFONSO, Julia. "Em 27 anos, número de processos se multiplicou 80 vezes, diz ministro do STJ". *O Estado de S. Paulo*, 20 jun. 2016. Disponível em: <https://politica.estadao.com.br/blogs/fausto-macedo/em-27-anos-numero-de-processos-se-multiplicou-80-vezes-diz-ministro-do-stj/>. Acesso em: 30 jan. 2019.

ARANTES, Rogério B. *Ministério Público e política no Brasil*. São Paulo: Sumaré, 2002.

_____; MOREIRA, Thiago M. Q. "Expansão de controles democráticos?: O desenvolvimento de instituições judiciais sob a ótica do pluralismo estatal". XLI Encontro Anual da Anpocs. GT 07 — Controles democráticos? Instituições e participação na democracia contemporânea. Caxambu, 23-27 out. 2017.

BEICKER, F. "O STF e a dimensão temporal de suas decisões: A modulação de efeitos e a tese da nulidade dos atos normativos inconstitucionais". In: VOJVODIC, Adriana de Moraes et al. (Orgs.). *Jurisdição constitucional no Brasil*. São Paulo: Malheiros, 2012.

BENITES, Afonso. "Supremo ameniza crise com o Senado e abre caminho para 'perdão' a Aécio". *El País*, 12 out. 2017.

BONSAGLIA, Alexandre Antonucci. *Sentenças aditivas na jurisprudência do Supremo Tribunal Federal*. Monografia da Escola de Formação, Sociedade Brasileira de Direito Público, 2010. Disponível em: <http://www.sbdp.org.br/arquivos/monografia/162_Monografia%20Alexandre%20Bonsaglia.pdf>. Acesso em: 30 jan. 2019.

BRASIL. Conselho Nacional de Justiça. *Justiça em números: Ano-base 2016*. Brasília: CNJ, 2017. Disponível em: <http://www.cnj.jus.br/files/conteudo/arquivo/2017/12/b60a659e5d5cb79337945c1dd137496c.pdf>. Acesso em: 30 jan. 2019.

_____. Ministério da Fazenda. Nota Técnica da Coordenação-Geral de Políticas Fiscais, CGPF-2016.

_____. Ministério da Justiça. *1o Diagnóstico da Advocacia Pública no Brasil*. Brasília: Ministério da Justiça, 2011.

BRASIL. Ministério do Planejamento, Desenvolvimento e Gestão. "PEC 287/16 e a aposentadoria rural", 2017. Disponível em: <http://www.planejamento. gov.br/apresentacoes/2017/previdencia-rural-arnaldo-lima.pdf>. Acesso em: 30 jan. 2019.

_____. Superior Tribunal de Justiça. Jurisprudência em Teses: Aposentadoria Rural, n. 94, 2017.

_____. Supremo Tribunal Federal. ADI 2440-7, Rel. Min. Eros Grau, DJ 11/05/2007a.

_____. Supremo Tribunal Federal. RE 418376, Rel. Min. para acórdão Joaquim Barbosa, DJ 23/03/2007b.

_____. Supremo Tribunal Federal. *Relatório de Atividade 2015*. Brasília: Supremo Tribunal Federal, 2016, p. 31.

_____. Tribunal de Contas da União. Acórdão 1787/2017, Plenário, Processo n. 009.253/2015-7, Sessão: 16/8/2017. Disponível em: <http://www1.tce. rs.gov.br/portal/page/portal/tcers/consultas/auditoria_operacional/aops/Anexo_2.pdf>. Acesso em: 30 jan. 2009.

GAURI, VARUN; BRINKS, Daniel M. (Orgs.). *Courting Social Justice: Judicial Enforcement of Social and Economic Rights in the Developing World*. Cambridge: Cambridge University Press, 2008.

CONSELHO Federal da OAB. Quadro Institucional de Advogados. Disponível em: <http://www.oab.org.br/institucionalconselhofederal/quadroadvogados>. Acesso em: 30 jan. 2019.

CRUZ, Gabriel Dias Marques da. *Arguição de descumprimento de preceito fundamental*. São Paulo: Malheiros, 2011.

DA ROS, Luciano. "O custo da justiça no Brasil: Uma análise comparativa exploratória". *Newsletter — Observatório de Elites Políticas e Sociais do Brasil*, Universidade Federal do Paraná, Núcleo de Pesquisa em Sociologia Brasileira, v. 2, n. 9, pp. 1-15, jul. 2015.

_____; TAYLOR, Matthew. "Opening the Black Box: Three Decades of Reforms to Brazil's Judicial System". *School of International Service Research Paper*, n. 3, 2017.

ELY, John Hart *Democracy and Distrust: A Theory of Judicial Review*. Cambridge: Harvard University Press, 1980.

FERRAZ, Octavio Luiz Motta. "Brazil. Health Inequalities, Rights, and Courts: The Social Impact of the Judicialization of Health". In: GLOPPEN, Siri; YAMIN, Alicia Ely. *Litigating Health Rights: Can Courts Bring More Justice to Health?*. Cambridge: Harvard University Press, 2001,pp. 76-102.

_____; WANG, Daniel W. Liang. "Atendendo os mais necessitados?: Acesso à justiça e o papel dos defensores e promotores públicos no litígio sobre direito à saúde na cidade de São Paulo". *Sur — Revista Internacional de Direitos Humanos*, v. 10, n. 18, 2013. Disponível em: <https://sur.conectas.org/atendendo-os-mais-necessitados/>. Acesso em: 30 jan. 2019.

GICO JR., Ivo Teixeira. "A tragédia do Judiciário". *RDA — Revista de Direito Administrativo*, Rio de Janeiro, v. 267, pp. 163-98, set.-dez. 2014. Disponível em: <http://bibliotecadigital.fgv.br/ojs/index.php/rda/article/view/46462/44453>. Acesso em: 30 jan. 2019.

INSTITUTO DE PESQUISA ECONÔMICA E APLICADA (IPEA). *Previdência rural entre dúvidas e certezas: O que é possível dizer sobre a expectativa de sobrevida dos segurados especiais?*. Coordenação-geral de Alexandre Arbex Valadares e Marcelo Galiza. Nota Técnica, n. 42. Brasília: Ipea, jul. 2017. Disponível em: <http://www.ipea.gov.br/portal/images/stories/PDFs/nota_tecnica/20170714_notatecnica-disoc-n42.pdf>. Acesso em: 30 jan. 2019.

LIMA, Rafael Bellem de. *Regras na teoria dos princípios*. São Paulo: Malheiros, 2014.

LOPES, José Reinaldo de Lima. "Direito subjetivo e direitos sociais". In: FARIA, José Eduardo (Org.). *Direitos humanos, direitos sociais e justiça*. São Paulo: Malheiros, 1994.

MENDES, Gilmar Ferreira. "O papel do Senado Federal no controle de constitucionalidade: Um caso clássico de mutação constitucional". *Revista de Informação Legislativa*, v. 41, n. 162, pp. 149-68, abr.-jun. 2004.

MOREIRA, Thiago de Miranda Queiroz. *A criação da Defensoria Pública nos Estados: Conflitos institucionais e corporativos no processo de uniformização do acesso à justiça*. São Paulo: FFLCH-USP, 2016. Dissertação (Mestrado em Ciência Política). Disponível em: <http://www.teses.usp.br/teses/disponiveis/8/8131/tde-19122016-092047/pt-br.php>. Acesso em: 30 jan. 2019.

MOURA, Tatiana Whately et al. *Mapa da Defensoria Pública no Brasil*. Brasília: ANADEP; Ipea, 2013. Disponível em: <http://www.ipea.gov.br/sites/images/downloads/mapa_defensoria_publica_no_brasil_19_03.pdf>. Acesso em: 30 jan. 2019.

NEVES, Marcelo. *Entre Hidra e Hércules: Princípios e regras constitucionais*. São Paulo: Martins Fontes, 2013.

OLIVEIRA, Vanessa Elias; MARCHETTI, Vitor Marchetti. "O Judiciário e o controle sobre as políticas públicas: A judicialização da educação no município de São Paulo". XXXVII Encontro Nacional da Anpocs. Águas de Lindóia, 2013.

SADEK, Maria Tereza Aina. *O sistema de justiça*. São Paulo: Sumaré, 1999.

_____. "Poder Judiciário: Perspectivas de reforma". *Opinião Pública*, Campinas, v. 10, n. 1, pp. 1-62, maio 2004.

SILVA, Virgílio Afonso da. "Interpretação conforme a constituição: entre a trivialidade e a centralização judicial". *Revista Direito GV, v. 2*, n. 1, pp. 191- 210, 2006.

_____. "O stf e o controle de constitucionalidade: Deliberação, diálogo e razão pública". *Revista de Direito Administrativo*, v. 250, pp. 197-227, 2009.

SILVA, Virgílio Afonso da; TERRAZAS, Fernanda Vargas. "Claiming the Right to Health in Brazilian Courts: The Exclusion of the Already Excluded?". *Law and Social Inquiry, v.* 36, n. 4, pp. 825-53, 2011.

SILVEIRA, Fernando Gaiger et al. *Deficiência e dependência no debate sobre a elegibilidade ao BPC*. Nota Técnica n. 31. Brasília: Ipea, nov. 2016. Disponível em: <http://repositorio.ipea.gov.br/bitstream/11058/7338/1/NT_n31_Disoc.pdf>. Acesso em: 30 jan. 2019.

SOCIEDADE BRASILEIRA DE DIREITO PUBLICO. *Ações coletivas no Brasil: Temas, atores e desafios da tutela coletiva.* Conselho Nacional de Justiça, pesquisa realizada no âmbito da série Justiça Pesquisa, Direitos e Garantias Fundamentais. Brasília, 2018. Disponível em: <http://www.cnj.jus.br/files/conteudo/arquivo/2018/02/9b3ba34c3dd4f6b44893444f7c29b2be. pdf>. Acesso em: 30 jan. 2019.

SUNDFELD, Carlos Ari. *Direito administrativo para céticos.* 2. ed. São Paulo: Malheiros, 2014.

TATE, C. Neal; VALLINDER, Torbjörn. *The Global Expansion of Judicial Power.* Nova York: New York University Press, 1995.

TUSHNET, Mark. *Taking the Constitution Away from the Courts*, Princeton: Princeton University Press, 1999.

VASCONCELOS, Natália Pires de. *Mandado de Segurança ou Ministério da Saúde?: Gestores, procuradores e respostas institucionais à judicialização.* São Paulo: Faculdade de Direito-USP, 2018. Tese (Doutorado em Direito do Estado).

VIEIRA, Oscar Vilhena. "Supremocracia". *Revista Direito GV*, v. 4, n. 2, pp. 441-63, 2008.

VOJVODIC, Adriana de Moraes. *Precedentes e argumentação no Supremo Tribunal Federal: Entre a vinculação ao passado e a sinalização para o futuro.* São Paulo: Faculdade de Direito-USP, 2012. Tese (Doutorado em Direito do Estado). Disponível em: <http://www.teses.usp.br/teses/disponiveis/2/2134/tde-27092012-094000/pt-br.php>. Acesso em: 30 jan. 2019.

WALDRON, Jeremy. *Law and Disagreement.* Oxford: Oxford University Press, 1999.

WANG, Daniel Wei Liang et al. "Os impactos da judicialização da saúde no município de São Paulo: Gasto público e organização federativa". *Revista de Administração Pública*, v. 48, n. 5, pp. 1191-206, set.-out. 2014.

IV.
Educação: Avanços recentes e propostas para o futuro*

Naercio Menezes Filho (Insper/USP)
Reynaldo Fernandes (USP)

Introdução

Neste capítulo pretendemos avaliar a importância da Constituição de 1988 e suas emendas posteriores para o atual desenho do sistema brasileiro de educação básica e em que medida elas contribuíram para a evolução positiva dos indicadores de acesso à educação nas últimas décadas no Brasil. Além disso, analisaremos se o aperfeiçoamento do aprendizado dos nossos alunos pode ser realizado a contento dentro do atual desenho ou se seria necessária uma mudança mais drástica na estrutura do sistema para que possamos avançar mais rapidamente. Exemplos de medidas que poderiam fazer com que a qualidade da educação melhorasse mais rapidamente são apresentados ao final do capítulo.

A educação é uma área de fundamental importância para o desenvolvimento econômico com justiça social dos países, pois é um dos únicos fatores que contribui simultaneamente para o aumento da produtividade e para a redução da desigualdade. Além disso, ela traz benefícios para a sociedade como um todo que vão além daqueles diretamente apropriados pelos indivíduos que frequentaram a escola. Por esse motivo,

---

* Agradecemos a Fernanda Estevan e aos demais participantes dos seminários de preparação deste livro, pelos comentários.

geralmente a educação é financiada com recursos públicos e tem regras de obrigatoriedade de frequência escolar que são impostas aos cidadãos. Entretanto, essas regras mudam ao longo do tempo, de acordo com o entendimento da sociedade sobre a importância da educação. Assim, para que possamos entender melhor as mudanças introduzidas pela Constituição de 1988, contextualizaremos brevemente um histórico sobre a evolução das regras de financiamento à educação na história do Brasil.

A educação formal demorou a tomar impulso no Brasil. Durante a colonização, a Coroa portuguesa não teve interesse em estruturar no Brasil um sistema de educação pública. Apenas os colégios jesuítas recebiam recursos do Tesouro e por isso tinham que manter escolas gratuitas, em geral frequentadas por filhos dos colonos e por crianças de origem indígena, mas as vagas eram limitadas.[1] Foi vedada a instalação de instituições de ensino superior, com exceção do Colégio de Salvador, que mantinha um curso superior de teologia que formava poucos alunos por ano. Em contrapartida, nos Estados Unidos, as primeiras universidades surgiram por volta de 1636 e na América Latina a Universidade de Lima (Universidade Nacional Mayor de San Marcos), por exemplo, surgiu em 1551. Além disso, Portugal proibiu a instalação de tipografias no Brasil até 1808, de forma que o acesso a livros era bastante limitado.[2] Assim, na época da colonização o Brasil avançou muito pouco em termos de alfabetização da sua população. Em 1800, somente cerca de 1% a 2% dos brasileiros sabia ler e escrever, enquanto nos Estados Unidos a parcela de alfabetizados já atingia 70%.[3]

Em 1759, durante a administração do Marquês de Pombal, os jesuítas foram expulsos de todo o domínio português. Em seguida, foram instituídas as chamadas aulas régias, criando

---

1 Ver Caldeira,2017.   **2** Ibid.   **3** Ibid.

uma educação de caráter mais laico e público. A responsabilidade pelo financiamento da educação era das Câmaras municipais.[4] Após a independência, a Constituição de 1824 impôs a obrigatoriedade do ensino primário a todos os cidadãos do Império e em 1827 foi sancionada uma lei que exigia a criação de escolas de primeiras letras em todas as cidades e vilas do Império.[5]

Iniciando o processo de descentralização da educação, o ato adicional de 1834 enunciava que a responsabilidade pelo financiamento da educação era das províncias e as escolas da capital e o ensino superior ficariam a cargo do governo central. Já a primeira Constituição republicana de 1891 nada disse sobre a obrigatoriedade e a gratuidade da educação.

A vinculação de recursos para a educação começa com a Constituição de 1934, que vinculou receitas tributárias com gastos em educação pública.[6] De acordo com essa lei, os municípios e a união deveriam aplicar 10% da receita de impostos na educação, enquanto os estados e o Distrito Federal deveriam aplicar 20%. Além disso, foi entregue à União a responsabilidade de estabelecer as diretrizes da educação nacional, o que levaria às Leis de Diretrizes e Bases da Educação Nacional (LDB).

Já na Constituição seguinte, outorgada em 1937 e que vigoraria durante todo o Estado Novo, as vinculações foram revogadas. A educação seguia gratuita, mas os alunos mais abastados deveriam fazer uma contribuição mensal ao caixa da escola. A Constituição de 1946 traz de volta a vinculação de um percentual das receitas à educação. Os estados e municípios ficaram com percentuais de 20%. A União iniciou também em 20%, mas, incapaz de cumprir a meta,

---

4 Essa seção sobre a história do financiamento da educação no Brasil baseia-se em Menezes, 2005.   **5** Ibid.   **6** Ibid.

reduziu o percentual para 10%. A União ampliou também o percentual dos repasses para o Fundo de Participação dos Estados (FPE) e o Fundo de Participação dos Municípios (FPM). Como esses repasses geravam receitas para os estados e municípios, 20% do seu valor tinha que ser investido em educação.[7] A Constituição de 1967 revogou novamente a vinculação e tornou obrigatório o ensino dos sete aos catorze anos para todos os brasileiros e gratuito nos estabelecimentos oficiais. O acesso ao ensino médio e superior gratuito, porém, era condicionado ao desempenho dos estudantes. A emenda constitucional de 1969 trouxe a vinculação de volta, mas só para os municípios. Finalmente, a emenda constitucional de 1983 trouxe de volta a vinculação das receitas e o percentual mínimo de investimento na educação para todas as esferas do poder público. De acordo com essa emenda, a União deveria aplicar um mínimo de 13% das receitas de impostos com educação, enquanto as esferas estaduais e municipais deveriam aplicar 25%.[8]

Podemos concluir através desse breve relato histórico que o processo de descentralização da gestão educacional e vinculação de recursos para a educação começou há bastante tempo, mas não ocorreu de forma linear. Pelo contrário, cada nova Constituição alterava as regras de financiamento da educação. Esses movimentos estão sintetizados na Tabela 1. Assim, chegamos ao período imediatamente anterior à Constituição de 1988 com um sistema educacional descentralizado e com vinculação de recursos a serem gastos com educação tanto na União, como nos estados e municípios.

---

7 Ver Menezes, 2005. 8 Ibid.

Tabela 1 — Vinculações ao longo da história

	CF de 1934	CF de 1937	CF de 1946	CF de 1967	Emenda de 1969	Emenda de 1983	CF de 1988
União	10	—	10	—	—	13	18
Unidades federativas	20	—	20	—	—	25	25
Municípios	10	—	20	—	20	25	25

FONTE: Menezes, 2005.

A Constituição de 1988

A Constituição de 1988 se diferencia das anteriores principalmente pelo maior detalhamento e especificação na seção que trata da educação. As Tabelas 2 e 3 apresentam os principais artigos e emendas relacionados à educação presentes na Constituição de 1988. Nota-se uma preocupação maior com a ampliação e a garantia da educação pública. Grande parte dos artigos procurou deixar claro que a educação deve ser pública e para todos, mas sem introduzir mudanças significativas na gestão educacional do país.

Por exemplo, a educação é assegurada como um direito social, conforme descrito no artigo 6º, e como um direito público subjetivo, o que assegura ao cidadão o direito de exigir do Estado o seu fornecimento. A educação do indivíduo é também definida como dever do Estado e da família e tem seus objetivos traçados de forma clara na Constituição, sendo eles o preparo para o exercício da cidadania e a qualificação para o trabalho, levando ao pleno desenvolvimento do indivíduo. Apesar de constituir uma responsabilidade estatal, é livre à iniciativa privada, observadas certas condições, como a falta de vagas públicas, por exemplo.

Há a preocupação de definir entre seus princípios a igualdade de condições no acesso e a permanência nas instituições de ensino, a liberdade de pensamento, a coexistência de instituições públicas e privadas e a valorização dos profissionais da educação. Interessante notar que a Constituição também estabelece que deverá haver um currículo mínimo para todo o país, algo que está sendo implementado somente hoje em dia. Além disso, a Magna Carta permitiu o atendimento dos alunos através de bolsas nas escolas particulares, quando o setor público não tiver capacidade de atender a todos.

Ao explicitar o que deve ser garantido pelo poder público na área, a Constituição também é bem ampla, especialmente se comparada às suas predecessoras. Entre as garantias estão o oferecimento gratuito de toda a educação obrigatória (pela primeira vez extensivo mesmo aos que não a cursaram na idade ideal), de educação especializada a portadores de deficiência, de creches, de ensino noturno e de apoio aos alunos por meio de programas suplementares de material didático, transporte, alimentação e assistência à saúde. A questão da gratuidade é outra inovação desta Constituição, que a estende de forma plena a todas as fases do ensino.

Pela Constituição, os municípios, os estados e a União devem organizar o sistema escolar em colaboração. A União, além de cuidar das (poucas) escolas federais de educação básica, deve prestar assistência técnica e financeira aos demais entes federativos e administrar o ensino superior. Os municípios devem priorizar o ensino infantil e o fundamental, enquanto os estados devem priorizar a administração dos ciclos fundamental e médio.

A nova Constituição tornou necessária a discussão sobre uma nova LDB, que foi aprovada em 1996. Alguns dos principais elementos dessa nova lei foram a definição da educação básica como aquela que vai do ensino infantil ao médio e a chamada progressão continuada, que tem como objetivo evitar a

Tabela 2 — Artigos que tratam da educação na Constituição Federal de 1988

Artigo	Descrição
Art. 6º	A educação é assegurada como um dos direitos sociais, junto com a saúde, a alimentação e outros.
Art. 22	Legislar sobre as diretrizes e bases da educação nacional é uma das competências da União.
Art. 205	Educação considerada direito de todos e dever do Estado e da família, com colaboração da sociedade. O artigo estabelece também que a função da educação é o desenvolvimento pleno do indivíduo, com preparo para exercício da cidadania e qualificação para o trabalho.
Art. 206	São princípios do ensino a igualdade de condições no acesso e permanência nas instituições de ensino, liberdade de pensamento, coexistência de instituições públicas e privadas, valorização e piso para os profissionais da educação etc.
Art. 208	Trata dos deveres do Estado no que tange a educação, estipulando a obrigatoriedade do ensino, o direito de atendimento educacional especializado aos portadores de deficiência, a oferta de ensino noturno e de creches e o apoio aos alunos por meio de programas suplementares. Além disso, o acesso obrigatório e gratuito à educação é considerado direito público subjetivo, o que indica que o cidadão tem livre direito de exigir do Estado condições para exercer esse direito.
Art. 210	Estabelece que serão fixados conteúdos mínimos comuns a todo o país no ensino fundamental, respeitando-se as características regionais.
Art. 211	Divide as responsabilidades de gestão e financiamento da educação entre as três instâncias do poder público. Por esse artigo, as três instâncias devem atuar em regime de colaboração para a organização de seu sistema de ensino. À União fica a responsabilidade pelo sistema federal e pela assistência técnica e financeira às demais instâncias na área. Aos municípios cabe o ensino infantil e o fundamental. Aos estados e ao Distrito Federal, o fundamental e o médio.
Art. 212	Estabelece que a União deve gastar um mínimo de 18% de sua receita anual na educação pública. Estados, Distrito Federal e municípios devem investir um mínimo de 25%, sempre com priorização do ensino obrigatório.
Art. 213	Trata da destinação de recursos à rede privada. Determina a possibilidade de o Estado financiar bolsas na rede particular a alunos que não conseguirem obter vaga na rede pública, mas estabelece também que a prioridade é a ampliação do acesso a estabelecimentos públicos.
Art. 214	Estipula-se o Plano Nacional de Educação (PNE), de duração decenal, para alcançar metas como a de erradicação do analfabetismo, universalização do atendimento escolar etc.

FONTE: Constituição Federal de 1988.

123

Tabela 3 — Emendas que tratam da educação na Constituição Federal de 1988

Ano	Número da emenda	Descrição
1996	14	Altera o Art. 211, estipulando a função redistributiva do governo de modo a equalizar o acesso aos recursos e atribuindo aos estados e ao Distrito Federal função prioritária de organizar o ensino fundamental e médio. Essa foi a emenda que lançou as bases do Fundef.
2006	53	Instituiu o Fundeb, redistribuindo os recursos em toda a educação básica dentro de cada estado, com apoio da União, visando uniformizar os gastos por aluno.
2009	59	Obrigatoriedade e gratuidade passam do ensino fundamental para toda a educação básica, cobrindo, portanto, o ensino infantil e o médio. Todos com idade entre 4 e 17 anos devem estar matriculados. O atendimento, na forma de programas suplementares de material, transporte, alimentação e acesso à saúde, também foi expandido. Além disso, a duração dos PNEs foi especificada em dez anos.

FONTE: Emendas Constitucionais, Governo Federal.

evasão e o excesso de repetências que continuam sendo grande foco de perda de recursos.

A Constituição de 1988 previu também o estabelecimento de um Plano Nacional de Educação (PNE), de duração plurianual. Até o momento houve dois planos: um para o período de 2001 a 2010 e outro para o período de 2014 a 2024. Esses planos têm o objetivo de determinar matrizes, metas e estratégias para as políticas educacionais. O plano de 2001 tinha especificações quanto aos recursos que deveriam ser gastos com educação, mas foi vetado pelo presidente Fernando Henrique Cardoso. Já o PNE de 2014 tem como uma de suas metas fazer o investimento na educação chegar a 10% do PIB. Entretanto, esses planos têm poucas consequências práticas, na medida em que não são designados responsáveis para alcançar as metas nem penalidades para o caso de não cumprimento.

Em termos de financiamento, a principal alteração da Constituição de 1988 foi a elevação do percentual de vinculação da União de 13% para 18%, isto é, a ampliação em cinco pontos percentuais dos gastos com educação financiados pelo governo federal. Porém, ainda mais importante foi a criação, através de emenda constitucional aprovada em 1996, do Fundo de Manutenção e Desenvolvimento do Ensino Fundamental e de Valorização do Magistério (Fundef).

Um sistema educacional descentralizado com vinculação de recursos faz com que haja grande disparidade de recursos aplicados em educação entre municípios, uma vez que as receitas municipais e estaduais variam muito. Assim, um município rico (São Paulo, por exemplo) tinha muito mais recursos para gastar com educação do que um município pobre. O Fundef foi instituído para amenizar tal problema.

Estados e municípios passaram a ser obrigados a contribuir para a formação de um fundo estadual com 15% da receita oriunda de seus principais impostos e transferências (ou seja, 10% das receitas que devem ser aplicadas em educação ficam de fora do fundo). O total arrecadado pelo fundo era distribuído para as redes municipais e estaduais de acordo com o número de alunos no ensino fundamental em cada rede. Assim, os municípios mais ricos com poucos alunos transferiam recursos educacionais para os municípios mais pobres que atendem mais alunos. Dessa forma, os gastos dos recursos do Fundef por aluno do ensino fundamental eram iguais para todos os alunos dentro de cada estado. De acordo com as regras, 60% dos recursos dos fundos deviam ser usados obrigatoriamente com remuneração dos profissionais do magistério. Vale notar que o montante arrecadado pelo Fundef dependia da arrecadação de impostos, que, por sua vez, dependia das condições da economia.

Nove anos após sua criação, o Fundef se transforma em Fundeb. Enquanto a versão original restringia a redistribuição de recursos ao ensino fundamental, a nova versão do fundo cobre toda a educação básica, com valores ponderados para cada um dos três níveis de ensino (infantil, fundamental e médio) e ponderações diferentes para creche, ensino profissional, escolas urbanas e rurais. A contribuição de estados e municípios para o fundo passa a ser de 20% da receita oriunda de seus principais impostos e transferências.

Porém, mesmo com o Fundeb, estados diferentes têm fundos diferentes e, como têm arrecadações de impostos diferentes, têm gastos por aluno diferentes. Além disso, municípios mais ricos dentro de cada estado ainda podem gastar mais com educação por aluno, pois 5% dos gastos obrigatórios com educação não fazem parte do Fundeb. Assim, a partir de 2010, o governo federal passou a contribuir com 10% do total de recursos do Fundeb arrecadado pelos estados e municípios. Quando o fundo de um estado não consegue atingir o gasto mínimo por aluno fixado anualmente pelo governo federal, a União faz uma complementação com recursos próprios, de forma que todos os municípios atinjam o gasto mínimo por aluno. Por fim, em 2008 foi aprovada uma lei que estabeleceu um piso salarial para os professores, válido para todas as regiões do país, apesar das diferenças no custo de vida. A lei também estabelece que o piso nacional deve ser reajustado anualmente, sendo acrescido o mesmo percentual do aumento do gasto mínimo por aluno previsto no ano anterior (que, por sua vez, depende do montante arrecadado pelos estados e municípios).

Em suma, a estrutura de financiamento da educação foi radicalmente modificada pelas emendas constitucionais 14 e 53, que permitiram a criação do Fundef e depois do Fundeb. E a emenda 59 estabeleceu que a obrigatoriedade e a gratuidade do ensino passam a valer para toda a educação básica, incluindo, portanto, a pré-escola e o ensino médio. Dessa forma, todas as pessoas com idade entre quatro e dezessete anos devem estar matriculadas na escola.

O desenho atual do sistema brasileiro de educação básica

Como destacado anteriormente, a Constituição de 1988 não provocou nenhuma grande alteração no desenho do sistema brasileiro de educação básica, apenas reforçou e consolidou características já existentes. Uma dessas características diz respeito à descentralização na oferta de serviços educacionais. Historicamente, a educação básica tem sido oferecida, fundamentalmente, por estados e municípios. O papel da União nessa etapa de ensino tem sido apenas complementar. Então, ao atribuir aos estados e municípios o protagonismo no oferecimento de educação básica, a Constituição apenas reconheceu o que, de fato, já ocorria. O mesmo se pode dizer da maior responsabilidade atribuída aos municípios pelo provimento da educação infantil e, no que toca ao ensino médio, aos estados. Essa já era a situação que vigorava na prática. No caso da educação fundamental, que era ofertada tanto por estados quanto por municípios, a Constituição não define a quem caberia a maior fatia de responsabilidade.

Vale destacar que uma das particularidades do sistema educacional brasileiro diz respeito à convivência numa mesma localidade de duas redes públicas (municipal e estadual) para atender uma mesma etapa de ensino (ensino fundamental). Tal particularidade já existia previamente e foi mantida pela Constituição de 1988. A inovação foi estabelecer que os entes federados (municípios, estados e União) deveriam organizar o sistema escolar em regime de colaboração. Entretanto, a CF não define o que vem a ser tal regime e, até hoje, existe uma grande discussão na área sobre o seu significado.

A vinculação de recursos para educação, como já visto, também não é uma novidade. A Constituição de 1988 apenas eleva o percentual de vinculação da União de 13% para 18%.

Do ponto de vista do desenho do sistema, uma inovação importante ocorre com a emenda constitucional que implanta o Fundef, substituído, anos mais tarde, pelo Fundeb. Outra medida importante para a definição do desenho do sistema foi a implantação de um sistema centralizado de avaliações, construído a partir dos anos 1990 sem a necessidade de qualquer emenda constitucional. Hoje o Instituto Nacional de Estudos e Pesquisas Educacionais Anísio Teixeira (Inep) divulga dados de avaliações que permitem a comparação entre unidades da federação, redes de ensino e escolas.

Um sistema educacional descentralizado, como o brasileiro, possui algumas vantagens. A descentralização aumenta o potencial de gerar inovações, na medida em que mais alternativas de políticas são postas em teste. Ela também permite tratar melhor as diversidades locais. No entanto, para que essas vantagens potenciais se materializem, seria necessário garantir algumas precondições. Primeiro, é preciso identificar e difundir as experiências de sucesso. Segundo, é necessário produzir informações que possibilitem à população local julgar a qualidade da educação oferecida. Por fim, é preciso dotar o poder local com recursos e capacidade técnica para gerir suas escolas. Os critérios de financiamento definidos pela federação e a avaliação centralizada são elementos importantes para criar tais precondições.

A vinculação constitucional de recursos para a educação e o Fundeb tem garantido um volume razoável de recursos para o setor como um todo, bem como para cada rede de ensino.[9] Esse desenho, ainda que imperfeito, produz uma maior equidade no sistema e, assim, responde a uma das principais críticas

---

9 Dados do Inep apontam que a proporção dos gastos públicos na educação básica em relação ao PIB foi de 4,2% em 2015 (excluindo a educação infantil). A média de gastos dos países da OCDE com educação básica com relação ao PIB foi de 3,5% em 2015.

dirigidas à descentralização em um país com desigualdades regionais: a de que crianças que nascem em regiões pobres estariam condenadas a frequentar escolas igualmente pobres. O Fundeb permite também que os recursos migrem de uma rede para outra. Se o município possui melhores escolas do que o estado, o Fundeb possibilita que a rede municipal aumente suas vagas e conte com recursos oriundos do estado.

Por sua vez, a existência de um sistema centralizado de avaliação funciona como um mecanismo de combate à ineficiência na utilização de recursos por prover a população de informações mais objetivas sobre a qualidade do ensino nas escolas e redes.

Ainda que sujeito a aprimoramentos, o atual desenho do sistema educacional possui diversas qualidades, além de respeitar o caráter federativo de nossa organização política. Quando, no âmbito da reforma fiscal, se discute a questão das vinculações orçamentárias e dos fundos de participação municipais e estaduais nos tributos nacionais (FPM e FPE), uma coisa precisaria ficar clara: na ausência de vinculações orçamentárias para educação e do FPM e FPE, não teríamos como manter o Fundeb. Enquanto a vinculação orçamentária permite o desenho do Fundeb, o FPM e o FPE permitem que sua operacionalização seja feita pelo Tesouro Nacional. Se o Fundeb dependesse de que os depósitos de recursos no fundo fossem feitos diretamente por estados e municípios, é difícil acreditar que ele funcionaria a contento.

A Constituição e a evolução recente da educação no Brasil

Nossa educação avançou muito pouco ao longo do século XX. Comparando a porcentagem de adultos com ensino médio e superior no Brasil e nos Estados Unidos, verifica-se que a parcela da população com ensino médio passou de 25% para mais de 50% nos Estados Unidos entre 1940 e 1970, ao passo que no Brasil essa parcela aumentou de 2% para apenas 5% no mesmo período. Ou seja, somente 5% da população adulta tinha completado o ensino médio no Brasil em 1970. No caso do ensino superior, enquanto nos Estados Unidos 10% da população já tinha concluído uma faculdade em 1970, no Brasil somente 2% da população tinha atingido essa escolaridade. Essa era a elite educacional no Brasil da segunda metade do século XX.

Como já destacado, a lei que instituiu o Fundef em 1996 provocou uma grande mudança no sistema de financiamento da educação no Brasil. Como os recursos educacionais passaram a depender do número de alunos em cada rede, os sistemas educacionais municipais e estaduais tinham incentivos para manter os alunos na escola. Essa mudança no sistema de funcionamento pode ajudar a explicar o grande aumento na permanência dos alunos na escola observado no período.

O Gráfico 1 mostra a evolução da porcentagem de jovens de 22 anos de idade que concluiu alguma série do ensino fundamental II (antigo ginásio) e depois saiu da escola e a parcela que concluiu alguma série do ensino médio (antigo colegial) desde 1981 até 2015. Podemos verificar que a proporção de jovens que ingressa no ensino médio, que vinha aumentando muito vagarosamente desde 1981, começa a aumentar mais rapidamente a partir de 1996, numa clara mudança de tendência. Ao mesmo tempo, a parcela de jovens que concluía apenas a segunda fase do ensino fundamental, que vinha aumentando até 1996, começa a declinar a partir desse ano, pois os jovens não param mais de estudar nessa fase. O que provocou essa mudança de tendência na permanência na escola na última década do século passado?

Como o ano de inversão da tendência coincide com o ano da aprovação da emenda 14 e com a nova LDB, parece que essas leis foram importantes para aumentar a permanência na escola. De fato, várias pesquisas mostram o impacto do Fundef nas matrículas.[10] Assim, essas emendas constitucionais parecem ter contribuído para aumentar a escolaridade dos jovens brasileiros, o que é corroborado tanto pela coincidência temporal quanto pelos estudos acadêmicos.

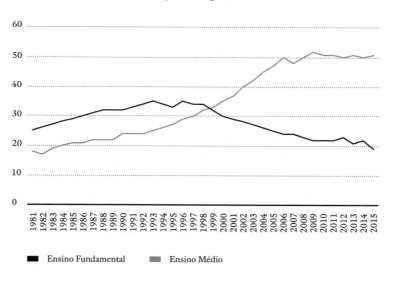

Gráfico 1 — Parcela de Jovens no EF e EM (porcentagem)

■ Ensino Fundamental   ■ Ensino Médio

FONTE: Pnad/IBGE.

Além do Fundef e do Fundeb, outras políticas podem ter contribuído para o aumento da escolaridade no Brasil no final do século passado. Os programas de progressão continuada (ciclos) adotados no início dos anos 1990 merecem destaque. Ao proibirem administrativamente as retenções em determinadas séries, esses programas foram importantes para a diminuição

10 Ver Gordon e Vegas, 2005; Franco e Menezes Filho, 2010; Cruz e Rocha, 2018.

das elevadas taxas de repetência que vigoravam no Brasil e, como consequência, contribuíram para uma diminuição da evasão escolar e para o aumento da escolaridade.[11] Os programas Bolsa Escola, introduzido em algumas cidades desde meados dos anos 1990, e Bolsa Família, lançado em 2003, foram outro grande fator de avanço ao elencar a frequência escolar entre as contrapartidas para a transferência de renda para as famílias mais pobres. Além disso, houve ampliação da idade obrigatória de estudo: todos os jovens de quatro a dezessete anos deveriam estar matriculados na escola. Todos esses fatores devem ter contribuído, em maior ou menor grau, para a maior permanência dos jovens na escola, mas é difícil quantificar a contribuição exata de cada um deles.

O Gráfico 2 apresenta um panorama mais geral da evolução da escolaridade por idade entre 1985 e 2015. Podemos verificar que há poucas mudanças na escolaridade entre 1985 e 1995, confirmando a lenta evolução educacional nesse período. As principais mudanças ocorreram na pré-escola, pois a frequência escolar aos cinco anos de idade aumentou de 30% para 50%. No período entre 1995 e 2005 a frequência à pré-escola aos cinco anos de idade aumentou novamente para 70% e no período mais recente atingiu 80%. Essa evolução é muito importante, pois as pesquisas recentes na área de economia da educação têm enfatizado a importância dos primeiros anos de vida para o bom desempenho escolar.[12] Assim, o acesso a uma pré-escola de qualidade é determinante para o futuro de uma criança. Mas os principais avanços entre os jovens ocorreram entre 1995 e 2005, confirmando as evidências apresentadas acima.

---

11 Ver Menezes Filho, Biondi, Vasconcellos e Werlang, 2008. Os ciclos escolares aparecem explicitamente na LDB em 1996, mas as primeiras experiências são bem anteriores. 12 Cunha, Heckman e Schennach, 2010.

O aprendizado dos alunos, porém, tem melhorado mais lentamente no Brasil. Tomemos a evolução na proficiência em matemática nos exames de avaliação do Saeb, como mostra o Gráfico 3. Podemos notar que houve queda substancial de desempenho em todos os ciclos entre 1995 e 2003. Tal queda é consequência da já mencionada ampliação do acesso e da permanência na escola das crianças nascidas em famílias mais pobres: como as crianças nessas famílias geralmente recebem menos investimentos nos primeiros anos de vida, seu desempenho na escola tende a ser pior do que a média.

Entre 2003 e 2015 o aprendizado aumentou significativamente no quinto ano, o que pode ser explicado por vários fatores. Em primeiro lugar, o grande aumento na taxa de frequência à pré-escola ocorrido entre 1985 e 2005 pode ter contribuído para que as crianças que ingressaram no ensino fundamental no período subsequente tivessem maior capacidade de aprendizado. Além disso, o aumento educacional das mães, que ocorreu entre 1995 e 2005, também pode ter contribuído para aumentar os investimentos familiares nas crianças. Estudos mostram que a ampliação do ensino fundamental de oito para nove anos também contribuiu para a melhora do aprendizado (Peña, 2014). Por fim, iniciativas para melhorar a gestão em alguns municípios, tais como Sobral no Ceará, também trouxeram bons resultados em termos de aprendizado.[13]

Entretanto, o desempenho do nono ano aumentou muito vagarosamente entre 2005 e 2015 e do terceiro ano do ensino médio diminuiu desde o início da série histórica. Isso significa que os avanços obtidos no quinto ano ainda não estão chegando com a velocidade desejada nas séries finais do ensino fundamental e no ensino médio. Ou seja, apesar do aumento de acesso e permanência na educação ocorrido nas últimas

13 Ver Rocha, Komatsu e Menezes Filho, 2018.

Gráfico 2 — Evolução das matrículas por idade

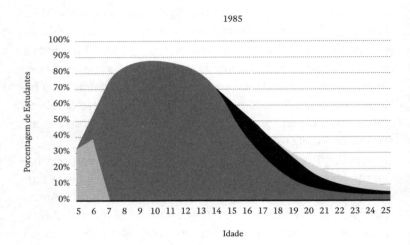

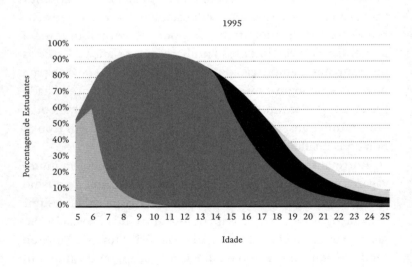

2005

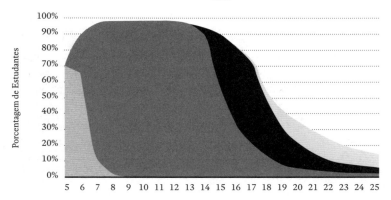

2015

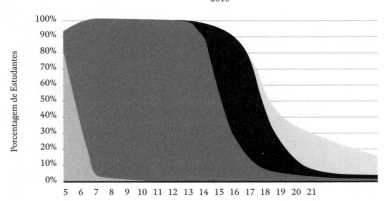

FONTE: Pnad/IBGE.

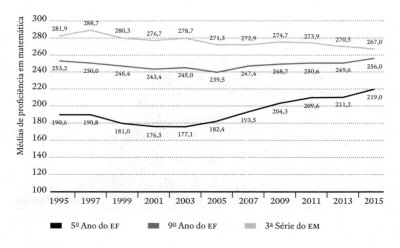

FONTE: Saeb/Inep.

décadas, o aprendizado médio dos alunos que concluem o ensino médio permanece abaixo do nível de 1995. Embora o aumento da parcela de jovens que concluem o ensino médio possa ser uma explicação para a estagnação do desempenho do ensino médio, ainda faltam estudos que tentem explorar essa hipótese.

Uma agenda para o futuro

Como vimos nas seções anteriores, o sistema brasileiro de educação básica foi sendo construído ao longo de décadas e encontra-se hoje edificado sobre um tripé formado pela descentralização na oferta dos serviços educacionais (a cargo de estados e municípios), pela vinculação orçamentária para cada uma das esferas de governo com critérios de distribuição dos recursos dentro dos estados de acordo com as matrículas e por um sistema de avaliação centralizado que permite a comparação entre unidades da federação, redes de ensino e escolas. Esse sistema possui diversas qualidades, mas, evidentemente, pode ser aprimorado. Mas o desenho atual não precisa necessariamente ser alterado de forma drástica para que nele caibam novas iniciativas para melhorar a educação.

Por exemplo, o governo federal, na sua função de coordenação do sistema, poderia liderar uma ampla reforma na gestão educacional no país. Como a União tem poucas escolas (pois atua principalmente no ensino superior), o governo federal poderia gerar incentivos e apoio para que os estados e municípios mudem a maneira como a educação é administrada. Além disso, as mudanças teriam que ser paulatinas, para não provocar alterações bruscas no orçamento dos entes federativos. A emenda que possibilitou a criação do Fundeb em 2006 tem duração de catorze anos, ou seja, é válida somente até 2020. Podemos aproveitar essa oportunidade para reformar a lei de forma a ampliar o papel da gestão na educação.

Para isso, o Ministério da Educação deveria criar um "índice de efetividade" que avaliasse em que medida as redes escolares estão adotando práticas que comprovadamente contribuem para o aprendizado dos alunos segundo as melhores evidências disponíveis. Em seguida, o governo federal poderia usar 10% dos seus gastos com complementação ao Fundeb (1,3 bilhão de reais em 2015) para incentivar os estados e municípios a adotarem essas práticas. Esses recursos seriam transferidos aos entes federados de acordo com a variação do seu desempenho no "índice de efetividade".

Esse índice poderia ter componentes como: parcela de escolas com pelo menos cinco horas de aula efetivamente ministradas por dia; permissão para funcionamento de escolas charter (escolas públicas geridas por entidades privadas sem fins lucrativos); adesão aos padrões curriculares mínimos; avaliações de aprendizado de todos os alunos da rede pelo menos uma vez por ano; percentual de crianças atendidas em creches ou em programas de visitação domiciliar para ensinar as famílias a interagir com as crianças pequenas e uso do estágio probatório para avaliação da efetividade dos professores.

Além de retratar o passado, um sistema de avaliação tem o papel de sinalizar para o que se espera das escolas. Então, ao menos para a segunda fase do ensino fundamental e para o ensino médio, as avaliações deveriam ir além de leitura e matemática e incluir ciências da natureza e humanidades. Como a menor unidade de avaliação é a escola, não seria necessário que todos os alunos fizessem provas de todas as matéria na Prova Brasil, uma avaliação que atualmente mensura a proficiência em matemática e leitura de todos os alunos de quinto e nono ano das escolas públicas brasileiras. Metade dos alunos poderia fazer as provas de leitura e matemática, como é hoje, e a outra metade faria as provas de ciências da natureza e humanidades.

No ensino médio não temos a Prova Brasil, mas contamos com o Exame Nacional do Ensino Médio (Enem). O Enem possui algumas vantagens: vai além de matemática e leitura, inclui escolas particulares e, por ser instrumento de seleção das universidades, os alunos tendem a realizá-lo com mais comprometimento. O fato de o Enem ser de adesão voluntária não deveria ser impedimento para a ampla divulgação dos resultados, pois: (a) a divulgação tem pouco impacto sobre a ordenação das escolas e (b) a literatura especializada dispõe de diversos corretores de participação que poderiam ser usados.[14]

---

14 Para as escolas da amostra do Saeb 2011, a correlação entre as notas do Saeb e do Enem foi de 0,87 e 0,91 para leitura e matemática, respectivamente. Para aplicação de corretores de participação no SAT dos Estados Unidos ver Dynarsk, 1987; Dynarski e Gleason, 1993; e Clark, Rothstein e Schanzenbach, 2009. Apesar disso, o Inep anunciou em 2017 que não mais divulgará os resultados do Enem por escolas e que a Prova Brasil será estendida para o ensino médio.

Além disso, seria necessário aumentar o potencial de escolha das famílias. O Fundeb deveria considerar matrículas de escolas conveniadas (escolas charter) no ensino fundamental e médio, como já ocorre no ensino infantil. Para isso, essas escolas conveniadas deveriam observar determinados critérios como, por exemplo, não selecionar alunos, serem gratuitas e participarem das mesmas avaliações externas a que se submetem as escolas públicas regulares.

Também seria necessário estabelecer de forma clara o conjunto de competências que os professores deveriam adquirir para se tornarem instrutores efetivos em cada ciclo. Essas competências, por sua vez, deveriam ser baseadas nas metas de aprendizado dos alunos e servir de referência para a formação inicial e continuada dos professores. O governo federal deveria atuar fortemente na formação, avaliação e certificação de professores para a rede pública. Poderia ser feito um concurso público nacional para contratação de professores para as redes, estabelecendo rankings de professores em várias dimensões que poderiam ser usados pelas redes de acordo com suas necessidades.

Vale notar que o processo de transição demográfica está provocando uma rápida redução no número de alunos no ensino básico, o que está fazendo com que a necessidade de novos professores diminua. Isso faz com que os gestores possam selecionar somente os melhores professores para lecionar nas suas redes e também possibilitará reduções no tamanho das turmas ou aumento do número de horas-aula.

Conclusões

Historicamente, a educação não foi prioridade na agenda política brasileira. O processo de descentralização da gestão educacional e vinculação de recursos para a educação começou há bastante tempo, mas não ocorreu de forma linear. Pelo contrário, cada nova Constituição alterava as regras de financiamento da educação. Chegamos ao período imediatamente anterior à Constituição de 1988 com um sistema educacional descentralizado e com vinculação de recursos a serem gastos com educação tanto na União, como nos estados e municípios.

Em termos de financiamento, a principal alteração da Constituição de 1988 foi a elevação do percentual da vinculação de recursos da União. As emendas constitucionais que permitiram a criação do Fundef e do Fundeb e a LDB foram mais importantes para melhorar o acesso e a permanência dos alunos na escola do que a própria Constituição. Entretanto, o aprendizado dos nossos alunos permanece abaixo das expectativas, especialmente nas séries finais do ensino fundamental e no ensino médio.

Para melhorar esse quadro, o governo federal deve liderar uma ampla reforma na gestão da educação no país, transferindo parte da sua complementação ao Fundeb com base em um índice de efetividade que avalie se as redes estão adotando práticas que comprovadamente melhoram o aprendizado. É também necessário ampliar o papel das avaliações em termos tanto de escopo como de séries avaliadas. Além disso, o sistema deve permitir escolas charter, que têm mais liberdade para inovar em termos de gestão e práticas educacionais. Finalmente, o governo federal deverá atuar fortemente na formação dos professores da rede básica no bojo do atual processo de transição demográfica, que vai reduzir a demanda por professores.

Referências bibliográficas

BRASIL. Constituição da República Federativa do Brasil de 1988. Disponível em: <http://www.planalto.gov.br/ccivil_03/constituicao/constituicao.htm>. Acesso em: 30 jan. 2019.

CALDEIRA, Jorge. *A história da riqueza no Brasil*. São Paulo: Estação Brasil, 2017.

CENTRO DE POLÍTICAS PÚBLICAS DO INSPER. "Panorama educacional brasileiro", jan. 2017. Disponível em: <https://www.insper.edu.br/wp-content/uploads/2018/09/Panorama-Educacional-Brasileiro-2014-versao09-04-15.pdf>. Acesso em: 30 jan. 2019.

CLARK, Melissa; ROTHSTEIN, Jesse; SCHANZENBACH, Diane Whitmore. "Selection Bias in College Admissions Test Scores". *Economics of Education Review*, v. 28, n. 3, pp. 295-307, 2009.

CRUZ, Gabriel; ROCHA, Rudi. "Efeitos do Fundef/B sobre frequência escolar, fluxo escolar e trabalho infantil: Uma análise com base nos censos de 2000 e 2010". *Estudos Econômicos*, São Paulo, v. 48, n. 1, pp. 39-75, jan.-mar. 2018.

CUNHA, Flavio; HECKMAN, James J.; SCHENNACH, Susanne M. "Estimating the Technology of Cognitive and Noncognitive Skill Formation". *Econometrica — Journal of the Econometric Society*, v. 78, n. 3, pp. 883-931, maio 2010.

DYNARSKI, Mark. "The Scholastic Aptitude Test: Participation and Performance". *Economics of Education Review*, v. 6, n. 3, pp. 263-73, 1987.

_____; GLEASON, Philip. "Using Scholastic Aptitude Test Scores as Indicators of State Educational Performance". *Economics of Education Review*, v. 12, n. 3, pp. 203-11, 1993.

FÁVERO, Osmar (Org.). *A educação nas Constituintes brasileiras: 1823-1988*. Campinas: Autores Associados, 2001.

FRANCO, Ana Maria de P.; MENEZES FILHO, Naercio. "Os impactos do Fundef sobre indicadores educacionais". XXXVIII Encontro Nacional de Economia (Anpec). Salvador, 7-10 dez. 2010.

GORDON, Nora; VEGAS, Emiliana "Education Finance Equalization, Spending, Teacher Quality and Student Outcomes: The Case of Brazil's

Fundef". In: VEGAS, Emiliana (Org.). *Incentives to Improve Teaching*. Washington, DC: The World Bank, 2005, pp. 151-86.

MENEZES, Janaina S. S. *O financiamento da educação no Brasil: O Fundef a partir do relato de seus idealizadores*. Rio Grande do Sul: PUC-RS, 2005. Tese (Doutorado em Educação).

MENEZES FILHO, N.; BIONDI, R.; VASCONCELLOS, L., WERLANG, W. "Evaluating the Impact of the Progressão Continuada Program on Student Flow Rates and Performance in Brazil". XIII Latin American and Caribbean Economic Association (Lacea) Annual Meeting, 2008.

PEÑA, Pablo A. "Impact of Extension of Elementary Education in Brazil on Test Scores". Todos pela Educação, set. 2014. Disponível em: <https://www.todospelaeducacao.org.br/>. Acesso em: 30 jan. 2019.

ROCHA, Roberto Hsu; KOMATSU, Bruno K.; MENEZES FILHO, Naercio. "Avaliando o impacto das políticas educacionais em Sobral". *Policy Paper*, Insper, n. 35, out. 2018. Disponível em: <https://www.insper.edu.br/wp-content/uploads/2018/10/Avaliando-o-Impacto-das-Poli%CC%81ticas-de-Sobral.pdf>. Acesso em: 30 jan. 2019.

V.
A Constituição de 1988 e a Assistência Social*

Ricardo Paes de Barros (Insper/Instituto Ayrton Senna)
Ricardo Henriques (Instituto Unibanco)
Lycia Lima (FGV/Clear; FGV/Cepesp)
Laura Muller Machado (Insper/Instituto Ayrton Senna)

Assistência Social: O que gostaríamos que fosse

Em toda sociedade, a todo momento e pelas mais variadas razões, pessoas, famílias e comunidades inteiras perdem a capacidade de atender suas necessidades básicas com seus próprios recursos e, por esse motivo, têm ameaçada a garantia de seus direitos sociais[1] como, por exemplo, a educação, a saúde, a moradia e a alimentação. A função da Assistência Social é garantir visibilidade às necessidades dessas pessoas, criando meios para a efetivação da solidariedade e da ajuda pública a que fazem jus e garantindo os direitos sociais ameaçados.

No entanto, a garantia de solidariedade pública em momentos difíceis não é a única ação que se espera da Assistência Social. Infelizmente, não é raro encontrar pessoas, famílias e comunidades com acesso a recursos, bens e serviços sistematicamente muito aquém do que seria socialmente aceitável (mínimos sociais ou linha de pobreza). Essas seriam as

---

* Agradecementos a Márcia Maria Biondi Pinheiro, Wanda Engel e Rosane Mendonça. 1 Segundo o artigo 6º da Constituição Federal, "são direitos sociais a educação, a saúde, a alimentação, o trabalho, a moradia, o transporte, o lazer, a segurança, a previdência social, a proteção à maternidade e à infância, a assistência aos desamparados, na forma desta Constituição".

pessoas, famílias e comunidades consideradas pobres, ou vulneráveis à pobreza. Além da garantia de solidariedade pública em períodos difíceis, também é esperada da Assistência Social a garantia do atendimento de todas as necessidades básicas (direitos sociais) da população vulnerável, por meio de políticas públicas.

A garantia de acesso a condições mínimas de vida para todos e o respeito à universalidade dos direitos sociais são centrais à missão da Assistência Social. Entretanto, espera-se também que a Assistência tenha um papel de promover oportunidades que possibilitem às pessoas a recuperação ou aperfeiçoamento da capacidade de gerar recursos para satisfazer de forma autônoma as suas próprias necessidades básicas.

A responsabilidade pela garantia dos direitos sociais não implica que a Assistência Social deve ser diretamente responsável pelos programas públicos que garantem o acesso aos serviços sociais. O papel principal da Assistência Social deve ser a identificação, o acolhimento e a garantia imediata de mínimas condições de vida da população vulnerável como uma forma de alívio imediato das duras consequências da situação de pobreza. A Assistência Social deve ser responsável por diagnosticar de forma detalhada as necessidades de cada pessoa, providenciando o devido encaminhamento para o atendimento setorial e o monitoramento do processo de recuperação da autonomia e melhoria da inserção produtiva.

A função de desenhar, implantar e operar os programas necessários à garantia dos direitos sociais não deve ser atribuída à Assistência Social. Esta deve se limitar a encaminhar o indivíduo para atendimento setorial e acompanhar e monitorar seu progresso. O direito à educação deve ser função dos órgãos do sistema educacional, o mesmo se aplicando à garantia dos outros direitos sociais constitucionais, incluindo saúde, trabalho, moradia, transporte, lazer, segurança e previdência. Nesse arranjo, o sucesso da Assistência Social dependerá da resolutividade dos encaminhamentos setoriais realizados. Por esse motivo, não é possível imaginar uma política de Assistência Social eficaz sem um elevado grau de intersetorialidade.

As causas da vulnerabilidade, da pobreza e da perda de autonomia são particularmente idiossincráticas, variando de comunidade para comunidade, de família para família e ao longo do tempo. Assim, inexoravelmente, a identificação, o acolhimento, o diagnóstico, o encaminhamento e o acompanhamento de cada pessoa, família e comunidade vulnerável só podem ser realizados localmente e de forma individualizada e customizada. Assim, em geral, as ações da Assistência Social devem ser descentralizadas, implementadas e operadas pelas municipalidades. Das esferas estaduais e federal espera-se a normatização e a devida assistência técnica para uma melhor provisão local dos serviços.

Historicamente, em várias sociedades, o atendimento aos que necessitam era associado à filantropia e à generosidade de organizações da sociedade civil. Apesar do importante papel das organizações do terceiro setor no apoio ao atendimento à população vulnerável, a garantia dos direitos sociais deve ser um direito universal e, portanto, uma obrigação do setor público, com efetivação assegurada por recursos públicos. Um papel importante para o terceiro setor nessa conjuntura deve ser, além do apoio ao atendimento à população vulnerável, a colaboração na definição de prioridades para a política de Assistência Social nacional e local e no desenho dos programas que lhe dão suporte.

A assistência social ideal deve garantir os direitos sociais e a solidariedade, quando necessária, para todos. Conforme ressaltamos, seu papel fundamental deve ser a identificação, acolhimento, triagem, garantia de condições de vida mínimas, diagnóstico, encaminhamento para atendimento setorial e monitoramento do progresso da população vulnerável com vistas a restabelecer sua autonomia ou melhorar sua inserção no mercado de trabalho. Para melhor atender à população, a atuação da Assistência deve ser necessariamente descentralizada e, idealmente, envolver estreita colaboração com a sociedade civil.

Assistência social e direitos sociais na Constituição Federal

Embora a preocupação com o progresso da inclusão social, da redução da pobreza e das desigualdades esteja presente em todas as nossas sete Constituições, é na última, promulgada em 1988, que ela aparece de forma mais explícita e mais bem estruturada. Já em seu artigo 1º, ela estabelece como parte de seus fundamentos a cidadania e a dignidade da pessoa humana. A forte preocupação com as questões sociais volta à tona no artigo 3º, que trata dos objetivos do país.

I — Construir uma sociedade livre, justa e solidária; II — garantir o desenvolvimento nacional; III — erradicar a pobreza e a marginalização e reduzir as desigualdades sociais e regionais; IV — promover o bem de todos, sem preconceitos de origem, raça, sexo, cor, idade e quaisquer outras formas de discriminação.

Essa atenção dada à inclusão e à redução da pobreza e da desigualdade é concretizada em uma ênfase sem precedentes na garantia dos direitos sociais. No preâmbulo, a Constituição de 1988 afirma que se destina "a assegurar o exercício dos direitos sociais". Consonante a esse objetivo, o Capítulo II do Título II se ocupa dos direitos sociais, definidos pelo artigo 6º de forma abrangente: "São direitos sociais a educação, a saúde, a alimentação, o trabalho, a moradia, o transporte, o lazer, a segurança, a previdência social, a proteção à maternidade e à infância, a assistência aos desamparados, na forma desta Constituição".

Vale ressaltar, no entanto, que a atenção aos direitos sociais não chega a ser uma novidade da Constituição de 1988. A primeira Constituição Brasileira, de 1824, logo após a independência, em seu artigo 179 já assegurava a liberdade de trabalho (XXIV), a instrução primária gratuita (XXXII) e o direito à saúde de todos os cidadãos (XXXI). Nossa segunda Constituição, de 1891, apesar de promulgada logo após a proclamação da República, em nada avançou na garantia dos direitos sociais, tendo surpreendentemente omitido o direito à educação gratuita. Em 1934 foi promulgada nossa terceira Constituição, trazendo uma arrojada agenda social. Primeira a tratar da "ordem social" e afirmar no seu preâmbulo o objetivo de assegurar o bem-estar social, a Constituição de 1934 instituiu um número sem precedentes de direitos trabalhistas (artigo 121), que foram reiterados pelas Constituições seguintes e se tornaram a base da proteção social aos trabalhadores no Brasil. Ela também retomou o direito e a obrigatoriedade da educação primária para todos (artigos 149 e 150) e legislou sobre uma incipiente política de saúde pública (artigo 10). A despeito de seus avanços na área social, nossa terceira Constituição durou apenas três anos. As três Constituições seguintes (1937, 1946 e 1967) em pouco ou nada modificaram a garantia de direitos sociais. A Constituição de 1946 expandiu os direitos trabalhistas e a gratuidade da educação, enquanto a sexta Constituição, de 1967, expandiu ligeiramente os direitos à saúde e previdenciários e modificou diversos direitos trabalhistas, retirando alguns e introduzindo outros. Em suma, de todas as nossas Constituições anteriores,

147

sem dúvida foi a de 1934 a única que promoveu avanços significativos na garantia dos direitos sociais no Brasil.

A partir da Constituição de 1988, a Assistência Social passa a ser parte da Seguridade Social, tornando-se um direito social regido pelos artigos 203 e 204 que formam a Seção IV do Capítulo II da Ordem Social que trata o Título VIII da Constituição. O artigo 203 caracteriza a Assistência Social como um direito social de todos e define seus objetivos. Esse artigo organiza os objetivos da Assistência Social em cinco grupos:

I. A proteção à família, à maternidade, à infância, à adolescência e à velhice;

II. O amparo às crianças e adolescentes carentes;

III. A promoção da integração ao mercado de trabalho;

IV. A habilitação e reabilitação das pessoas portadoras de deficiência e a promoção de sua integração à vida comunitária;

V. A garantia de um salário mínimo de benefício mensal à pessoa portadora de deficiência e ao idoso que comprovem não possuir meios de prover à própria manutenção ou de tê-la provida por sua família, conforme dispuser a lei.

O último desses cinco objetivos dá origem ao Benefício de Prestação Continuada (BPC). É extremamente específico e define o valor do benefício, ao contrário dos demais objetivos, bastante amplos. Os dois primeiros tratam da proteção e amparo à família, à maternidade, à infância, à adolescência e à velhice, em particular àqueles em situação de vulnerabilidade ou risco social. Vale ressaltar a surpreendente omissão da juventude entre os segmentos populacionais explicitamente mencionados. O terceiro pode ser visto como um precursor da inclusão produtiva, isto é, a incumbência de combater a pobreza e a desigualdade via ações ou encaminhamentos voltados a uma adequada inserção dos mais pobres na atividade econômica. O quarto e o quinto objetivos cobrem a população com alguma deficiência, com o quarto dirigido a ações de habilitação, reabilitação e integração e o quinto visando a garantia de uma renda mínima.

Em conjunto esses objetivos revelam uma Assistência Social voltada para (I) a proteção e o amparo dos segmentos mais vulneráveis da população, (II) a promoção da inclusão produtiva e (III) uma generosa garantia de renda para idosos e deficientes. Não existe na Constituição, no entanto, uma explícita preocupação com o enfrentamento da pobreza ou com a garantia do atendimento às necessidades básicas. Como são esses, nada menos, os objetivos centrais da Assistência Social, serão, conforme veremos na sequência, explicitamente incorporados pela Lei Orgânica de Assistência Social (Loas) ao regulamentar os dispositivos constitucionais referentes à Assistência Social.

Enquanto o artigo 203 trata dos objetivos da Assistência Social, o artigo 204 trata do financiamento, da divisão de funções entre os entes federados, da participação das entidades beneficentes e da participação direta da população na formulação e controle das ações da Assistência Social. Fica claro nesse dispositivo constitucional que, embora a regulamentação e a normatização dos serviços devam ser realizadas a nível federal, o atendimento deveria ser preponderantemente oferecido pelo município e pelo estado, podendo estes contar com parcerias com instituições filantrópicas para a provisão desses serviços. O inciso II desse artigo estabelece que tanto a formulação como o controle das ações da Assistência Social em todos os níveis de governo devem se beneficiar da participação da população por meio de suas organizações representativas.

Por fim, vale ressaltar que a de 1988 é a primeira das nossas sete Constituições a tratar a Assistência Social como um direito universal. No entanto, assim como ocorre com os direitos sociais em geral, alguma referência à Assistência Social está presente em quase todas as Constituições anteriores, em particular no que se refere ao amparo em casos de calamidades e desastres naturais e em situações de perda absoluta da capacidade de atender às próprias necessidades, como no caso de órfãos, idosos e deficientes sem laços familiares ativos. A Constituição promulgada em 1891, após a proclamação da República, é completamente omissa em relação à Assistência Social e aos direitos sociais, embora alguma referência já estivesse presente em nossa primeira Constituição, de 1824. A Constituição de 1934 representou um substancial avanço, tanto em relação ao amparo àqueles sem condições para satisfazer suas necessidades mais básicas,[2] como no combate à pobreza e promoção da inclusão produtiva.[3] As duas Constituições que se seguiram, de 1934 e 1946, mantiveram a garantia de amparo pelo Estado aos necessitados e alguma atenção

2 O artigo 138 da Constituição de 1934 diz que "incumbe à União, aos Estados e aos Municípios, nos termos das leis respectivas: a) assegurar amparo aos desvalidos, criando serviços especializados e animando os serviços sociais, cuja orientação procurarão coordenar; b) estimular a educação eugênica; c) amparar a maternidade e a infância; d) socorrer as famílias de prole numerosa; e) proteger a juventude contra toda exploração, bem como contra o abandono físico, moral e intelectual; f) adotar medidas legislativas e administrativas tendentes a restringir a mortalidade e a morbidade infantis; e de higiene social, que impeçam a propagação das doenças transmissíveis; g) cuidar da higiene mental e incentivar a luta contra os venenos sociais". Além deste, há ainda o artigo 113 ("O Poder Público deve amparar, na forma da lei, os que estejam em indigência") e o artigo 141 ("É obrigatório, em todo o território nacional, o amparo à maternidade e à infância"). 3 O artigo 121, § 5º da Constituição de 1934 prescreve que "A União promoverá, em cooperação com os Estados, a organização de colônias agrícolas, para onde serão encaminhados os habitantes de zonas empobrecidas, que o desejarem, e os sem trabalho". Além disso, o artigo 157 regulamenta fundos para "auxílios a alunos necessitados, mediante fornecimento gratuito de material escolar, bolsas de estudo, assistência alimentar, dentária e médica, e para vilegiaturas".

à pobreza e inclusão produtiva.[4] Já a Constituição de 1967 mostra certo retrocesso, eliminando qualquer dispositivo de combate à pobreza, por alívio (atendimento das necessidades básicas via transferências em espécie ou monetária) ou inclusão produtiva.

Em suma, a Constituição de 1988 é a primeira a considerar a Assistência Social como parte da Seguridade Social e como um direito social universal. É também na Constituição de 1988 que são mais bem definidas as três funções básicas da Assistência Social: (I) amparo e proteção àqueles sem condições de garantir de forma autônoma suas necessidades básicas, (II) provisão de renda a idosos e deficientes e (III) promoção da inclusão produtiva ou reinserção no mercado de trabalho. A Constituição de 1988 também dá um importante passo para estabelecer (I) a forma de financiamento da Assistência Social; (II) a divisão de funções entre entes federados, deixando claro que as ações devem ser implementadas por estados e municípios com a normatização e coordenação ficando a cargo do governo federal; e (III) a participação da população na formulação e no controle das ações da Assistência Social.

4 Segundo a Constituição de 1937: "A infância e a juventude devem ser objeto de cuidados e garantias especiais por parte do Estado, que tomará todas as medidas destinadas a assegurar-lhes condições físicas e morais de vida sã e de harmonioso desenvolvimento das suas faculdades", "O abandono moral, intelectual ou físico da infância e da juventude importará falta grave dos responsáveis por sua guarda e educação, e cria ao Estado o dever de provê-las do conforto e dos cuidados indispensáveis à preservação física e moral" e "Aos pais miseráveis assiste o direito de invocar o auxílio e proteção do Estado para a subsistência e educação da sua prole" (artigo 127). Segundo a Constituição de 1946: "É obrigatória, em todo o território nacional, a assistência à maternidade, à infância e à adolescência. A lei instituirá o amparo de famílias de prole numerosa" (artigo 164) e "Na execução do plano de defesa contra os efeitos da denominada seca do Nordeste, a União despenderá, anualmente, com as obras e os serviços de assistência econômica e social, quantia nunca inferior a três por cento da sua renda tributária" (artigo 198).

A despeito de todo esse avanço, dois aspectos da atuação da Assistência Social não parecem ter sido explicitamente tratados na Constituição de 1988. O primeiro se refere ao papel da Assistência Social no enfrentamento da pobreza e na garantia dos mínimos sociais. O segundo, à necessidade de dotar a Assistência Social de capacidade de coordenação intersetorial, necessária para o atendimento com resolutividade das necessidades da população vulnerável.

Da Constituição à política de assistência social e o Sistema Único de Assistência Social

Como consequência da promulgação da Constituição de 1988, desencadeou-se um rico processo de reflexão e debate sobre a regulamentação, normatização e tradução dos dispositivos constitucionais em uma política nacional de Assistência Social. O primeiro passo desse processo foi a promulgação da Lei Orgânica da Assistência Social (Loas) em 1993, que define os objetivos que a Assistência Social busca alcançar e as diretrizes para sua implantação (financiamento, papéis dos entes federados e organizações filantrópicas e participação da sociedade civil). Em particular, a Loas cria o Conselho Nacional de Assistência Social (CNAS) com composição paritária entre governo e sociedade civil e correspondentes conselhos estaduais e municipais. O CNAS vem substituir o Conselho Nacional de Serviço Social (CNSS) criado em 1938 pelo então presidente Getúlio Vargas.[5] Cabe ao CNAS aprovar a Política Nacional de Assistência Social (PNAS) e convocar a cada quatro anos a

---

5 Ao contrário do CNAS, o extinto CNSS não tinha composição paritária ou representativa da sociedade civil. Esse Conselho era formado por sete membros "notáveis" que deveriam estar ligados ao Serviço Social.

Conferência Nacional de Assistência Social. Também é função da Loas definir as ações da Assistência Social via benefícios, serviços, programas e projetos. Em particular, a Loas determina as normas a serem seguidas na provisão do Benefício de Prestação Continuada (BPC), definindo idade mínima (setenta anos originalmente, posteriormente reduzida para 65 anos), severidade da deficiência (incapaz para a vida independente e para o trabalho) e insuficiência de renda (renda familiar per capita inferior a ¼ de um salário mínimo). Ao contrário do BPC, os demais serviços a serem oferecidos pela Assistência Social, que devem incluir o amparo às crianças e adolescentes em situação vulnerável, amparo a pessoas em situação de rua e projetos de enfrentamento da pobreza, são especificados pela Política Estadual ou Municipal de Assistência Social.

Ao final, a Loas com seus 42 artigos visa traduzir e regulamentar os dois artigos da Constituição Federal (artigos 203 e 204) entre outros correlatos (como o artigo 227 referente à família, criança, adolescente, jovem e idoso) que tratam especificamente da Assistência Social. A Loas estabelece as bases para a coordenação e a cooperação entre os diversos níveis de governo e entre os setores públicos e privados, por meio da organização nacional, estadual e municipal de Conselhos, Fundos e Planos de Assistência Social. Hoje existem Conselhos de Assistência Social em todos os estados brasileiros, no Distrito Federal e virtualmente em todos os municípios brasileiros.[6]

Em 1995, a gestão federal da Assistência Social foi reformulada com a criação da Secretaria de Estado da Assistência Social (Seas) e do Programa Comunidade Solidária em substituição ao Ministério do Bem-Estar Social (sucessor do Ministério da Ação Social) e à Legião Brasileira de Assistência (LBA),

---

6 Segundo o Censo Suas de 2017, 5413 municípios brasileiros têm conselho municipal de educação.

153

que havia sido criada em 1942 pelo então presidente Vargas para gerenciar as ações e recursos da Assistência Social no país. O período de 2003 a 2005 é de importância histórica para a consolidação do direito à Assistência Social no Brasil. Em 2004, cerca de dez anos após a promulgação da Loas, é criado o Ministério do Desenvolvimento Social em substituição à Seas. Como resultado acumulado de quatro Conferências Nacionais de Assistência Social (1995, 1997, 2001 e 2003) e, em particular, da IV Conferência realizada em dezembro de 2003, é aprovada pelo CNAS a Política Nacional de Assistência Social (PNAS). Com a PNAS, ficam definidas as bases para a implantação do modelo de gestão descentralizada e participativa da Assistência Social: o Sistema Único da Assistência Social (Suas). Sua Norma Operacional Básica (NOB-Suas) foi aprovada pelo CNAS em 2005. Se, por um lado, os 42 artigos que compõem a Loas buscam regulamentar os três artigos Constitucionais (artigos 203, 204 e 227) relativos à Assistência Social e à Família, a NOB-Suas com 141 artigos busca regulamentar a gestão pública da "Política de Assistência em todo o território brasileiro, exercida de forma sistêmica pelos entes federativos, em consonância com a Constituição Federal de 1988 e a Lei Orgânica da Assistência Social (Loas) de 1993".

Com a aprovação das normas operacionais e a subsequente implantação do Suas, consolida-se em definitivo no país a garantia do direito à Assistência Social. Como reflexo do que estabelece o artigo 204 da Constituição Federal de 1988, a garantia desse direito passa a se basear em um sistema descentralizado cuja implementação é predominantemente local (municipal) e com ampla participação do setor privado na provisão dos serviços. Essa forma contrasta de forma acentuada com o modo de funcionamento centralizado da antiga LBA. Também à diferença de seus antecessores, a gestão do Suas é centrada na participação da população por intermédio de suas entidades representativas, tanto na formulação como no acompanhamento das ações e uso dos recursos.

Embora a NOB-Suas tenha como inspiração a Constituição de 1988 e seja um passo adicional na sua regulamentação e implementação, é indiscutível que também incorpora importantes avanços. Um dos mais importantes talvez seja a adoção da "intersetorialidade: integração e articulação da rede socioassistencial com as demais políticas e órgãos setoriais" como um de seus princípios organizadores (artigo 3º). Conforme já ressaltamos, a Assistência Social deve se concentrar muito mais na identificação, acolhimento, diagnóstico, encaminhamento e acompanhamento da população vulnerável do que propriamente no provimento direto de serviços e ações à população que acolhe. Dessa forma, a eficácia e a resolutividade de seu atendimento dependem da capacidade de articulação com a oferta de programas, ações e serviços dos demais setores e áreas governamentais (nos seus três níveis) envolvidas e responsáveis pela garantia dos direitos sociais. Afinal, só um acesso integrado e articulado aos demais órgãos setoriais tornará a política de Assistência Social realmente capaz de alcançar de forma eficaz outro de seus princípios organizadores: a "integralidade da proteção social".

Vale também ressaltar que todo esse processo de regulamentar e implementar a garantia do direito à Assistência Social prescrita pela Constituição Federal de 1988 sofre de uma assimetria comumente presente no texto constitucional. As ações, os programas e os benefícios que irão garantir a proteção à população vulnerável em geral não são finamente especificados, ao contrário do que ocorre com as transferências de renda aos idosos e deficientes. De todos os benefícios, serviços, programas e projetos de Assistência Social que trata a Loas, apenas no caso do BPC (artigo 20) as normas e especificidades são detalhadamente explicitadas.

De compromissos a ações: Quais programas foram efetivamente implantados?

Ao longo dos últimos trinta anos, uma série de programas e ações voltados à proteção social e combate à pobreza e desigualdade foram implantados no Brasil, como consequências diretas da Constituição Federal de 1988 ou inspirados nela. O mais imediato e direto nasceu do item V do artigo 203 da Constituição, o Benefício de Prestação Continuada (BPC), regulamentado pela Loas em 1993. O BPC consiste numa transferência de um salário mínimo para cerca de 2 milhões de idosos (65 anos e mais) e 2,5 milhões de deficientes em famílias com renda per capita inferior a ¼ do salário mínimo.[7] O conjunto dos benefícios pagos chega a quase 12 mil reais por ano por beneficiário, levando a um total gasto por ano ligeiramente acima de 50 bilhões.[8] A concessão de uma transferência para faixas bem acima tanto da linha de extrema pobreza como da de pobreza praticamente erradicou, entre idosos e deficientes no país, a vulnerabilidade enquanto insuficiência de renda.

Uma das decorrências dos artigos 227 e 228 da Constituição de 1988 foi a aprovação em 1990 do Estatuto da Criança e do Adolescente (ECA). O Brasil foi um dos países pioneiros na proteção dessa população, sendo o ECA reconhecido internacionalmente como modelo de legislação para a infância. Derivando do disposto na Constituição Federal, o ECA tem também clara inspiração na Convenção sobre os Direitos da Criança que foi adotada pela ONU em 1989 e aprovada pelo Congresso Nacional em 1990. Segundo a Constituição Federal (artigo 227, § 3º, I) e o artigo 60 do ECA, é proibido o trabalho de menores de catorze anos de idade. Com vistas a promover

7 Referências para novembro de 2017.   8 Referências para o ano de 2017.

a erradicação do trabalho infantil, foi instituído em 1996 o Programa de Erradicação do Trabalho Infantil (Peti). Segundo o Plano Nacional de Prevenção e Erradicação do Trabalho Infantil e Proteção ao Trabalhador Adolescente, "o termo 'trabalho infantil' refere-se, neste Plano, às atividades econômicas e/ou atividades de sobrevivência, com ou sem finalidade de lucro, remuneradas ou não, realizadas por crianças ou adolescentes em idade inferior a 16 (dezesseis) anos, ressalvada a condição de aprendiz a partir dos 14 (catorze) anos, independentemente da sua condição ocupacional". Conforme veremos na próxima seção, concomitante com a implantação do Peti, ocorreu no país uma drástica redução do trabalho infantil.

Outra iniciativa importante no combate à pobreza e desigualdade foi a criação do Fundo de Combate à Pobreza, instituído no ano 2000 pela Emenda Constitucional nº 31, que tinha como objetivo "viabilizar a todos os brasileiros o acesso a níveis dignos de subsistência". Os recursos do fundo deveriam ser aplicados em ações de nutrição, habitação, saúde, educação, reforço de renda familiar e outros programas de relevante interesse social, voltados para a melhoria da qualidade de vida da população vulnerável. Um dos desdobramentos do Fundo de Combate à Pobreza foi o programa IDH-14, lançado no ano 2000, que articulava entre os governos federal, estaduais e municipais ações voltadas para a área de educação, saúde, saneamento, reforma agrária e geração de emprego nos municípios de mais baixo IDH em catorze estados brasileiros, com foco específico na redução da pobreza e das desigualdades regionais do país. Ao final do ano 2000, o programa IDH-14 foi ampliado, expandido para outros estados e renomeado Projeto Alvorada.

A partir de 2001, a atuação da Assistência Social tem um avanço significativo com a criação do Cadastro Único, que hoje congrega informações de mais de 25 milhões de famílias pobres ou vulneráveis. O cadastro facilita a focalização de toda uma gama de programas voltados à redução da pobreza e a implementação de três programas focalizados de transferência de renda: o Bolsa Escola, o Cartão Alimentação e o Auxílio Gás.

Em 2003, esses programas foram unificados para formar o Programa Bolsa Família, que consiste em uma transferência de renda com condicionalidades às famílias pobres (definidas como aquelas que possuem renda per capita de 85 a 170 reais[9]) que tenham em sua composição gestantes, crianças ou adolescentes entre zero e dezessete anos e extremamente pobres (com renda per capita até 85 reais). As condicionalidades do programa são: (I) a família deve manter as crianças e os adolescentes entre seis e dezessete anos com frequência na escola, (II) as gestantes devem fazer o devido acompanhamento pré-natal, (III) as nutrizes e as crianças devem fazer o devido acompanhamento de saúde e (IV) as crianças devem ter a vacinação em dia. O Programa Bolsa Família[10] hoje beneficia cerca de 13 milhões de famílias outorgando um benefício médio de 2,1 mil reais por família por ano, levando a um dispêndio total anual de cerca de 30 bilhões de reais e contribuindo com uma parcela significativa da renda dos 40% mais pobres no Brasil. O Programa foi um dos principais responsáveis pela substancial redução da extrema pobreza que vem ocorrendo no país desde a virada do milênio, conforme mostramos na seção seguinte.

Embora a transferência de renda aos mais pobres seja de vital importância para a redução da pobreza e para a garantia dos direitos sociais, realizá-la não deveria ser a principal função da Assistência Social. Conforme já ressaltamos, a principal função da Assistência Social deve ser a identificação, acolhimento,

9 Em valores de 2018.   10 Valores de referência de janeiro de 2018.

diagnóstico, encaminhamento e acompanhamento da população pobre e vulnerável. Para essa finalidade, o Cadastro Único é um instrumento fundamental, permitindo a identificação dos mais pobres e vulneráveis. No entanto, ele não é suficiente. É necessário acolher, diagnosticar, encaminhar e acompanhar o desenvolvimento da população atendida. Para tanto, é necessário que a Assistência Social conte com centros de referência onde a população possa buscar informação, orientação e atendimento. Idealmente, as equipes desses centros devem não apenas oferecer atendimento, mas também ser proativas, realizando visitas domiciliares às famílias com elevado grau de vulnerabilidade.

A PNAS e a Norma Operacional do Suas, aprovadas em 2004 e 2005 respectivamente, instituem os Centros de Referência da Assistência Social (Cras) como o local, por excelência, onde os serviços de proteção social básica serão executados. O Cras "executa serviços de proteção social básica, organiza e coordena a rede de serviços socioassistenciais locais da política de assistência social", enquanto ao Centro de Referência Especializado de Assistência Social (Creas) cabe o atendimento de média e alta complexidade. Segundo o Censo Suas, em 2016 o país contava com mais de 8 mil Cras e mais de 2,5 mil Creas. Atualmente, a atuação dos Cras e Creas é complementada por uma rede de entidades envolvidas no acolhimento diário de pessoas e famílias vulneráveis formada por cerca de 10 mil centros de convivência e centros-dia. Na prática, essa rede dobra a capacidade de atendimento do sistema Cras-Creas. Além dessas unidades, a Assistência Social também conta com cerca de 5 mil unidades de acolhimento que oferecem atendimento de longa duração para pessoas e famílias com alta vulnerabilidade que necessitam de abrigo. Ao todo, a rede de Cras e Creas, somada aos centros de convivência, centros-dia e unidades de acolhimento em operação, emprega cerca de 250 mil profissionais, a vasta maioria com educação superior.[11]

Na medida em que o acolhimento, o encaminhamento e o monitoramento estão entre as missões centrais do Cras e do Creas, é notável que, segundo o Censo Suas de 2016, já existam cerca de 2 milhões de famílias sendo acompanhadas ou pelo Serviço de Proteção e Atendimento Integral à Família (Paif) ou pelo Serviço de Proteção e Atendimento Especializado a Famílias e Indivíduos (Paefi). Também fundamental para a atuação da Assistência Social é a intersetorialidade, concretizada na capacidade de referenciamento dos agentes do Cras e Creas a outros órgãos setoriais. Mais de 70% dos Cras e Creas encaminham seus usuários a órgãos setoriais parceiros nas áreas da saúde, educação, justiça e Conselhos Tutelares. Entretanto, observa-se uma baixa articulação e conectividade entre os Cras e Creas e as associações comunitárias e movimentos sociais locais, e também uma baixa conectividade com os órgãos e serviços relacionados a trabalho e emprego.

Essa limitada conectividade com o mundo do trabalho tem sido uma deficiência crônica da Assistência Social e tem limitado sua efetividade na promoção da inclusão produtiva e inserção no mercado de trabalho. Com vistas a corrigir essa deficiência, promover a inclusão produtiva e aprofundar o combate à extrema pobreza, entendida como insuficiência de renda e falta de acesso a bens e serviços, foi lançada em 2011 uma ousada ação de combate integrado e integral à pobreza denominada Plano Brasil Sem Miséria. Esse Plano se organizava em três eixos:

---

11 Portal do Censo Suas: <https://aplicacoes.mds.gov.br/sagirmps/portal-censo/>. Acesso em: 30 jan. 2019.

1. Voltado para o alívio imediato da extrema pobreza, esse eixo se baseou tanto no fortalecimento e na ampliação da generosidade do Programa Bolsa Família como na sua complementação por outros programas de transferência de renda, como o Bolsa Verde.

2. Focado na expansão do acesso a serviços públicos, este eixo tinha como objetivo melhorar as condições dos serviços de:
   - Educação, no que se refere a um maior acesso à creche para a população mais pobre via o Programa Brasil Carinhoso e maior acesso à educação em tempo integral via o Programa Mais Educação.
   - Saúde, no que se refere à melhoria na cobertura e qualidade dos serviços do Programa Saúde da Família, maior acesso a medicamentos via o Programa Farmácia Popular, maior acesso a serviços de qualidade de saúde básica para a infância via o Programa Saúde na Escola e prevenção e controle das deficiências de vitaminas e minerais na infância via ações do Programa Brasil Carinhoso.
   - Habitação, no que se refere ao acesso à energia elétrica via o Programa Luz para Todos, à água via o Programa Água para Todos e à moradia via o Programa Minha Casa Minha Vida.

3. Voltado à promoção da inclusão produtiva para aumentar as oportunidades de trabalho e geração de renda entre as famílias mais pobres, esse eixo do programa envolveu uma ampla ação intersetorial articulada para oferecer diversos serviços para os trabalhadores. Para os pequenos empreendedores urbanos e no campo, foram oferecidos serviços de assistência técnica, crédito orientado, formação, intermediação de mão de obra, apoio à comercialização e acesso subsidiado a insumos e equipamentos. Para os demais trabalhadores, foram oferecidos programas de formação e intermediação de mão de obra.

O Plano Brasil Sem Miséria trouxe duas inovações às ações de assistência social no Brasil. Em primeiro lugar, privilegiou a inclusão produtiva e a inserção no mercado de trabalho como estratégias para o combate sustentável à pobreza. Assim, talvez pela primeira vez, uma ação da Assistência Social levou às últimas consequências o item III do artigo 203 da Constituição Federal de 1988: "a promoção da integração ao mercado de trabalho". Em segundo lugar, o Plano Brasil Sem Miséria é intrinsecamente intersetorial e requer para sua implementação a participação ativa de estados e municípios. Por isso, sua implementação requereu, talvez também pela primeira vez, um nível de articulação intersetorial e de entes federados nunca antes praticado na Assistência Social ou em qualquer outro momento ou área da política social brasileira. O Plano representou uma experiência de integração e cooperação entre áreas do governo de extrema importância para a história da política social brasileira.

De ações a resultados

Ao longo deste texto procuramos demonstrar que, desde a promulgação da Constituição Federal em 1988, o progresso social brasileiro tem sido notável. Restaria saber quanto desse progresso, indiscutivelmente acentuado e sem precedentes, se deve efetivamente à nova Constituição e às ações que dela resultaram. Em outras palavras, restaria saber que parcela desse progresso ocorreria de qualquer forma, independentemente de termos promulgado ou não uma nova Constituição.

Isolar a contribuição da legislação e das ações que a Constituição Federal de 1988 desencadeou para o progresso alcançado é uma difícil tarefa, que ultrapassa os limites deste capítulo. Nos limitamos a documentar os muitos progressos alcançados sem nenhuma pretensão de identificar qual parcela pode ser exclusivamente atribuída à nova Constituição.

Talvez o melhor indicador do progresso social brasileiro desde a promulgação da nova Constituição Federal seja a substancial redução no número de municípios com baixo Índice de Desenvolvimento Humano (IDH) (Tabela 1). Na virada do milênio, mais de 40% dos municípios brasileiros tinham IDH muito baixo (inferior a 0,5). Uma década depois, em 2010, menos de 1% dos municípios permaneceram nessa situação. Ou seja, em 2000 o Brasil contava com mais de 2 mil municípios com IDH muito baixo, mas com apenas cerca de trinta em 2010. A despeito das reconhecidas limitações do IDH como medida de desenvolvimento humano e social e como instrumento para comparar níveis de desenvolvimento humano ao longo do tempo, a magnitude do progresso ilustrado por estes mapas parece inquestionável.

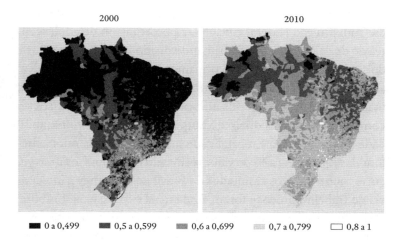

Figura 1 — Índice de Desenvolvimento Humano (IDH) por Munícipio

FONTE: SAE/PR, baseado nos Censos Demográficos de 2000 e 2010 e IDH calculado pelo Pnud, Relatório de Desenvolvimento Humano.

Segundo o 4º Objetivo de Desenvolvimento do Milênio (ODM), o Brasil havia se comprometido a reduzir até 2015 sua taxa de mortalidade infantil a ⅓ do valor em 1990 (logo após a promulgação da nova Constituição). Esse objetivo foi alcançado sete anos antes, em 2008, o que demonstra a impressionante capacidade do país de garantir mínimos sociais — nesse caso, a redução da mortalidade infantil (Tabela 1). Até 2015, os países do mundo em conjunto haviam sido capazes de reduzir a mortalidade infantil para apenas a metade de seu valor em 1990. Embora parte do progresso brasileiro possa ser atribuída a avanços na medicina, o ritmo muito acima da média mundial revela que a melhoria nas condições de vida da população e um maior acesso a direitos sociais básicos como atenção à saúde, renda mínima, água e eletricidade certamente devem também ter contribuído de forma significativa.

A eliminação do trabalho infantil é outra dimensão social em que o progresso brasileiro foi substancial. Desde a promulgação da Constituição Federal em 1988, a porcentagem de adolescentes de dez a quinze anos trabalhando declinou para menos de ⅕ do seu valor inicial. Em 1988 tínhamos 17% da população de dez a catorze anos trabalhando e em 2015 "apenas" 3% (ver Tabela 2, mais adiante). Pelos critérios utilizados pelos ODMs, os países se comprometeram a reduzir até 2015 seus índices de vulnerabilidade (como pobreza e mortalidade infantil) à metade ou, na melhor das hipóteses, a ⅓ do valor verificado em 1990. Como se vê, entre 1990 e 2015, os resultados do Brasil no que tange à incidência de trabalho precoce foram ainda mais expressivos. Embora seja difícil avaliar quanto desse impressionante avanço se deve ao Programa de Erradicação do Trabalho Infantil (Peti) ou ao conjunto de ações propostas no Plano Nacional de Prevenção e Erradicação do Trabalho Infantil e Proteção ao Adolescente Trabalhador, as avaliações existentes apontam para a importância dessas ações na redução do trabalho infantil no País.

Tabela 1 — Indicadores de Assistência Social: Saúde e IDH — Brasil, 1998 a 2015 (sem norte rural)

Indicador	1998	2000	2008	2010	2015
Saúde[1]					
Crianças menores de 1 ano desnutridas [total]	528349	844722	225521	151112	66751
Estado nutricional (crianças de 0 a 5 anos)[2]					
Peso muito baixo para idade [%]	—	—	1,32	1,29	1,11
Peso baixo para idade [%]	—	—	3,55	3,36	2,86
Peso adequado para idade [%]	—	—	87,32	86,96	87,44
Peso elevado para idade [%]	—	—	7,81	8,4	8,59
Óbitos infantins [total]	71690	68199	44100	39870	37501
Taxa de mortalidade infantil [%]	29,38	26,12	17,66	15,97	12,43
IDH[3]					
Municípios com IDH abaixo de 0,50 [%]	—	41,83	—	0,58	—

FONTE: (1) Datasus. (2) MS/SAS/DAB/Núcleo de Tecnologia da Informação (NTI). (3) Atlas do Desenvolvimento Humano no Brasil.

No caso do acesso adequado dos mais pobres à água e à eletricidade, o avanço do país foi igualmente espetacular (Tabela 2). Em 1988, 63% dos 20% mais pobres não tinham acesso a água canalizada para algum cômodo de seu domicílio e 30% não tinham acesso à energia elétrica. Em 2015, menos de 0,5% dos 20% mais pobres não tinham acesso à energia elétrica e 8% ainda permaneciam sem acesso adequado a água. O grau de vulnerabilidade atual com relação ao acesso à energia elétrica é ¹⁄₁₀₀ do verificado em 1988. No caso do acesso adequado à água, o grau de vulnerabilidade em 2015 era ¹⁄₇ do observado em 1988. Novamente, embora nem todo esse progresso possa ser atribuído à promulgação da Constituição Federal de 1988, certamente boa parte dele decorre da busca por efetivar a garantia de direitos sociais para todos, tão bem especificada no artigo 6º dessa Constituição.

Outro marco reconhecido do progresso social brasileiro é a melhoria na distribuição de renda, como mostra a Tabela 2. Entre 1988 e 2015, a renda per capita dos 10% mais pobres no Brasil cresceu quase quatro vezes mais rápido que a dos 10% mais ricos. Enquanto a renda per capita dos 10% mais pobres crescia a uma taxa de quase 4% ao ano, a renda per capita dos 10% mais ricos crescia 1% ao ano. Como resultado dessa diferença, a desigualdade de renda medida pelo coeficiente de Gini declinou de forma acentuada, tendo passado de 0,61 em 1988 para 0,51 em 2015. É verdade que, ao longo da década que se seguiu à promulgação da nova Constituição, a desigualdade flutuou sem qualquer tendência clara de declínio (Gráfico 1). No entanto, após a virada do milênio, independentemente do desempenho econômico do país, a desigualdade declinou ano a ano.

Uma das metas do 1º Objetivo de Desenvolvimento do Milênio era alcançar em 2015 um grau de extrema pobreza inferior à metade do existente em 1990. O Brasil alcançou esse objetivo com ao menos uma década de antecipação. Já em 2005, a porcentagem da população em extrema pobreza no Brasil era inferior à metade do observado em 1990. A queda na extrema pobreza e na pobreza desde a promulgação da Constituição Federal em 1988 tem sido muito acentuada. Em 2015, o grau de extrema pobreza era inferior a ¼ do seu valor em 1988, enquanto o grau de pobreza era pouco superior a ⅓ do seu valor em 1988. Pode-se argumentar que parte desse declínio resultou de um ambiente econômico mundial favorável e que teria ocorrido mesmo sem que a nova Constituição explicitamente identificasse em seu artigo 3º (III) o combate à pobreza como um dos objetivos a serem perseguidos pelo país. No entanto, é inquestionável que diversos programas na área da Assistência

Gráfico 1 — Coeficiente de Gini: Brasil, 1978 a 2015

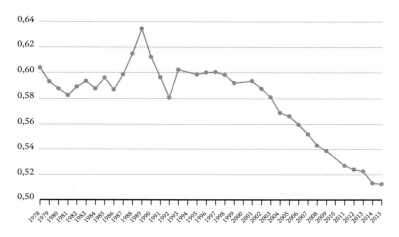

FONTE: OPE Sociais, com base na Pesquisa Nacional por Amostra de Domicílios (Pnad/IBGE) de 1978 a 2015.

Social, como o Bolsa Família e o Brasil Sem Miséria, contribuíram de forma significativa para o acentuado aumento na renda das famílias mais pobres verificado principalmente ao longo da última década.

É também importante ressaltar que cerca de ⅔ do crescimento na renda dos 40% mais pobres resultou do crescimento na renda do trabalho, embora a maior generosidade das transferências públicas também tenha tido um papel importante. Esse resultado revela que o progresso desse grupo resultou principalmente da sua inclusão produtiva. Ao longo do período em consideração, o país passou por uma melhoria sem precedentes na quantidade e na qualidade dos postos de trabalho disponíveis, em particular, para os trabalhadores mais pobres e com menor escolaridade. Parece indiscutível que, nos anos recentes, boa parte desse progresso está vinculada ao Plano Brasil Sem Miséria.

Tabela 2 — Indicadores de Assistência Social: Condições de Vida e Distribuição de Renda — Brasil, 1998 a 2015 (com norte rural)

Indicador	1988	1998	2008	2015
Condição de vida				
Trabalho Infantil (crianças de 10 a 14 anos ocupadas) [%]	17,4	14,5	7,5	3,5
Gravidez na adolescência (jovens de 15 a 17 anos que são mães) [%]	—	7,8	6,3	5,9
Entre os 20% mais pobres				
Acesso à água (água canalizada para algum cômodo) [%]	37,4	70,9	84,4	91,0
Acesso à eletricidade (iluminação elétrica) [%]	70,4	87,4	97,0	99,5
Acesso à casa própria (vive em domicílio próprio pago ou pagando) [%]	64,1	72,6	71,0	71,0
Distribuição de renda				
Pobreza [%]	46,5	37,4	25,7	17,6
Extrema pobreza [%]	23,0	16,8	8,9	5,9
Renda do trabalho per capita dos 20% mais pobres [R$ de 2015]	115,17	138,67	178,92	218,85
Renda per capita dos 10% mais pobres [R$ de 2015]	75,64	97,39	153,55	199,63
Renda per capita dos 20% mais pobres [R$ de 2015]	121,00	154,94	231,86	307,14
Renda per capita dos 40% mais pobres [R$ de 2015]	229,21	302,13	419,71	529,33
Coeficiente de Gini	0,61	0,60	0,54	0,51

FONTE: Estimativas obtidas por meio da Pesquisa Nacional por Amostra de Domicílios (Pnad/IBGE).

Não é verdadeiro, no entanto, que o progresso brasileiro tenha sido substancial em todas as dimensões e com relação à garantia de todos os direitos sociais. Em alguns casos, o progresso parece ter sido muito lento. Dois exemplos merecem destaque. O primeiro está relacionado aos direitos reprodutivos, mais especificamente à incidência da maternidade na adolescência. Ao longo das últimas duas décadas, a porcentagem das adolescentes de quinze a dezessete anos que já eram mães declinou apenas em dois pontos percentuais, passando de 8% em 1998 para 6% em 2015. A efetivação do direito à moradia também ficou aquém do esperado, a despeito do significativo dispêndio com o Programa Minha Casa Minha Vida. Desde a promulgação da Constituição em 1988, embora a renda dos 20% mais pobres no país tenha crescido 160% em termos reais, a porcentagem das famílias nesse grupo sem casa própria teve um declínio de apenas 6% (36% para 30%). Assim, ou todo o substancial esforço por trás do Programa Minha Casa Minha Vida ainda não teve tempo para dar os resultados esperados ou, o que é mais plausível, esse programa não foi capaz de alcançar os realmente pobres no país, aqui representados pelos 20% mais pobres.

Conclusões

O objetivo da Assistência Social é garantir direitos sociais mínimos àqueles que crônica ou eventualmente não têm condições de satisfazer suas necessidades mais básicas. Embora nossa última Constituição Federal não tenha criado a Assistência Social, ela certamente a transformou de forma radical. Em prosseguimento ao iniciado na Constituição de 1934, a Constituição de 1988 expandiu os direitos sociais de forma significativa (artigo 6º), transformando a Assistência Social de voluntarismo e generosidade em direito universal.

No caso de vários componentes dos direitos sociais, como a previdência e a saúde, a Constituição Federal de 1988 vai muito além de definir princípios e objetivos gerais, ela passa a regulamentá-los de forma específica. Isso não ocorre na área da Assistência Social, com uma única exceção: a especificação do valor do Benefício de Prestação Continuada (BPC) no artigo 203-V. De forma geral, os artigos 203 e 204 especificam apenas os princípios, objetivos e formas de atuação necessários à construção da Assistência Social, entendida como direito de todos e garantida pelo governo.

Em perfeita consonância com o previsto na Constituição de 1988, as três décadas que se seguiram a sua promulgação foram intensas no que se refere à formulação, regulamentação e operacionalização da garantia do direito universal à Assistência Social, apesar de os avanços na primeira década terem sido bem mais lentos. Inicialmente, tivemos a Lei Orgânica da Assistência Social (Loas) e a reestruturação do Conselho Nacional de Assistência Social (CNAS). Na sequência, formulou-se a Política Nacional de Assistência Social (PNAS) que deu origem ao Sistema Único de Assistência Social (Suas).

A partir dessas legislações, seguiu-se uma efetiva implantação do Suas. O Brasil hoje já conta com mais de 10 mil Cras e Creas, mais de 10 mil centros de convivência e centros-dia, mais de 5 mil Unidades de Acolhimento e um Cadastro Único com nome, endereço e necessidades de mais de 25 milhões de famílias pobres. A implantação do Suas seguiu dois princípios estabelecidos no artigo 204 da Constituição de 1988: descentralização e participação da sociedade civil, este último efetivado no desenho e acompanhamento das ações, na medida em que a operação do Suas, via Cras, é municipal e a gestão do sistema conta, além do CNAS, com Conselhos Estaduais (Ceas) e com quase 5,5 mil Conselhos Municipais de Assistência Social (CMAS).

Todo esse avanço institucional visou o efetivo atendimento à população que realmente necessita. A pobreza e a extrema pobreza declinaram de forma extremamente acentuada, em particular entre idosos. Além disso, a maior parte da redução da pobreza ocorreu pela inclusão produtiva da população pobre em idade para trabalhar. No entanto, ainda enfrentamos dificuldades para incluir produtivamente os 5% mais pobres.

Além da pobreza, declinaram também de forma muito acentuada tanto a mortalidade e subnutrição infantil, como a prevalência do trabalho infantil. Também é inquestionável que aumentamos muito o acesso a serviços públicos básicos entre os pobres, em particular, o acesso à água e à energia elétrica.

Sem dúvida alguma, os avanços na assistência aos mais pobres, necessitados e vulneráveis ao longo das três décadas que se seguiram à promulgação da Constituição de 1988, em particular nas duas últimas, foram substanciais. Determinar que parcela desse avanço social teria ocorrido mesmo na ausência da Constituição de 1988, como dissemos, encontra-se além do escopo deste capítulo. Três pontos, no entanto, parecem indiscutíveis.

Em primeiro lugar, todo o ocorrido ao longo dessas décadas encontra-se perfeitamente alinhado com o proposto na Constituição de 1988 e, portanto, pode ter sido em grande medida inspirado por ela.

Em segundo lugar, o acelerado progresso da garantia de direitos sociais mínimos no Brasil ao longo das últimas décadas não requereu dispositivos constitucionais muito específicos. Os artigos 203 e 204 inspiram mais do que definem em detalhes quais devem ser os benefícios, ações e programas que embasam a garantia de acesso a mínimos sociais para todos. Para uma Constituição, *inspirar* pode ser muito mais importante e eficaz do que *especificar*.

Por fim, vale ressaltar que, a despeito dos avanços alcançados, ainda estamos longe de termos um país onde exista a garantia universal de direitos sociais básicos. Ainda existe muita pobreza, o acesso dos mais pobres a determinados serviços e bens continua muito limitado e, em alguns casos, como o acesso à moradia e alguns direitos reprodutivos, os avanços foram insignificantes desde a promulgação da Constituição de 1988. Assim, o acentuado progresso na garantia universal de direitos sociais básicos ao longo das últimas décadas serve como um ponto de partida e para mostrar que, sim, a inclusão social com base em direitos é possível. Há um longo caminho pela frente.

Referências bibliográficas

BICCA, Carolina Scherer. "A assistência social após a Constituição federal de 1988". *Caderno Virtual*, v. 1, n. 24, jul.-dez. 2011.

BRASIL. Constituição da República Federativa do Brasil 1988. Disponível em: <http://www.planalto.gov.br/ccivil_03/constituicao/constituicao.htm>. Acesso em: 30 jan. 2019.

_____. Câmara dos Deputados. *Constituições brasileiras*. Brasília: Centro de Documentação e Informação, 2005. Disponível em: <http://www2.camara.leg.br/a-camara/visiteacamara/cultura-na-camara/copy_of_museu/publicacoes/arquivos-pdf/Constituicoes%20Brasileiras-PDF.pdf>. Acesso em: 30 jan. 2019.

_____. Ministério do Desenvolvimento Social e Agrário. Portal Censo Suas. Disponível em: <https://aplicacoes.mds.gov.br/sagirmps/portal-censo/>. Acesso em: 30 jan. 2019.

_____. Ministério do Desenvolvimento Social. Portal de Informações. Disponível em: <http://www.mds.gov.br/>. Acesso em: 30 jan. 2019.

INSTITUTO BRASILEIRO DE GEOGRAFIA E ESTATÍSTICA (IBGE). "Pesquisa Nacional por Amostra de Domicílios". Disponível em: <https://ww2.ibge.gov.br/home/estatistica/pesquisas/pesquisa_resultados.php?id_pesquisa=40>. Acesso em: 30 jan. 2019.

MESQUITA, Verônica Cordeiro da Rocha. "A assistência social na Constituição Federal". *Revista Brasileira de Direito Constitucional*, v. 20, n. 1, pp. 165-88, 2013.

NOGUEIRA, Vera Maria Ribeiro. "A assistência social e a Constituição brasileira: reflexões iniciais". *Semina — Ciências Sociais e Humanas*, v. 11, n. 3, pp. 153-60, 1990.

SOUZA, Fátima Valéria Ferreira de. "Assistência social e inclusão produtiva: Algumas indagações". *O Social em Questão*, ano XVII, n. 30, pp. 287-98, 2013. Disponível em: <http://osocialemquestao.ser.puc-rio.br/media/OSQ_30_Souza_14.pdf>. Acesso em: 30 jan. 2019.

VI.
A saúde na Constituição de 1988: Trinta anos de SUS e os desafios pela frente*

Rudi Rocha (FGV/Eaesp)

Introdução

O artigo 196 da Constituição de 1988 estabeleceu que a saúde é direito de todos e dever do Estado. Já o artigo 198 estabeleceu que as ações e serviços públicos de saúde devem integrar uma rede regionalizada e hierarquizada e constituir um sistema único descentralizado e pautado pelo atendimento integral e pela participação comunitária. Além disso, o mesmo artigo dispôs sobre os mecanismos de financiamento deste sistema, baseado em recursos públicos. Não menos importante, o artigo 199 facultou à iniciativa privada a oferta de serviços de assistência à saúde. Essa lista de artigos, embora pareça abstrata à primeira vista, transformou profundamente a saúde no Brasil.

Em sua essência, por um lado, a Constituição de 1988 estabeleceu o sistema público de financiamento e de assistência à saúde que passaríamos a ter no país: um modelo beveridgeano, introduzido pela primeira vez no Reino Unido, em 1948, e posteriormente adotado por inúmeros países, como Canadá, Dinamarca, Portugal, Itália, Espanha, Austrália, Noruega e Suécia. Nesse modelo, reconhecidamente solidário, em geral o sistema público provê um extenso conjunto de serviços gratuitos de

---

* Agradeço a Naercio Menezes Filho, Mônica Viegas, Vanessa Oliveira, Fernando Limongi e demais participantes dos seminários de trabalho que acompanharam o desenvolvimento deste capítulo, pelos comentários. Agradeço também a Michel Szklo e Thiago Tachibana pela excelente assistência de pesquisa.

saúde para toda a população, financiados com recursos públicos e administrados pelo Estado, o que tem potencial de corrigir importantes falhas de mercado e promover a equidade e a coesão social. Por outro lado, a Constituição de 1988 também permitiu que o setor privado provesse serviços de saúde, o acesso aos quais pode ser contratado pelo setor público, pago diretamente pela população, ou ainda coberto por seguros de saúde. Tínhamos então em nosso contrato social de 1988 as bases institucionais para o desenvolvimento de um novo sistema de saúde brasileiro, que partiria do sistema em vigor até então, fragmentado, segmentado e sem capilaridade, e que enfrentaria desafios enormes para atingir a efetivação da universalização da cobertura e os demais princípios constitucionais. De fato, a conversão de desenho institucional em realidade tem sido um processo extremamente difícil. Temos enfrentado no país inúmeros desafios: sérias restrições de recursos, baixa capacidade do Estado de implementar políticas públicas, enorme heterogeneidade entre regiões e entre populações dentro de um território de dimensões continentais, múltiplas cargas de doenças, além de ciclos políticos e choques econômicos muito adversos. Apesar das dificuldades, as conquistas têm sido impressionantes. O Sistema Único de Saúde (SUS), desde o seu princípio gestado e articulado com participação ativa da sociedade civil, é hoje reconhecido como a mais importante política de inclusão social da história de nosso país. O sistema concedeu direitos e incorporou de imediato dezenas de milhões de brasileiros, antes renegados à condição de indigentes sanitários e dependentes de filantropia ou de uma rede pública de serviços precária. Atualmente, às vésperas do trigésimo aniversário da Constituição de 1988, o SUS conta com cerca de 246 mil estabelecimentos de saúde, além de milhares de hospitais privados com leitos contratados. Por ano, são aproximadamente 11,4 milhões de internações hospitalares,

2,4 bilhões de procedimentos ambulatoriais de média e alta complexidade, sendo 14,4 milhões de procedimentos oncológicos, 266 milhões de consultas de urgência e mais de 2 milhões de partos. Cerca de 64% dos brasileiros são atualmente cobertos pelo programa Estratégia Saúde da Família, o maior programa de saúde comunitária do mundo. A população brasileira ainda conta com programas nacionais de imunização, controle de tabagismo, DSTs e aids, de transplantes de órgãos e tecidos, vigilância sanitária, além de tantas outras políticas de cobertura universal. Não à toa, desde 1988, a população brasileira ganhou quase dez anos de expectativa de vida ao nascer, enquanto a taxa de mortalidade infantil caiu 70%.

As conquistas do SUS são uma parte importante da história. No entanto, existem os problemas, muitos deles já conhecidos pela população brasileira que depende exclusivamente do sistema público para ter acesso a serviços de saúde — como, por exemplo, as restrições no acesso a serviços especializados, de diagnóstico e de complexidade mais alta, longas filas de espera, baixo grau de resolutividade, acesso difícil e intermitente a medicamentos. Assim, uma parte crescente da população brasileira recorre ao setor privado. Mais especificamente, cerca de 25% da população brasileira, em geral os mais ricos ou os que têm acesso a benefícios do emprego formal, desfruta atualmente da cobertura por planos de saúde e tem acesso a serviços privados de saúde. Uma parte do sistema brasileiro se aproxima, portanto, do *modelo norte-americano*, com provisão de serviços e financiamento estritamente privados. Em última instância, estabelecia-se na Constituição de 1988 um sistema de saúde composto por dois subsistemas, o SUS e o privado, regidos por formas de financiamento e provisão de serviços bastante diferentes e com interseções bastante complexas. Naturalmente, segmentações dessa categoria são uma típica solução brasileira, assim como nos são típicos alguns outros detalhes do nosso sistema de tributação e redistribuição de recursos. Enquanto em países que adotaram o modelo beveridgeano o gasto público representa não menos de 70% do total do gasto em saúde, no Brasil a proporção do gasto público está em torno de 46% e é menor do que nos Estados Unidos. Lá o governo subsidia o acesso dos mais pobres a serviços privados de saúde, enquanto aqui fazemos o mesmo com os mais ricos, via renúncia fiscal.

Este capítulo tem como um de seus objetivos descrever em detalhes o funcionamento do sistema de saúde no Brasil. No entanto — e diferentemente dos excelentes textos que já existem sobre o tema —, aqui o foco principal recairá sobre a Constituição de 1988, mais especificamente sobre a *saúde da saúde* no texto constitucional, seus desafios positivos e normativos do presente e para o futuro. Para tanto, e de maneira a situar tudo em seu devido contexto, em primeiro lugar tratarei do conceito de direito à saúde, apresentarei sua evolução ao longo do tempo e descreverei como esse direito tem sido incorporado em Constituições nacionais. Isso nos ajudará a colocar a nossa própria Constituição em perspectiva. Veremos que a Constituição de 1988 é perfeitamente alinhada ao seu tempo: observa-se a adoção de concepções amplas do direito à saúde em Constituições mais jovens, promulgadas a partir dos anos 1970 em resposta a processos de independência e democratização — de fato, enquanto apenas ⅓ das Constituições promulgadas antes de 1970 estabeleceu algum direito à saúde, apenas uma dentre as 33 Constituições promulgadas nos anos 2000 deixou de fazê-lo.

Na sequência, descrevo então a evolução do sistema de saúde no Brasil, as mudanças decorrentes da Constituição de 1988 e da introdução do SUS. Esse panorama nos ajudará a entender sistemas de saúde em geral, e o sistema de saúde brasileiro em particular, bem como a identificar alguns dos principais desafios atuais e de longo prazo. A identificação desses desafios nos ajudará, por sua vez, a provocar uma reflexão sobre quando e como enfrentá-los. Em particular, pretendo propor uma reflexão sobre o contrato social que assinamos em 1988: o texto constitucional está em linha com as aspirações positivas e normativas da sociedade brasileira de hoje e ao longo dos próximos trinta anos? Acredito que está, sim, em sua essência, muito embora o futuro possa nos trazer tensões cuja solução não é trivial.

Como será discutido adiante, a principal questão capaz de desafiar o texto da Constituição de 1988 na área da saúde nas próximas décadas é essencialmente positiva, e corresponde às necessidades crescentes de recursos para a saúde. Nos mais diversos países, ao longo dos últimos anos, o crescimento dos gastos em saúde tem sido superior ao crescimento do PIB. Essa tendência insustentável é estrutural. Pelo lado da demanda, reflete o envelhecimento populacional, o avanço da transição epidemiológica e da carga de doenças crônicas. Ao envelhecer, as pessoas tendem a demandar serviços de saúde com cada vez mais frequência e cada vez mais sofisticados e caros. Pelo lado da oferta, reflete o desenvolvimento de novas tecnologias, tratamentos e suas patentes, que muitas vezes geram o aumento do número de procedimentos em vez da substituição de antigos por novos. Um agravante para o caso brasileiro surge da combinação de pelo menos quatro fatores. Primeiro, a cobertura do SUS ainda é deficiente, em particular no acesso a medicamentos, procedimentos de complexidade mais alta e diagnósticos. Segundo, o envelhecimento populacional está particularmente acelerado e a demanda deverá crescer rapidamente. Para além do crescimento das doenças crônicas, ainda enfrentamos problemas de um típico país em desenvolvimento — temos ainda uma alta carga de doenças infecciosas, infantis e maternas, e por causas externas, ligadas a violência e acidentes. Terceiro, temos, como sociedade, demonstrado pouquíssima capacidade de solucionar restrições fiscais e de alocar recursos de modo equitativo e eficiente. Por fim, e mais uma vez diferentemente de países desenvolvidos, ainda estamos longe de resolver no Brasil outras questões estruturais de primeira ordem, como problemas na qualidade da educação e o financiamento da previdência. As margens de ajuste serão, portanto, muito limitadas. Em conjunto, esses fatores sugerem que a demanda crescerá e continuará acima da capacidade de oferta, num quadro de restrição estrutural de recursos e dificuldade de crescer e acumular capital.

1. Direito à saúde e saúde em Constituições

O direito à saúde não se refere a um direito irrevogável à condição saudável, mas sim a um direito amplo relacionado à garantia de acesso a bens e serviços determinantes dessa condição — não apenas serviços médicos propriamente ditos, como também serviços de saneamento, educação, assistência social etc. Essa concepção de direito à saúde está hoje incorporada em inúmeras convenções internacionais e legislações nacionais, tanto constitucionais como infraconstitucionais. Nesse sentido, em inúmeros países existem atualmente instrumentos legais para a proteção de tais direitos e para a conversão de aspirações normativas em políticas públicas para a saúde.

Embora esta seja a compreensão atual, por muito tempo o direito à saúde esteve associado meramente a uma norma social, sendo concebido menos como um direito de fato, e mais como um dos objetivos gerais do progresso socioeconômico. Essa norma justificava, por exemplo, a ideia de que governos devessem promover o acesso a serviços básicos de saúde. De fato, algumas das primeiras Constituições nacionais a conter qualquer provisão relacionada à saúde já estabeleciam aspirações com relação à promoção de saúde. Este é o caso, por exemplo, do artigo 22 da Constituição da Holanda de 1815, ao estabelecer que "as autoridades devem tomar medidas para promover a saúde da população".[1] O processo de concretização da aspiração social em garantias constitucionais de acesso a bens e serviços instrumentais à saúde, no entanto, tem início apenas em meados do século passado. Em primeiro lugar, institui-se em algumas Constituições nacionais o direito à saúde na forma de garantia ao acesso a serviços de saúde propriamente ditos — em 1936, a União Soviética torna-se a primeira nação a instituir constitucionalmente a garantia ao acesso a serviços de saúde em nível nacional (Matsuura, 2013). Na sequência, a concepção de direito à saúde, antes restrita ao acesso a serviços de saúde, expande-se em direção a garantias de acesso a bens e serviços básicos que sejam instrumentais à saúde. Um dos marcos desse processo está no artigo 32 da Constituição da Itália de 1947 e na Declaração Universal dos Direitos Humanos de 1948, ao estabelecer, em seu artigo 25, 1, que "todo ser humano tem direito a um padrão de vida capaz de assegurar a si e à sua família saúde, bem-estar, inclusive alimentação, vestuário, habitação, cuidados médicos e os serviços sociais indispensáveis e direito à segurança em caso de desemprego, doença, invalidez, viuvez, velhice ou outros casos de perda dos meios de subsistência em circunstâncias fora de seu controle".

A concepção de direito à saúde continua a expandir-se ao longo da segunda metade do século XX. Em 1966, o Pacto Internacional dos Direitos Econômicos, Sociais e Culturais, em seu artigo 12, "reconhece o direito de todos a usufruir do mais alto padrão possível de saúde física e mental". De modo ainda mais ambicioso, na década seguinte, a Declaração de Alma Ata, de 1978, "enfatiza que a saúde — estado de completo bem-estar

---

1 Tradução do autor.

físico, mental e social, e não simplesmente a ausência de doença ou enfermidade — é um direito humano fundamental, e que a consecução do mais alto nível possível de saúde é a mais importante meta social mundial, cuja realização requer a ação de muitos outros setores sociais e econômicos, além do setor saúde". A contínua expansão da concepção do direito à saúde se refletiu tanto no crescimento do número de países signatários das convenções internacionais, como também em legislações nacionais, constitucionais ou infraconstitucionais. Em particular, observa-se uma tendência de adoção de concepções amplas do direito à saúde em Constituições mais jovens, promulgadas a partir dos anos 1970 em resposta a processos de independência e democratização. De fato, enquanto apenas ⅓ das Constituições promulgadas antes de 1970 estabeleceu algum direito à saúde, apenas uma dentre as 33 Constituições promulgadas nos anos 2000 deixou de fazê-lo (Heymann et al., 2013).

Atualmente, no entanto, embora quase todos os países do mundo tenham ratificado ao menos uma convenção internacional reconhecendo algum tipo de direito à saúde, a maior parte deles não reconhece nenhuma forma de direito à saúde em suas Constituições ou em outro estatuto nacional (Backman et al., 2008). De acordo com Heymann et al. (2013), no início dos anos 2010 apenas 69 Constituições nacionais (ou 36% do total) estabeleciam garantias universais de direitos à saúde (tanto em termos de acesso a serviços de saúde como na forma ampla de direito à saúde), 24 (13%) explicitavam aspirações mais gerais a estes direitos e oito (4%) os garantiam, mas de modo restrito a determinados grupos populacionais. Apenas 9% das Constituições garantiam o direito ao acesso público e gratuito a serviços de saúde. Ainda segundo os mesmos autores, existe grande heterogeneidade por trás desses números. Enquanto nenhum país do Sul Asiático garante proteção universal à saúde e uma fração pequena das Constituições em países da África e do Sudeste Asiático prevê o direito à saúde, esse direito é uma garantia constitucional relativamente mais comum na Europa, Ásia Central e América Latina. Em particular, inúmeros países da América Latina adotaram garantias constitucionais ambiciosas de direito à saúde em geral e a serviços de saúde em particular — entre eles, o Brasil, a partir da Constituição de 1988.

2. A saúde na Constituição de 1988

2.1. Preliminares: A saúde no Brasil antes da Constituição de 1988

A Lei Eloy Chaves, de 1923, estabelece pela primeira vez as bases de um sistema de saúde no ordenamento jurídico brasileiro. Embora de modo apenas acessório à instituição de um sistema previdenciário no país, a lei assegurou aos trabalhadores formalmente vinculados a determinados setores de atividade o acesso a serviços de saúde. Com o passar do tempo, a expansão do sistema previdenciário aos demais setores formais da economia resultou na segmentação do acesso a serviços de saúde em dois grupos. Trabalhadores formais, enquanto contribuintes da Previdência Social, tinham acesso à assistência à saúde através de uma rede de serviços ambulatoriais e hospitalares financiados pelo sistema previdenciário por meio do Instituto Nacional de Assistência Médica da Previdência Social (Inamps). Os demais segmentos da população brasileira, como os trabalhadores informais, os desempregados e a população rural, no entanto, permaneciam via de regra com acesso bastante restrito a serviços de saúde. O Ministério da Saúde e governos locais desenvolviam ações de promoção de saúde, prevenção de doenças e controle de endemias. A assistência médico-hospitalar ficava a cargo dos poucos hospitais públicos e de instituições filantrópicas. Em última instância, para grande parcela da população inexistiam quaisquer formas de direito à saúde e a assistência era prestada em caráter de caridade. Essa segmentação perdura até os anos 1980. De modo consistente com a expansão de uma concepção mais ampla de direito à saúde adotada em convenções internacionais, o Inamps começa a estender suas ações e o sistema de saúde avança em direção aos demais segmentos da população brasileira — destacam-se o fim da exigência da carteira de segurado do Inamps para o atendimento nos hospitais próprios e públicos conveniados e a descentralização de responsabilizações pela provisão de serviços através da instituição do Sistema Unificado e Descentralizado de Saúde (Suds). Em particular, a reorganização da sociedade civil durante o período de transição democrática e o envolvimento de movimentos sociais e da academia em discussões acerca de uma reforma do setor de saúde ganharam corpo. Em 1986, a VIII Conferência Nacional de Saúde marcou o início da reformulação de um novo sistema de saúde no país, o que desembocaria na fundação do SUS (Paim et al., 2011). Essas diretrizes ganham força e são incorporadas pela Assembleia Constituinte. Em 1988 é promulgada a nova Constituição.

2.2. A saúde na Constituição de 1988: Legislação infraconstitucional e emendas

O artigo 196 da Constituição de 1988 estabeleceu que "a saúde é direito de todos e dever do Estado, garantido mediante políticas sociais e econômicas que visem à redução do risco de doença e de outros agravos e ao acesso universal e igualitário às ações e serviços para sua promoção, proteção e recuperação". Já o artigo 198 estabeleceu que "as ações e serviços públicos de saúde integram uma rede regionalizada e hierarquizada e constituem um sistema único, organizado de acordo com as [...] diretrizes" de descentralização, atendimento integral e participação social. Além disso, o mesmo artigo dispõe sobre os mecanismos de financiamento. Não menos importante, o artigo 199 permite que a iniciativa privada ofereça serviços de assistência à saúde.

A Constituição de 1988, portanto, estabeleceu explicitamente as diretrizes de um novo sistema público de saúde no Brasil, o SUS — universalização, equidade, integralidade, participação social, descentralização e hierarquização de competências entre esferas da federação. A transformação dessas diretrizes em realidade tem sido um processo complexo e em contínuo movimento. A implementação de fato do SUS inicia-se logo depois da promulgação da Constituição de 1988 por meio de legislação infraconstitucional, em particular a partir da Lei nº 8080, de 1990 (Lei Orgânica da Saúde) e da Lei nº 8142, de 1990, que rege as transferências de recursos financeiros na área da saúde entre esferas de governo. Nesta primeira fase, entre 1988 e 1990, são estabelecidas as legislações e regulações básicas, incluindo a transferência do Inamps da Seguridade Social para o Ministério da Saúde. De acordo com Gragnolati et al. (2013), em uma segunda fase, de 1991 a 1995, detalham-se as regras de organização, financiamento e operação do sistema. Em particular, são editadas diversas normas e portarias pelo Ministério da Saúde — Normas Operacionais Básicas (NOBs) —, que estabelecem o modo de transferência de recursos entre governos, de pagamento de serviços de saúde, o processo de descentralização em direção aos municípios e de construção de uma rede de serviços (Oliveira, 2008). A terceira fase, de meados dos anos 1990 a meados dos anos 2000, regula e induz a organização e provisão de serviços de saúde, com priorização para a atenção primária. É exatamente durante esse período que se observa a introdução e expansão do Programa Saúde da Família, atualmente o maior programa de atenção básica comunitária do mundo. Por fim, uma última fase que se inicia em meados dos anos 2000 avança na governança do sistema e no estabelecimento de redes de atenção regionalizadas. A Constituição de 1988 criou direitos e instituiu mecanismos de financiamento. Estes consistem no principal objeto de revisionismo e emendamento constitucional na área da saúde. Ao criar a seguridade social, a Constituição de 1988 estabeleceu ainda que esta deveria ser financiada com contribuições sociais e recursos dos orçamentos da União, estados e municípios. No entanto, a expansão dos novos direitos sociais, não apenas na saúde como também na previdência e na assistência social, previu fonte de financiamento comum e ainda coincidiu com um período de crise e restrições fiscais. Por consequência, as diversas áreas da seguridade buscaram implementar os novos direitos constitucionais sem necessariamente obter aumento de recursos para tanto. O que se viu em seguida foi a contínua disputa por recursos, em particular entre as áreas da saúde e da previdência (Piola et al., 2013). Em 1993, as contribuições previdenciárias não mais puderam compor as fontes de financiamento da saúde e no ano seguinte a Desvinculação de Receitas da União restringiu ainda mais as fontes de financiamento da seguridade. Tem-se, então, que o SUS enfrentou desde o início uma crise de financiamento, que resultou em propostas de vinculação de recursos especificamente para a área da saúde e enfim na Emenda Constitucional nº 29/2000. Esta emenda estabeleceu recursos mínimos a serem aplicados em saúde — estados e municípios deveriam alocar, respectivamente, pelo menos 12% e 15% de suas receitas vinculadas no financiamento de ações e serviços públicos de saúde. Para a União, os recursos a serem aplicados em 2000 seriam o montante empenhado no exercício do ano anterior acrescido de pelo menos 5%; daí em diante, o valor mínimo teria como referência o valor do ano anterior acrescido da variação nominal do PIB (Servo et al., 2011;

Piola et al., 2013). Como esperado, a EC 29 induziu um crescimento significativo dos recursos destinados à saúde. De acordo com Piola et al. (2013), entre 2000 e 2011, o volume de recursos destinados para ações e serviços públicos de saúde por estados e municípios passou de 28 bilhões para 89 bilhões de reais — um incremento total de 61 bilhões. A União, por sua vez, aumentou esse gasto em 31 bilhões, o que correspondeu a um crescimento de 75% em relação a 2000. No geral, o gasto público em saúde aumentou de 2,8% do PIB em 2000 para 3,8% em 2011, impulsionado sobretudo pela expansão de gastos estaduais e municipais (Marques et al., 2016).

2.3. Sistemas e políticas de saúde após 1988

A Constituição de 1988 explicitamente instituiu um novo sistema de saúde no Brasil e estabeleceu suas diretrizes. Desde então, observou-se no país uma profunda reformulação do modo de provisão e de financiamento do sistema de saúde, bem como a introdução de novas políticas de saúde.

Passamos a ter um sistema de saúde bastante complexo. Em geral, podemos descrever um sistema de saúde através de uma combinação entre formas de financiamento e formas de provisão de serviços. Por um lado, o SUS é um sistema nacional de saúde financiado publicamente e com provisão direta de serviços pela esfera pública ou contratados na rede privada conveniada. O financiamento público tem como fonte de recursos impostos e contribuições. O sistema promove acesso gratuito e universal a bens e serviços que devem cobrir integralmente as necessidades de saúde dos pacientes, priorizando atividades preventivas, sem prejuízo dos serviços assistenciais. A forma de provisão dos mais diversos serviços de saúde é complexa e funciona através de uma rede de estabelecimentos públicos, das três esferas de governo, ou privados conveniados. Por outro lado, a Constituição de 1988 também estabeleceu que o oferecimento de serviços de assistência à saúde é livre à iniciativa privada. Esta pode ofertar serviços conveniados ao SUS ou diretamente no mercado. Neste último caso, temos então provisão de serviços através de uma rede de estabelecimentos privados e forma de financiamento estritamente privada via gastos familiares diretos ou seguro privado regulado. Em última instância, a Constituição de 1988 estabeleceu um sistema de saúde fragmentado em dois subsistemas, o SUS e o privado, regidos por formas de financiamento e provisão de serviços bastante diferentes, e com interseções bastante complexas.

Os princípios constitucionais rapidamente se refletiram em inovações no campo das políticas públicas, com grande expansão do acesso a serviços públicos de saúde e do arcabouço regulatório do subsistema privado. O sistema de provisão de serviços públicos preexistente era notoriamente hospitalocêntrico, com uma rede de serviços médico-assistenciais concentrada geograficamente em grandes centros urbanos e sobrecarregada por demandas ambulatoriais e emergenciais. O novo sistema move-se então em direção à descentralização e racionalização da oferta de serviços, com foco sobre a prevenção e a expansão da atenção primária. Em particular, como ponta de lança deste movimento, o governo cria em 1994 o Programa Saúde da Família (PSF, hoje denominado Estratégia Saúde da Família), atualmente o maior programa comunitário de assistência básica em saúde do mundo e com enorme penetração no território nacional. O PSF transformou a provisão de serviços ao introduzir, de modo descentralizado e através principalmente da esfera municipal, equipes de saúde responsáveis por levar atenção básica e ações de prevenção e promoção de saúde ao nível local e domiciliar. Em grande medida, o PSF pode ser interpretado como a manifestação do SUS país adentro.

2.4. Evolução de indicadores e o impacto da Constituição de 1988 sobre a saúde

Uma avaliação empírica das consequências da introdução de direitos constitucionais ou, mais especificamente, do impacto destes sobre indicadores socioeconômicos será via de regra limitada por vários motivos. Por um lado, qualquer estudo empírico dificilmente abordará o valor do reconhecimento normativo de tais instrumentos para a sociedade. Por outro, dificilmente abordará a transformação de processos ou identificará com precisão seus mecanismos e sua interdependência a outras garantias constitucionais introduzidas simultaneamente. Dadas essas limitações, esta seção pretende simplesmente apresentar um panorama contrastivo dos indicadores de saúde no Brasil antes e depois da introdução da Constituição de 1988, e discutir evidências empíricas existentes na literatura sobre a relação causal entre o reconhecimento de jure do direito à saúde, tanto constitucional como de instrumentos legais específicos, e a performance de sistemas de saúde ou indicadores de saúde propriamente ditos.

A Tabela 1, a seguir, apresenta uma série de indicadores para dois pontos no tempo: (i) para 1988, ou para anos ao redor da promulgação da Constituição de 1988 — a depender da disponibilidade de dados; e (ii) analogamente para 2018. O Painel A descreve as principais tendências demográficas e indicadores de saúde ao longo dos últimos trinta anos. Vemos que a população brasileira aumentou 42%, processo simultâneo a uma queda da taxa de fecundidade, ao envelhecimento populacional e à diminuição da proporção de crianças. A expectativa de vida ao nascer avançou em quase dez anos, enquanto a taxa de mortalidade infantil diminuiu em 70%, de aproximadamente 44 para treze óbitos de crianças de até um ano por mil nascidas vivas.

Esse avanço em indicadores de saúde ocorre simultaneamente a mudanças significativas na oferta de serviços de saúde e em seu financiamento. No Painel B vemos que, como estabelecido pelas diretrizes fundadoras do SUS, ocorre uma forte expansão da infraestrutura associada à atenção primária através do crescimento no número de postos de saúde e da consolidação do PSF, que hoje conta com mais de 33 mil equipes, cobrindo aproximadamente 60% da população brasileira. Houve também ampliação de recursos humanos, como mensurado pelo número de médicos e enfermeiros per capita. Por outro lado, diminuiu o número de leitos hospitalares per capita — não no setor público, mas na esfera privada. Esses dados sugerem, portanto, expansão de infraestrutura física pública, expansão de recursos humanos e um movimento de transição de um sistema hospitalocêntrico em direção a um modelo mais baseado no cuidado preventivo e na atenção básica.

O Painel C apresenta indicadores de financiamento do sistema. Como vemos, o avanço em indicadores de saúde ocorre simultaneamente a um movimento do sistema em direção não apenas à atenção básica, mas também à ampliação de gastos em saúde em geral. O gasto total em saúde como proporção do PIB aumenta em aproximadamente quatro pontos percentuais. O gasto público per capita praticamente dobra em trinta anos e a sua composição se altera significativamente. Mais uma vez de forma consistente com as diretrizes do SUS, observamos uma descentralização dos gastos — os gastos per capita federais aumentaram aproximadamente em 30%, variação muito inferior àquela verificada para gastos estaduais e municipais. Já o gasto privado per capita também aumenta expressivamente, em 75%, e continua superior ao gasto público per capita.

Por fim, as duas últimas linhas do Painel C sugerem uma ampliação da segmentação no setor de saúde. Por um lado, houve um crescimento tanto na cobertura da atenção básica pública, como na cobertura de beneficiários de planos de saúde privados, chegando recentemente a 25% da população total. Além disso, os beneficiários de planos de saúde situam-se majoritariamente em estratos socioeconômicos mais altos (Paim et al., 2011). Os indicadores são então consistentes com a existência de segmentação na provisão e no financiamento de saúde no Brasil — o setor público, financiado com recursos públicos e utilizado principalmente pelos mais pobres; e o setor privado, utilizado pelos mais ricos e financiado via seguro privado regulado. É importante destacar que a universalização da saúde instituída pela Constituição de 1988 parece ter alterado em parte o tipo de segmentação existente no país e potencialmente ampliado a divisão da população em dois estratos diferentes. Antes da Constituição de 1988, a cobertura do seguro privado era relativamente menor, e a segmentação no financiamento e no acesso aos serviços públicos era vinculada ao mundo do trabalho e à contribuição previdenciária. Os segmentos dividiam-se por posição na ocupação, e restava aos mais pobres a caridade e as poucas portas de acesso ao sistema público de saúde. Passados trinta anos da Constituição de 1988, vivemos ainda em um país extremamente segmentado. A universalização do direito à saúde veio acompanhada da ampliação da cobertura privada e da segmentação no financiamento e na provisão de serviços de saúde por estratos de renda. Não à toa, a última linha do Painel C indica o que aconteceu em termos relativos com o financiamento da saúde no país. Apesar da universalização de jure, o percentual do gasto público em saúde sobre o total permaneceu relativamente estável e inferior a 50%. Isso contrasta com evidências internacionais. Em países que adotaram modelos beveridgeanos, o gasto público em saúde atinge pelo menos 70% do total. Ainda, em termos absolutos, estima-se que o faturamento per capita do sistema de saúde suplementar brasileiro seja de duas a três vezes maior que os gastos per capita do SUS (Mendes, 2013).

Tabela 1 — Indicadores de Saúde, Infraestrutura e Financiamento: Panorama Geral Antes *vs* Depois da Constituição de 1988

	Em torno de 1988	Em torno de 2018	Variação (em % ou absoluta)
Painel A — Indicadores Demográficos e de Saúde			
População [a]	146 825 475	209 186 802	42%
Taxa de fecundidade [a]	2,89	1,69	–1,20
% crianças (<15 anos) [a]	0,35	0,22	–0,13
Expectativa de vida ao nascer em anos [b]	66,03	75,77	9,74
Taxa de mortalidade infantil (por 1000 nascidos) [b]	44,72	13,30	–70%
Painel B — Infraestrutura de Saúde (per capita × 1000)			
Leitos hospitalares [c]	3,454	2,092	–39%
% Público	0,209	0,383	0,17
Postos de saúde [d]	0,043	0,574	1245%
% Público	0,978	0,998	0,02
Médicos [d]	1,492	2,069	39%
Enfermeiros [d]	0,240	1,131	371%
Equipes ESF [e]	—	32373	—
Painel C — Financiamento (per capita em valores R$ de 2016)			
Gasto total em saúde com relação ao PIB [f]	4,70%	8,30%	77%
Gasto público em saúde [f]	184,2	362,0	96%
Federal	117,9	155,7	32%
Estadual	35,0	97,7	179%
Municipal	31,3	112,2	258%
Gasto privado em saúde [f]	243,3	424,9	75%
% População coberta por plano de saúde [g]	0,19	0,25	0,05
% Gasto Público sobre Total [f]	0,43	0,46	0,03

FONTE: (a) IBGE, Censo Demográfico; (b) IBGE, DPE e Depis; (c) Datasus, AMS; (d) Ministério da Saúde, CNES; (e) MS/SAS/DAB e IBGE; (f) Paim et al., 2011. Dados coletados por Castro et al., 2019. (g) Datasus, Sistema de Informação de Beneficiários/ANS/MS, IBGE; para cobertura de plano de saúde em torno de 1988: Cohn e Elias, 1998.

Independentemente dos termos relativos, o fato é que a Constituição de 1988 e a criação do SUS foram acompanhadas por crescimento de gastos públicos em saúde, alterações significativas na composição destes gastos entre esferas de governo e na maneira de prover bens e serviços de saúde no setor público. Como vemos pelos indicadores da Tabela 1, existe uma forte correlação entre essas mudanças e avanços em indicadores de saúde básicos, como mortalidade infantil e expectativa de vida ao nascer. Infelizmente, no entanto, não observamos o contrafactual perfeito ao cenário de fato observado. Ou seja, não observamos o que teria acontecido com esses indicadores caso o direito à saúde não tivesse sido reconhecido pela Constituição de 1988 e o SUS não tivesse sido implementado.

Existem pouquíssimas evidências empíricas do impacto causal do reconhecimento de jure do direito à saúde, tanto constitucional como de instrumentos legais específicos, sobre o desempenho de sistemas de saúde ou indicadores de saúde propriamente ditos. Palmer et al. (2009) examinam em uma base de dados de países a relação entre o número de tratados internacionais ratificados e indicadores de saúde básicos, como as taxas de mortalidade materna e infantil. Os autores não encontram nenhuma associação significativa. Neste caso, muito embora esses tratados tenham sido importantes no reconhecimento de direitos e para a própria evolução da concepção ampla de direito à saúde, dificilmente induzem ou garantem mudanças de facto em políticas em âmbito nacional. Matsuura (2013), por outro lado, investiga a relação entre provisões constitucionais do direito à saúde e impactos sobre indicadores em um painel de 157 países. Embora a provisão constitucional desse direito seja negativamente correlacionada com renda per capita, ao explorar a dimensão longitudinal dos dados o autor encontra correlações significativas — a mortalidade infantil tende a diminuir em países que estabelecem garantias constitucionais ao direito à saúde.

No caso brasileiro, o reconhecimento constitucional do direito à saúde foi instituído simultaneamente a um novo sistema de saúde, o que impossibilita distinguir o potencial efeito das garantias constitucionais do impacto da introdução do SUS. Apesar disso, é possível realizar alguns exercícios empíricos de avaliação de impacto desse conjunto de intervenções sobre indicadores de saúde. Bhalotra et al. (2016), por exemplo, interpretam a penetração do PSF nos municípios brasileiros, ao longo do tempo, como a penetração de um novo sistema de saúde no país, o SUS. De fato, na grande maioria das localidades brasileiras, antes desprovidas de serviços de saúde básicos, a chegada do PSF pode ser interpretada como a manifestação do SUS em nível local. Os autores utilizam uma base de dados de municípios ao longo dos anos de expansão do PSF para examinar o impacto do programa sobre uma série de indicadores de saúde, de acesso, de produção ambulatorial e de gastos públicos. Verifica-se que a chegada do SUS aos municípios, representada pela penetração do PSF, está associada a uma queda significativa e forte da mortalidade fetal e infantil no Brasil. Isso é consistente com o efeito do programa em uma série de outros indicadores, como discutido pelos autores: com a ampliação do gasto municipal em saúde, da produção ambulatorial, do cuidado pré-natal e perinatal, da queda da mortalidade materna, dentre outros. Essas evidências confirmam que parte substancial dos ganhos de saúde observados no Brasil ao longo dos últimos anos foi devida à introdução de um novo sistema de saúde no Brasil, o SUS.

3. Desafios para o futuro

Como visto nas seções anteriores, a concepção de direito à saúde tem sido continuamente ampliada ao longo das últimas décadas, tanto internacionalmente como no Brasil. Esse reconhecimento normativo tem tido sua contraparte positiva. Ao redor do mundo, políticas públicas têm resultado na expansão da cobertura universal de saúde — compreendida não necessariamente como acesso universal gratuito, mas como garantia de acesso a serviços de saúde de acordo com as necessidades de uma pessoa e independentemente da sua renda e do seu status socioeconômico. Com poucas exceções, a expansão de direitos à saúde e de cobertura tem sido, portanto, uma aspiração das mais diversas sociedades. Nesse sentido, em essência, o texto da Constituição de 1988 mostra-se plenamente alinhado com a concepção de direito amplo à saúde compartilhada pela comunidade internacional. A Constituição de 1988, no entanto, vai além. Ela instituiu um sistema de saúde e estabeleceu como os serviços devem ser entregues e financiados pelo setor público. Ou seja, ela simultaneamente estabeleceu direitos e regulou políticas públicas.

O exercício que esta seção se propõe a fazer é essencialmente prospectivo. Como já discutido anteriormente, do ponto de vista normativo as diretrizes estabelecidas pela Constituição de 1988 não apenas refletem as aspirações da sociedade brasileira no momento de sua promulgação, como também estão alinhadas com as aspirações das mais diversas sociedades no que se refere a direitos à saúde e cobertura de serviços de saúde. Por outro lado, do ponto de vista positivo, decidiu-se constitucionalizar o nosso sistema de saúde, baseado em um subsistema público beveridgeano, com seus correspondentes mecanismos de financiamento, e um subsistema privado, além das interfaces entre os setores público e privado. Para o bem ou para o mal, a constitucionalização de políticas públicas não é privilégio da área de saúde, mas é transversal e faz parte da *constituição* de nossa Constituição de 1988 (Arantes e Couto, 2018). Nesse contexto, pretendo discutir em que medida o texto constitucional relacionado à saúde está em linha com as aspirações normativas e positivas da sociedade brasileira de hoje e no futuro.

3.1. Desafios positivos para o futuro: Recursos à frente?

Uma das principais questões a desafiar o texto da Constituição de 1988 na área da saúde nas próximas décadas é essencialmente positiva, e corresponde às necessidades crescentes de recursos para a saúde. Nos mais diversos países, ao longo dos últimos anos, o crescimento dos gastos em saúde tem sido superior ao crescimento do PIB. Essa tendência estrutural reflete, pelo lado da demanda, o envelhecimento populacional, o avanço da transição epidemiológica e da carga de doenças crônicas. Ao envelhecer, as pessoas tendem a demandar serviços de saúde com cada vez mais frequência e cada vez mais sofisticados e caros. Pelo lado da oferta, reflete o desenvolvimento de novas tecnologias, tratamentos e suas patentes, que muitas vezes geram o aumento do número de procedimentos em vez da substituição de antigos por novos.

Essa preocupação atinge os mais diversos modelos de financiamento e provisão de saúde. Consideremos um dos mais célebres modelos beveridgeanos do mundo, o Sistema Nacional de Saúde do Reino Unido (o National Health System, NHS), criado de modo pioneiro em 1948, há setenta anos. Atualmente, o Reino Unido gasta aproximadamente 7,3% do PIB com saúde pública, o que corresponde a cerca de 90% do gasto total de saúde naquele país. Aos trinta anos de idade, o NHS havia dobrado o seu gasto anual, de menos de 20 bilhões de libras nos anos 1950 para cerca de 40 bilhões de libras nos anos 1980 (a valores atuais). Atualmente, aos setenta anos de idade, o NHS gasta aproximadamente 150 bilhões de libras por ano, ou quase quatro vezes mais do que gastava quando tinha trinta anos de idade. Além disso, análises recentes indicam que o gasto terá que aumentar em cerca de 3,3% ao ano, nos próximos quinze anos, apenas para que o sistema siga operando com a mesma qualidade. Isso resultará em um gasto anual acima dos 200 bilhões de libras nos anos 2030, sendo o gasto adicional com relação aos números atuais decorrente, em primeiro lugar, de pressões de demanda, seguidas pelos custos de insumos. Nesse cenário, o aumento de custos não será compensado apenas por ganhos de eficiência. O aumento da carga tributária ou formas alternativas de taxação são incontornáveis (Charlesworth e Johnson, 2018). Pelo menos quatro fatores agravam a situação do caso brasileiro. Primeiro, a cobertura do SUS ainda é limitada, em particular na atenção hospitalar e de complexidade mais alta. Segundo, assim como no caso de outros países em desenvolvimento, o envelhecimento populacional está particularmente acelerado e a demanda por saúde deverá crescer mais rapidamente. Diferentemente dos países desenvolvidos, ainda enfrentamos, para além do crescimento das doenças crônicas, uma alta carga de doenças infecciosas, infantis e maternas, e por causas externas, ligadas a violência e acidentes. Em terceiro lugar, temos, como sociedade, demonstrado pouquíssima capacidade de solucionar restrições fiscais e de alocar recursos de modo equitativo e eficiente. Por fim, e mais uma vez diferentemente de países desenvolvidos, ainda estamos longe de resolver outras questões estruturais de primeira ordem, como problemas na qualidade da educação e o financiamento da Previdência. As margens de ajuste são muito limitadas. Em conjunto, esses fatores sugerem que a demanda crescerá e continuará acima da capacidade de oferta, em contraste com uma restrição estrutural de recursos.

Nesse contexto, como deverá evoluir a saúde no Brasil? No atual cenário, com aumento crescente da demanda e restrição de recursos, provavelmente observaremos a queda na qualidade do SUS e o aprofundamento da segmentação público-privada, tanto no financiamento como na provisão de serviços. A universalização do direito à saúde na Constituição de 1988 veio acompanhada da ampliação da cobertura privada e da segmentação no financiamento e na provisão de serviços de saúde por estratos de renda. Apesar de termos um contrato social solidário, a queda na qualidade do SUS e o aumento da segmentação por status socioeconômico implicariam o aumento da inequidade.

Esse processo deverá resultar também em pressões por maior vinculação do orçamento público para a área de saúde via emendamento constitucional, eventualmente gerando tensão com os demais setores do governo e entre entes da federação, e por cortes de subsídios para o acesso a serviços privados. De fato, estima-se que renúncias fiscais correspondam atualmente a cerca de 30% dos gastos públicos federais em saúde (Ocké-Reis e Gama, 2016). O crescimento da demanda e de custos chegará também ao setor privado, onde devemos esperar pressões muito pouco triviais sobre o marco regulatório da saúde suplementar entre operadoras de saúde, fornecedores e consumidores.

Em particular, espera-se que o crescente processo de judicialização da saúde conduza a um aumento na tensão entre o Executivo e o Judiciário. A Constituição de 1988 prevê integralidade na atenção à saúde, que se reflete na garantia de acesso a bens e serviços de saúde em todos os níveis de atenção. O Judiciário, no entanto, interpreta o conceito de integralidade como um direito de acesso a todos os bens e serviços de saúde (Andrade et al., 2018). Estima-se que o gasto em saúde via decisões judiciais tenha aumentado cinquenta vezes entre 2005 (2,4 milhões de reais) e 2016 (1,32 bilhão de reais), chegando a 1,2% do orçamento do Ministério da Saúde (Iunes et al., 2012). Essa tendência, se mantida, poderá levar a uma contestação do princípio da integralidade no texto constitucional. A preservação desse princípio, por outro lado, dependerá da capacidade de Executivo e Judiciário firmarem parcerias de modo a subsidiar tecnicamente as decisões e em conformidade com o que é ou pode ser ofertado no SUS (Andrade et al., 2018).

Naturalmente, caberá aos setores público e privado, em conjunto, gerar ganhos de eficiência crescentes. Como visto em países desenvolvidos, no entanto, dificilmente isso será suficiente para fazer frente ao aumento esperado na demanda e nos custos de insumos. As necessidades de financiamento serão crescentes e, cedo ou tarde, a sociedade brasileira terá que enfrentar questões positivas e normativas bastante complexas. Caberá ao país avançar na solução do problema, de modo a conter o aprofundamento da segmentação e da inequidade.

3.2. Desafios normativos para o futuro: Tensões à frente?

A disputa por recursos poderá desafiar o texto da Constituição de 1988 também indiretamente, se resultar no questionamento de justificativas normativas sobre equidade em geral e equidade em saúde em particular — atualmente consolidadas em nosso contrato social. De fato, a pressão de custos e as necessidades de reforma dos sistemas de saúde mundo afora têm gerado uma série de reflexões normativas muito peculiares à área da saúde (Anand et al., 2004). Ainda não está claro como o reconhecimento do direito amplo à saúde continuará evoluindo ao longo das próximas décadas no mundo e no Brasil. Tampouco se sabe se essa evolução suscitará mudanças em legislações internacionais, constitucionais ou infraconstitucionais.

Assim, muito embora as justificativas para um direito amplo à saúde sejam reconhecidamente sólidas por ora, o futuro guarda tensões complexas. Por exemplo, num contexto de disputa de recursos, como justificar que a preocupação com equidade seja relativamente mais relevante em saúde do que em outras dimensões, como educação ou renda mínima? Existem inequidades em saúde relativamente mais preocupantes do que outras? Os instrumentos hoje disponíveis para valorar tratamentos e inferir razões de custo-benefício são eticamente justificáveis? Como estes deverão evoluir? Essas e outras tantas questões normativas poderão chegar ao debate público de modo cada vez mais contencioso no país.

Comentários finais

A Constituição de 1988 transformou profundamente o sistema de saúde no Brasil, estabelecendo as bases institucionais para o SUS e permitindo e regulando as atividades do setor privado. Seguiram-se trinta anos de conquistas impressionantes. Não obstante, a universalização prevista de jure no texto constitucional e continuamente expandida de facto ao longo dos últimos trinta anos foi acompanhada por dificuldades de financiamento e na provisão de serviços pelo SUS e por um aprofundamento da segmentação público-privada.

Tais problemas podem se agravar no futuro, em particular devido às necessidades crescentes de recursos via pressão de demanda e inflação de custos — a despeito dos ganhos com eficiência, sistemas de saúde ao redor do mundo têm demandado cada vez mais recursos, e não será diferente no Brasil. A sociedade brasileira, portanto, precisará refletir sobre as necessidades de financiamento de seu sistema de saúde. É fundamental ter claro que, cedo ou tarde, precisaremos identificar essas necessidades, planejar respostas, proteger os interesses difusos e mitigar as iniquidades que poderão surgir com as disputas por recursos, refletindo de forma democrática e transparente sobre os conflitos explícitos e implícitos em cada escolha. Sobretudo, precisaremos evitar o quanto antes que o nosso sistema de saúde se deteriore em direção a mais segmentação e inequidade.

Sem dúvida alguma, num quadro marcado por todas essas tensões e disputa por recursos, caberá ao nosso sistema de saúde avançar rapidamente em direção a ganhos de eficiência. No caso do SUS, será fundamental contornar a fragmentação das redes de serviços, garantindo a atenção integral mas controlando o surto de judicialização, incorporar ferramentas de gestão baseadas em dados e evidências, aprimorar incentivos na remuneração por serviços prestados, racionalizar o uso e o investimento em infraestrutura física e em inovações e, não menos importante, aprofundar o papel da atenção primária como vetor de coordenação da assistência. No caso do setor privado, será importante integrar a atenção e expandir ações de prevenção e promoção de saúde de maneira coordenada, a exemplo do que já é feito no próprio setor público e em sistemas públicos e privados ao redor do mundo. Em suma, devemos nos preparar da melhor forma possível para o que está por vir. Para tanto, precisaremos cada vez mais de informação, conhecimento, discussão e solidariedade.

Referências bibliográficas

ANAND, Sudnir; PETER, Fabienne; SEN, Amartya. *Public Health, Ethics, and Equity.* Oxford: Oxford University Press, 2004.

ANDRADE, Mônica Viegas; NORONHA, Kenya; BATISTA, Edvaldo; PIOLA, Sergio; VIEIRA, Fabiola Sulpino; VIEIRA, Roberta da Silva; BENEVIDES, Rodrigo Pucci. "Desafios do Sistema de Saúde Brasileiro". Disponível em: <http://www.ipea.gov.br/portal/index.php?option=com_content&view=article&id=32983>. Acesso em: 10 dez. 2018.arantes, Rogério B; couto, Cláudio G. *1988-2018: 30 anos de constitucionalização permanente*, 2018. (Mimeo)

BACKMAN, G. et al. "Health Systems and the Right to Health: An Assessment of 194 Countries". *The Lancet*, v. 372, n. 9655, pp. 2047-85, 2008.

BHALOTRA, Sonia; ROCHA, Rudi; SOARES, Rodigo R. "Does Universal Health Coverage Works? Evidence from Health Systems Restructuring and Maternal and Child Health in Brazil". Institute for Social & Economic Research, n. 16, dez. 2016. Disponível em: <https://www.iser.essex.ac.uk/research/publications/working-papers/iser/2016-16.pdf>. Acesso em: 30 jan. 2019.

CASTRO et al. *Brazilian Unified Health System: The First 30 Years and Prospects for the Future*, 2018. (Mimeo)

CHARLESWORTH, Anita; JOHNSON, Paul. *Securing the Future: Funding Health and Social Care to the 2030s.* Londres: Institute for Fiscal Studies, 2018.

COHN, Amélia; ELIAS, Paulo. *Saúde no Brasil: Políticas e organização de serviços.* São Paulo: Cortez, 1998.

IUNES, Roberto; CUBILLOS-TURRIAGO, Leonardo; ESCOBAR, Maria-Luisa. *Universal Health Coverage and Litigation in Latin America.* Washington, DC: World Bank, 2012.

GRAGNOLATI, Michele; LINDELOW, Magnus; COUTTOLENC, Bernard. *Twenty Years of Health System Reform in Brazil: An Assessment of the Sistema Único de Saúde.* Washington, DC: World Bank, 2013.

HEYMANN, J.; CASSOLA, A.; RAUB, A.; MISHRA, L. "Constitutional Rights to Health, Public Health and Medical Care: The Status of Health Protections in 191 Countries". *Global Public Health*, v. 8, n. 6, pp. 639-53, 2013.

MARQUES, Rosa Maria; PIOLA, Sergio; CARRILLO ROA, Alejandra (Orgs.). Sistema de saúde no brasil: Organização e financiamento. Rio de Janeiro: ABrES; Brasília: Ministério da Saúde, Departamento de Economia da Saúde, Investimentos e Desenvolvimento; OPAS/OMS no Brasil, 2016.

MATSUURA, Hiroaki. "The Effect of a Constitutional Right to Health on Population Health in 157 Countries, 1970-2007: The Role of Democratic Governance. Program on the Global Demography of Aging". Program on the Global Demography of Aging. *PGDA Working Paper*, n. 106, 2013. Disponível em: <https://cdn1.sph.harvard.edu/wp-content/uploads/sites/1288/2013/10/PGDA_WP_106.pdf>. Acesso em: 30 jan. 2019.

MENDES, Eugênio Vilaça. "25 anos do Sistema Único de Saúde: Resultados e desafios". *Estudos Avançados*, v. 27, n. 78, pp. 27-34, 2013.

OLIVEIRA, V. "A descentralização inconclusa: A Constituição de 1988 e as fases do processo de descentralização da Saúde no Brasil". In: PRAÇA, S.; DINIZ, S. (Orgs.). *Vinte anos de Constituição*. São Paulo: Paulus, 2008.

OCKÉ-REIS, Carlos Octávio; GAMA, Filipe Nogueira da. *Radiografia do Gasto Tributário em Saúde: 2003-2013*. Nota Técnica n. 19. Brasília: Ipea, maio 2016. Disponível em: <http://www.ipea.gov.br/portal/images/stories/PDFS/nota_tecnica/160530_nt_19_radiografia_gasto_tributario_saude_2003_2013. pdf>. Acesso em: 30 jan. 2019.

PAIM, J.; TRAVASSOS, C.; ALMEIDA, C.; BAHIA, L.; MACINKO, J. "The Brazilian Health System: History, Advances, and Challenges". *The Lancet*, v. 377, n. 9779, pp. 1778-97, 2011.

PALMER, Alexis; TOMKINSON, Jocelyn; PHUNG, Charlene; FORD, Nathan; JOFFRES, Michel; FERNANDES, Kimberly A.; ZENG, Leilei; LIMA, Viviane; MONTANER, Julio S.; GUYATT, Gordon H.; MILSS, Edward J. "Does Ratification of Human-Rights Treaties have Effects on Population Health?". In: *The Lancet*, v. 373 (9679), 2009, pp. 1987-92.

PIOLA, Sérgio F.; PAIVA, Andrea Barreto de; SÁ, Evaldo Batista de; SERVO, Luciana Mendes Santos. "Financiamento público da saúde: Uma história à procura de rumo". *Texto para Discussão 1846*, Rio de Janeiro, jul. 2013. Disponível em: <http://repositorio.ipea.gov.br/bitstream/11058/1580/1/TD_1846.pdf>. Acesso em: 30 jan. 2019.

SERVO, Luciana Mendes Santos et al. "Financiamento e gasto público de saúde: Histórico e tendências". In: MELAMED, Clarice; PIOLA, Sérgio F. (Orgs.). *Políticas públicas e financiamento federal do Sistema Único de Saúde*. Brasília: Ipea, 2011.

VII.
Regulação do mercado de trabalho: Dualidades cristalizadas

André Portela Souza (FGV)
Hélio Zylberstajn (USP)

Introdução

As instituições em uma sociedade podem ser definidas como restrições criadas pelos homens para estruturar as interações sociais, políticas e econômicas. Elas podem ser informais como os tabus, as tradições, as sanções, os códigos de conduta etc., ou formais como a Constituição, as leis, os direitos de propriedade etc. (North, 1991). As instituições e as restrições econômicas definem o campo de escolha dos indivíduos e constituem a estrutura de incentivos de uma economia. Elas estabelecem ordem e reduzem incerteza nas trocas, reduzindo os custos de transação e produção num mundo de especialização e divisão do trabalho. A regulação trabalhista é uma instituição formal que estabelece uma estrutura de incentivos e restrições aos agentes que operam no mercado de trabalho — trabalhadores e firmas. A regulação trabalhista e as políticas de proteção ao emprego são necessárias para proteger o trabalhador de ações arbitrárias do empregador e da eventual perda do emprego, corrigir distorções geradas por informações imperfeitas sobre condições do trabalho e promover relações estáveis e duradouras capazes de estimular o investimento da firma no capital humano do trabalhador e o compromisso do trabalhador com a firma.

203

Contudo, "o demônio mora nos detalhes". Se mal desenhada, a regulação tem consequências não desejadas. Ela pode restringir o processo de criação e destruição de empregos e limitar a capacidade das firmas de explorar novas tecnologias e mercados; reduzir a capacidade de realocar o trabalho para setores ou atividades onde a sua presença seria mais produtiva; induzir o surgimento de parcelas de trabalhadores não protegidos (por exemplo, informais) e criar uma estrutura de incentivos a comportamentos oportunistas. O dilema da regulação trabalhista está em encontrar a combinação ideal entre a proteção ao trabalhador, a eficiência da alocação dos fatores produtivos e o crescimento da produtividade. O desenho correto das regras e de sua estrutura de incentivos subjacentes é crucial para o seu bom resultado.

A regulação do trabalho no Brasil é relativamente antiga, complexa e detalhada. A Constituição de 1988 incorporou uma série de direitos e obrigações estabelecidos anteriormente em leis e ampliou ou estendeu novos direitos e obrigações. Com isso, a Carta Magna consolidou duas dualidades que se tornaram as características marcantes do nosso mercado de trabalho: setor público versus setor privado e setor privado formal versus setor privado informal. A primeira dualidade está formalmente definida nas leis através de direitos e obrigações distintos para cada setor. A segunda dualidade é uma consequência da própria regulação em um mercado de trabalho com firmas e trabalhadores heterogêneos.

Embora generosa e ambiciosa, a Constituição de 1988 e as regulamentações que se seguiram tiveram efeitos perversos não desejados. Primeiro, criaram classes distintas de trabalhadores. Segundo, não foram capazes de estender toda a sua proteção ao conjunto dos trabalhadores brasileiros. Terceiro, mesmo entre a parcela protegida dos empregados formais, fortaleceram alguns incentivos perversos entre cujas consequências estão a alta rotatividade do emprego formal e o baixo estímulo aos ganhos de produtividade. E quarto, criaram uma estrutura institucional de alto custo de transação e de incertezas e insegurança jurídica. Tudo isso tem efeitos perversos sobre o ganho de produtividade do trabalho e a sua distribuição entre os trabalhadores.

A fim de discutir todos esses aspectos, o presente capítulo está dividido da seguinte maneira: a seção 1 descreve as mudanças introduzidas na Constituição de 1988 em relação à regulação trabalhista; a seção 2 apresenta alguns fatos estilizados do mercado de trabalho pós-Constituição de 1988, com ênfase nas duas dualidades; a seção 3 contempla o papel crucial da Justiça do Trabalho na administração do conflito trabalhista; a seção 4 discute o atual desenho da proteção social do emprego e a última seção apresenta algumas propostas de mudanças na regulação com o objetivo de alcançar um melhor equilíbrio entre eficiência e equidade no mercado de trabalho.

1. Mudanças introduzidas pela Constituição

O clima político que sucedeu o fim da ditadura militar influenciou todo o processo de elaboração da Constituição de 1988 e contribuiu para a inclusão de muitos dispositivos com o objetivo de assegurar direitos que o regime anterior havia ignorado, sonegado ou mesmo retirado. Não por acaso, o "garantismo" e a recuperação e a ampliação de conquistas se manifestaram mais intensamente nos temas sociais e trabalhistas. A extensão e o detalhamento do protecionismo social do texto constitucional têm pelo menos duas razões. De um lado, seria inevitável que muitos parlamentares usassem a nova Constituição para estabelecer de forma permanente — porque inseridas no texto — políticas públicas de combate à secular pobreza e à desigualdade social brasileira. De outro, pelo seu papel relevante na oposição ao regime autoritário, o movimento sindical e, por extensão, o PT se credenciaram como porta-vozes de peso e muito influentes no encaminhamento e no atendimento das demandas sociais.

A combinação desses fatores resultou em um texto constitucional muito generoso e detalhado nos seus dispositivos sociais e trabalhistas. A generosidade e a amplitude da proteção que se queria alcançar em 1988 levaram os constituintes a incluir até mesmo incongruências no texto final, algumas das quais serão mencionadas adiante. Para descrever a parte trabalhista do texto constitucional, dividiremos os dispositivos em três grupos: Direitos trabalhistas individuais; Direitos trabalhistas coletivos (representação de interesses); e Mecanismos de solução de conflitos.

1.1. Direitos trabalhistas individuais

A Constituição trata dos direitos trabalhistas em cinco artigos, do 7º ao 11º. Os direitos individuais estão no artigo 7º, que constitucionalizou muitos dos direitos trabalhistas existentes à época, transcrevendo dispositivos da CLT e de outros instrumentos legais, e criou outros direitos. O caput do artigo 7º diz "São direitos dos trabalhadores..." e é seguido por uma lista de 34 incisos. Alguns dos incisos consagram direitos concretos (como o 13º salário — inciso VIII). Outros estabelecem princípios de significado e de aplicação duvidosos, como "a proibição de distinção entre o trabalho manual, técnico e intelectual ou entre os profissionais respectivos" (inciso XXXII).

Entre os 34 direitos consagrados no artigo 7º, há três menções à negociação coletiva (incisos VI, XIII e XXVI). Os constituintes elegeram a lei (e no caso, a Lei Maior) como fonte de direitos dos trabalhadores, e, ao mesmo tempo, escolheram também a negociação coletiva para a mesma função. De certa forma, o reconhecimento simultâneo de duas fontes de direitos não deixa de ser curioso e até mesmo contraditório. Afinal, por que o texto constitucional precisaria ser tão detalhado nos direitos dos trabalhadores se ao mesmo tempo contempla a negociação coletiva para a mesma função? E mais: sendo a negociação coletiva uma fonte de direitos, e sendo o texto constitucional tão detalhado nos direitos individuais, por que não detalhou também os princípios balizadores para o processo negocial? E ainda: por que os constituintes não avançaram no aperfeiçoamento institucional dos atores da negociação coletiva, os sindicatos de trabalhadores e patronais? Esses pontos serão retomados mais adiante, na discussão dos direitos trabalhistas coletivos.

Um dos direitos estabelecidos no artigo 7º merece destaque pela sua importância em si e também pelas implicações no processo de votação de toda a Constituição. Trata-se do inciso primeiro do artigo 7º. Na versão preliminar, aprovada na Comissão de Sistematização e enviada ao plenário do Congresso, aquele inciso proibia a demissão arbitrária ou sem justa causa e, se aprovado, teria provocado uma mudança radical nas relações trabalhistas no país, pois, como se sabe, a CLT abrigava — e ainda abriga — o instituto da demissão sem justa causa, que permite aos empregadores demitir a qualquer tempo seu empregado, desde que paguem as verbas rescisórias. Passar da liberdade de demitir para a proibição de demitir simplesmente romperia a lógica interna do sistema.

Diante da possibilidade da introdução de uma mudança tão profunda, os constituintes mobilizaram uma ampla maioria no Congresso, que ficou conhecida como "Centrão", para modificar inicialmente e especificamente o texto do inciso primeiro. O "Centrão" se manteve depois de conseguir alterá-lo e foi com base na maioria desse bloco que os constituintes discutiram e aprovaram todo o texto constitucional.

O texto que prevaleceu e foi aprovado estabelece que os trabalhadores têm direito à proteção contra a demissão arbitrária ou sem justa causa e que, enquanto essa proteção não for regulamentada em lei complementar, o inciso I do artigo 10 das disposições transitórias estabelece a proteção por meio de elevação de 10% para 40% na multa do saldo no FGTS. A solução improvisada consagrou no texto constitucional o acúmulo de proteções (FGTS, multa de 40%, aviso prévio e seguro-desemprego) contra a demissão, que até hoje convivem com a faculdade patronal de demitir sem justa causa. Muitos autores têm mostrado que essa combinação cria incentivos à rotatividade e reforça a manutenção de relações de curto prazo e baixo nível de comprometimento recíproco (Campos et al., 2018).

1.2. Direitos trabalhistas coletivos (representação de interesses)

A estrutura sindical da CLT antes de 1988 se sustentava em quatro pilares: (a) unicidade sindical, (b) categorias econômicas e profissionais definidas em lei, (c) base territorial não inferior a um município e (d) financiamento compulsório por meio da contribuição sindical. Para criar um sindicato e obter a Carta Sindical, os trabalhadores deveriam formar uma associação, submeter seu estatuto ao Ministério do Trabalho e solicitar a transformação em sindicato. Se já houvesse um sindicato representando os trabalhadores da categoria na base territorial pretendida, a Carta Sindical não seria outorgada, a menos que o novo sindicato fosse um desmembramento de um sindicato atuando em mais de um município. Se a categoria da qual o novo sindicato seria o representante não existisse em lei, a

Carta não seria concedida, até que a lei a incluísse. Os recursos da Contribuição Sindical eram um incentivo à fragmentação, mas esta era controlada pelo limite espacial mínimo do município e pelo controle da definição legal de categorias econômicas/patronais e profissionais/trabalhistas.

No artigo 8º, a Constituição de 1988 manteve a compulsoriedade da contribuição sindical (inciso IV), a unicidade na base territorial (inciso II), o município como a menor base territorial para a existência do sindicato (inciso II), mas quebrou o controle do Estado sobre a definição de categoria (inciso II). Os trabalhadores podem definir autonomamente não apenas o território que o sindicato vai representar (respeitando o limite mínimo municipal), como também a própria categoria a ser representada. Além disso, a Carta de 1988 vedou a interferência do Poder Público na atividade sindical (inciso I) e permitiu que os sindicatos criassem outra contribuição, para custear o sistema confederativo de representação (inciso IV).

Os recursos da Contribuição Sindical acrescidos à contribuição confederativa aumentaram o incentivo econômico para a criação de novos sindicatos, a qual, a partir de 1988, passou a depender apenas da vontade dos grupos interessados, que podem se definir espacialmente e como categorias. O sistema antigo tinha uma lógica altamente intervencionista e controladora, e em troca do controle assegurava recursos para a sobrevivência das entidades sindicais. Era muito criticado inclusive em alguns setores sindicais porque os sindicatos brasileiros eram pouco representativos, carentes de legitimidade e dependentes das contribuições compulsórias. Havia à época da votação da Constituição a expectativa de que seriam aprimorados para formar um sistema mais representativo, capaz de se legitimar e de se sustentar.

O sistema que emergiu em 1988 manteve os piores defeitos do regime anterior. O sindicato continuou dependente de recursos coletados compulsoriamente e manteve a baixa representatividade e legitimidade. Mas a lógica do sistema anterior foi rompida: manteve-se e ampliou-se a garantia financeira, mas agora sem controles no processo de fragmentação. A competição pelas contribuições acirrou o processo de fragmentação e multiplicou a quantidade de pequenas entidades sindicais em todo o território nacional. A Constituição de 1988 substituiu a fragmentação controlada pela fragmentação descontrolada.

Embora não tenha contemplado o aperfeiçoamento da representação coletiva de interesses, a Constituição ampliou o espaço de representação para níveis superiores e também para espaços infrafirmas. No artigo 10, apesar dos defeitos conhecidos na representatividade das entidades sindicais patronais e trabalhistas, a Constituição tornou obrigatória a representação sindical de empregadores e trabalhadores nos colegiados de órgãos públicos como o Codefat, o Conselho Curador do FGTS, o Conselho Nacional da Previdência Social e outros assemelhados, que se tornaram instituições tripartites.

No nível interno às firmas, os constituintes asseguraram, no artigo 11, a eleição de um representante dos empregados (nas empresas com mais de duzentos empregados) com a finalidade de "promover o entendimento direto com os empregadores". O representante previsto nesse artigo não é, formalmente, um representante sindical, embora nada impeça que um sindicalista venha a ser eleito para esse posto. A eleição de representantes não tinha sido regulamentada até a sanção da Lei 13 467/2017 (Reforma Trabalhista), que tratou da matéria.

Um dos maiores defeitos do sistema brasileiro de relações de trabalho é a ausência de garantias para a representação de interesses dos trabalhadores no local de trabalho ou na empresa. Esse defeito é, em parte, responsável pela dificuldade que as empresas brasileiras têm para administrar os conflitos inerentes à relação de trabalho e pelo tratamento litigioso das divergências entre gestores e empregados. E é, também em parte, responsável pelas altas taxas de rotatividade da mão de obra em nosso país. Para entender de forma simples e direta a importância de instituir mecanismos de diálogo e de negociação para tratar os pequenos conflitos trabalhistas, costuma-se usar o dilema entre sair ou vocalizar (*exit-voice*, Freeman e Medof, 1984). Como não temos o costume de negociar e administrar esses conflitos, os trabalhadores preferem sair (*exit*). Se pudéssemos montar procedimentos para tratá-los, os trabalhadores poderiam vocalizar suas demandas (*voice*) e ficar, se alcançassem uma solução negociada. As implicações da predominância de um ou outro mecanismo são relevantes não apenas para a rotatividade, mas também para o crescimento da produtividade do trabalho. Ambientes nos quais predomina o "sair" tendem a gerar vínculos de curta duração e são pouco propícios ao investimento em capital humano. Por outro lado, ambientes com possibilidade de "vocalizar", que abrem espaço para explicitar os conflitos e encaminhar soluções, produzem relações mais duradouras e incentivos ao crescimento da qualidade do trabalho. Embora a Constituição de 1988 não tenha cuidado adequadamente do aprimoramento da representação coletiva de interesses fora da empresa, deixou, com o artigo 11, aberto o caminho para a criação de mecanismos de gestão interna de conflitos.

1.3. Relações de trabalho na administração pública

A Constituição faz uma distinção clara entre "servidores públicos" e "trabalhadores". Formalmente, "servidores públicos" não são "trabalhadores". O artigo 7º estabeleceu os 34 direitos constitucionais dos trabalhadores. O artigo 39 selecionou cartoze daqueles incisos para os servidores públicos. Levando-se em conta apenas a quantidade de direitos seria possível inferir que a Constituição tratou mais generosamente os trabalhadores do que os funcionários públicos. No entanto, não devem passar despercebidos pelo menos dois conjuntos de vantagens exclusivas aos funcionários públicos, que criaram uma grande diferença entre os dois grupos. O primeiro conjunto é a segurança no emprego. Enquanto o artigo 7º garantiu para os trabalhadores proteção contra a demissão sem justa causa, o artigo 41 deu estabilidade no emprego aos funcionários públicos. É verdade que a estabilidade não é absoluta, pois depende do "resultado de avaliação periódica de desempenho" (inciso 3, parágrafo 1º do artigo 41). Na prática, porém, a estabilidade dos funcionários públicos é incondicional e independente do desempenho e, além disso, a simples continuidade no emprego garante aumentos automáticos por tempo de serviço.

O segundo é o sistema de aposentadorias e pensões (artigo 40), que garantiu até recentemente a integralidade dos benefícios e a paridade nos reajustes. Quando promulgada, a Constituição tornou estáveis todos os funcionários não estatutários (ou seja, admitidos sem concurso), o que, combinado com a reciprocidade na contagem do tempo de contribuição, causou nos anos seguintes um crescimento vertiginoso na quantidade de aposentados e nos gastos com benefícios do funcionalismo público.

O texto constitucional estabelece um grupo de princípios para a administração que, no entanto, se revelaram pouco operacionalizáveis e produziram "ilhas" de quase autogestão nos recursos humanos sobre as quais o conjunto da população tem pouco ou nenhum controle. Ao contrário do tratamento dado aos sindicatos de trabalhadores, a Constituição é omissa tanto na regulamentação da representação coletiva de interesses quanto na gestão de conflitos na administração pública. Essa omissão, combinada com a centralização de algumas atividades, que produz gigantescas categorias de funcionários públicos, tem contribuído para a politização e a exacerbação do conflito. São frequentes as longas greves de categorias como professores, profissionais da saúde, servidores do INSS e da Receita Federal etc., que infligem prejuízos graves à população em geral.

A não inclusão dos servidores públicos no artigo 7º, que estabelece os direitos dos "trabalhadores", não deixa de ser simbólica: os parlamentares "constitucionalizaram" a segmentação. A distinção continua clara no tratamento dado aos direitos coletivos. De um lado, para os "trabalhadores" há o artigo 8º, que constitucionalizou o status dos sindicatos patronais e de trabalhadores, mantendo a unicidade e a contribuição compulsória. De outro lado, em relação aos sindicatos de funcionários públicos e aos seus direitos coletivos, há total omissão constitucional.

2. As dualidades do mercado de trabalho brasileiro

A Constituição de 1988 cristalizou as antigas dualidades do mercado de trabalho brasileiro — público versus privado e formal versus informal — e criou uma indefinição na prevalência do legislado versus o negociado nas relações trabalhistas. Essas contradições marcaram os resultados do mercado de trabalho nas décadas seguintes.

De um lado, o tratamento diferenciado dado aos funcionários públicos em relação aos do setor privado implicou a ausência da disciplina de mercado nas relações de trabalho entre os primeiros e a sua presença entre os últimos. Tal discrepância tem consequências de eficiência e equidade. Primeiro, afeta a autosseleção por ocupação e melhores talentos são atraídos para a administração pública. Segundo, a ausência de fatores disciplinadores de mercado afeta a produtividade da mesma.

De outro lado, a regulação trabalhista e o sistema de proteção social do emprego provocam o surgimento de relações trabalhistas à margem da lei, isto é, de informalidade, num ambiente de heterogeneidade de trabalhadores. Trata-se de um quadro que afeta a alocação de talentos e tecnologias entre os setores e provoca incentivos perversos para ganhos de produtividade em cada setor: rotatividade dentro do formal e insegurança do emprego dentro do informal.

O Gráfico 1 a seguir apresenta a evolução da proporção dos ocupados no Brasil por posição na ocupação de 1992 a 2015.

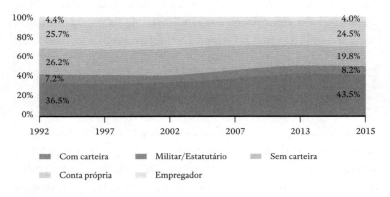

Gráfico 1 —Posição na ocupação: Proporção de ocupados no Brasil

FONTE: Pnad/IBGE.

Ao longo desse período, a proporção de militares e estatutários aumentou de 7,2% em 1992 para 8,2% em 2015. A proporção de ocupados com carteira de trabalho assinada aumentou de 36% em 1992 para cerca de 44% em 2015. A proporção de trabalhadores sem carteira de trabalho diminuiu de 26% em 1992 para 20% em 2015. Por sua vez, a proporção de trabalhadores por conta própria oscilou entre 24% e 26% no período. Interessante ressaltar que, mesmo no auge, entre 2011 e 2015, a formalização alcançou apenas cerca da metade dos trabalhadores brasileiros.

Em média, os funcionários públicos são mais escolarizados que os demais trabalhadores. O Gráfico 2 apresenta os anos médios de escolaridade por posição na ocupação em 1992 e 2015.

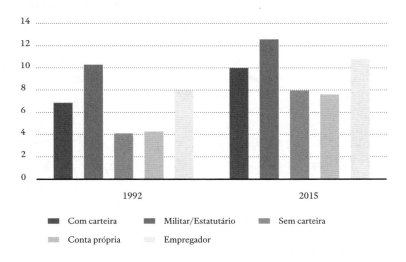

Gráfico 2 — Anos de escolaridade médios

FONTE: Pnad/IBGE.

Primeiro, nota-se no Gráfico 2 que houve um aumento da escolaridade média dos trabalhadores brasileiros para todas as posições na ocupação no período. Segundo, a diferença relativa de escolaridade entre as posições na ocupação permaneceu praticamente inalterada entre esses anos. Em 2015, os militares/estatutários tinham um pouco mais de doze anos de escolaridade (ao menos algum nível superior), os empregados com carteira tinham dez anos de escolaridade (algum nível médio) e os empregados sem carteira e conta própria tinham cerca de oito anos de escolaridade (fundamental completo).

Como se vê, há uma forte associação entre formação educacional e posição na ocupação.

Os Gráficos 3 e 4 apresentam as evoluções salariais por posição na ocupação por anos selecionados entre 1992 e 2015. O Gráfico 3 apresenta os salários médios mensais em valores de 2015 e o Gráfico 4 apresenta o diferencial de salários com controles de anos de escolaridade, idade, cor e gênero. O grupo de referência é o de empregados com carteira de trabalho.

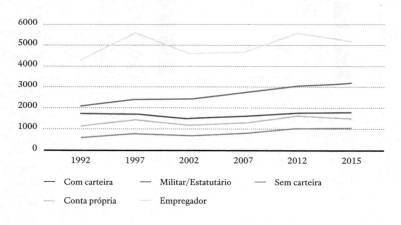

Gráfico 3 — Renda mensal média por posição na ocupação — Brasil (preços de 2015, em R$)

FONTE: Pnad/IBGE.

Os empregadores são os que possuem maiores rendimentos do trabalho. Em relação aos empregados, os funcionários públicos são os que auferem maiores salários, seguidos dos empregados com carteira.

Duas observações merecem destaque. Primeiro, os salários reais se mantiveram praticamente estáveis ao longo desse período para todas as posições na ocupação com exceção dos

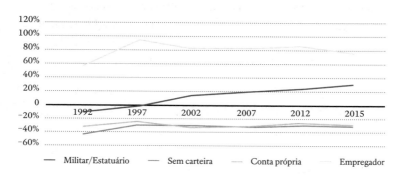

Gráfico 4 — Diferenciais de renda do trabalho com controles — Brasil (grupo de referência: com carteira)

FONTE: Pnad/IBGE.

militares/estatutários. Com efeito, essa foi a única categoria a ter ganhos reais de salário. Ademais, esses ganhos diferenciais de salário não são completamente explicados pelo diferencial favorável de anos de escolaridade. O Gráfico 4 mostra que nos anos 1990, uma vez controlados por anos de escolaridade, os salários dos funcionários públicos e empregados com carteira eram iguais em média. A partir de então, esse diferencial de salário aumentou e o rendimento dos funcionários públicos alcançou um patamar de mais de 20% acima dos com carteira em 2015.

Segundo, os empregados sem carteira de trabalho e os trabalhadores por conta própria auferem rendimentos do trabalho semelhantes e inferiores aos trabalhadores com carteira. Essa diferença é estável ao longo do período e não é totalmente explicada pelo diferencial de educação. Quem não tem registro ganha, em média, 30% a menos que os trabalhadores com carteira de trabalho (para indivíduos com o mesmo grau de instrução).

Ademais, há uma distribuição muito desigual do tamanho das firmas associada à informalidade dos trabalhadores. A grande maioria dos trabalhadores informais está em firmas de até quatro empregados, como apresentado na Tabela 1 abaixo (Ulyssea, 2015).

Tabela 1 — Firmas e Postos de Trabalho — Brasil 2003

	Fonte	Dados
Proporção:		
Empresas informais	Ecinf e Rais	69%
Distribuição de tamanho: setor informal		
Até 1 empregado	Ecinf	85%
Até 2 empregados	Ecinf	96%
Até 4 empregados	Ecinf	99%
Distribuição de tamanho: setor formal		
Até 1 empregado	Rais	30%
Até 3 empregados	Rais	56%
Até 7 empregados	Rais	77%
Até 31 empregados	Rais	95%

FONTE: Ulyssea, 2015.

Além disso, a grande maioria dos trabalhadores formais trabalha em empresas pequenas. A Tabela 1 mostra que, por exemplo, 77% dos empregados formais trabalhavam em estabelecimentos de até sete empregados em 2003.

Os empregos informais são geralmente precários e com baixa proteção ao trabalhador. A dualidade formal/informal tem persistência temporal. O trabalhador transita frequentemente entre a informalidade, o trabalho por conta própria e/ou a desocupação. Contudo, a transição do informal para o formal não é frequente. Como ilustração, a Tabela 2 abaixo apresenta a proporção de trabalhadores segundo a posição na ocupação em um dado ano e sua posição no ano seguinte. São transições de trabalhadores homens de 25 a 55 anos de idade para os anos de 2011 a 2014, nas regiões metropolitanas do país. Do total de trabalhadores informais, 44% permanecem informais e 22,34% transitam para o trabalho por conta própria no ano seguinte. Por outro lado, a formalidade é bastante persistente. A mesma Tabela 2 mostra que do total de trabalhadores formais em um dado ano, 93% permanecem com emprego formal no ano seguinte.

Tabela 2 — Transição entre os setores e conta própria entre a primeira e quinta entrevista para homens de 25 a 55 anos

Transição entre 2011 e 2014

Primeira entrevista	Quinta entrevista			
	Formal (%)	Informal (%)	Conta própria (%)	Total
Formal	93,09	3,3	3,6	28245
Informal	33,64	44,02	22,34	3962
Conta própria	10,44	8,48	81,07	9220
Total	28590	3459	9378	41427

FONTE: Pesquisa Mensal de Emprego (PME), 2002 a 2004 e 2011 a 2014. Elaborado pelos autores.

A dualidade formal/informal cria um ambiente de *insiders/outsiders* no qual os trabalhadores não têm a mesma proteção social. Ademais, a nossa legislação também cria incentivos para que trabalhadores formais se desliguem com frequência das firmas. As regras de seguro-desemprego conjuntamente com a multa do FGTS fazem com que haja o recebimento de um prêmio monetário pelo desligamento. Para muitos trabalhadores esse embolso passa a ser mais atrativo que a permanência em uma mesma relação de trabalho. Com efeito, em 2013, em média, 46,4% dos trabalhadores ficaram menos de seis meses no emprego e 66% ficaram menos de um ano (MTE/Rais: Dieese). Essa alta rotatividade é prejudicial aos ganhos de produtividade, pois a ausência de relações duradouras de trabalho faz com que as firmas não queiram investir no capital humano dos seus trabalhadores e as partes não desenvolvam relações de confiança indutoras de acordos de ganhos mútuos.

3. O conflito trabalhista e a Justiça do Trabalho

A marca mais característica do sistema brasileiro de relações de trabalho é a excessiva litigiosidade no tratamento de conflitos de caráter individual e até recentemente também nos de caráter coletivo. Na verdade, desde sua concepção, o sistema considera a divergência e o conflito como algo nocivo e até mesmo doentio, que deve ser extirpado do local de trabalho e remetido para fora. Tanto o pequeno conflito individual, decorrente das relações entre chefe e subordinado, quanto o impasse na negociação da data-base são remetidos para fora. Dessa concepção, que nega a natureza intrinsecamente conflituosa da relação de trabalho, decorre o papel exageradamente relevante que a Justiça do Trabalho assumiu. Sociedades com tradição menos legalista no trato da relação de trabalho aceitam o conflito trabalhista com mais naturalidade e procuram administrá-lo com mecanismos autônomos e não dependentes do Estado e/ou da Justiça.

3.1. Conflitos individuais

Não havendo bases institucionais e legais para tratamento interno das divergências, o conflito é remetido para a instituição criada para recebê-lo. Não havendo possibilidade de "vocalizar", o caminho que resta aos trabalhadores tem sido o de "sair" e, com muita frequência, apresentar uma reclamação para o juiz. É por essa razão que temos um número sempre crescente de reclamações trabalhistas e a Justiça do Trabalho não para de crescer. Infelizmente, a Constituição de 1988 não se preocupou com a litigiosidade e não adotou medidas para sua redução. O Gráfico 5 apresenta uma visão quantificada da litigiosidade nos conflitos individuais.

As barras verticais representam a quantidade de empregos no regime da CLT (sobre os quais a Justiça do Trabalho tem jurisdição), ao longo do período entre 1990 e 2017. A linha sólida representa a quantidade de novas reclamações nas Varas do Trabalho e a linha pontilhada representa a taxa de reclamações (relação entre a quantidade de reclamações e a quantidade de empregos nos respectivos anos). Nos anos recentes, a quantidade de reclamações se aproximou da marca de 3 milhões por ano e a taxa de reclamações está em torno de 7,6%.

Os números mostram que, para cada cem empregos sob a CLT, há quase oito reclamações novas na Justiça do Trabalho, a cada ano. É muito provável que muitas dessas reclamações pudessem ser resolvidas sem a necessidade de intervenção da Justiça do Trabalho. Se assim fosse, isto é, se os trabalhadores começassem a substituir o "sair" pelo "vocalizar", as relações de trabalho seriam aprimoradas, a rotatividade declinaria e a produtividade do trabalho seria maior. Em acréscimo, pouparíamos parte dos recursos hoje gastos na operação da Justiça do Trabalho, cujo tamanho poderia ser reduzido em decorrência da redução da litigiosidade.

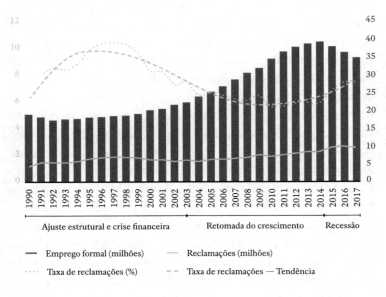

Gráfico 5 — Emprego CLT e reclamações trabalhistas — Brasil (1990-2017)

FONTE: TST.

3.2. Conflitos coletivos

Assim como no conflito individual, nosso modelo de relações de trabalho considera o impasse na negociação coletiva como algo a ser evitado, se necessário por meio da intervenção da Justiça do Trabalho. O instrumento utilizado para acionar a Justiça do Trabalho era a instauração do Dissídio Coletivo, que foi preservado pela Constituição de 1988. Sua utilização era muito frequente, a tal ponto que as pessoas se referem ainda hoje ao "mês do dissídio" quando querem se referir ao mês da data-base. A quantidade de dissídios coletivos instaurados caiu drasticamente depois do Plano Real e sofreu nova queda a partir da Emenda 45, responsável por uma importante mudança de regra. Antes dela, bastava uma das partes solicitar e o dissídio seria aberto, mesmo que a outra parte não concordasse. A partir da Emenda 45, o dissídio somente pode ser instaurado se as duas partes o solicitarem. Essa mudança teve impacto muito significativo e reduziu drasticamente a intervenção da Justiça do Trabalho nas disputas coletivas, o que é mostrado pelos gráficos a seguir.

Os dados aqui coletados permitem fazer duas inferências. A primeira, a partir da expressiva queda na quantidade de dissídios, é que o pressuposto do nosso sistema de que o conflito deve ser remetido "para fora" não se justifica. A modificação na regra de instauração do dissídio mostra que as disputas trabalhistas nas datas-base têm sido resolvidas em geral diretamente entre as partes, sem necessidade de interferência de terceiros. A segunda é que a dependência em relação à Justiça do Trabalho nas disputas individuais acarreta custos para a sociedade que poderiam ser evitados. Esses custos são de três tipos. O primeiro deriva da operação do sistema em si, pois a Justiça do Trabalho abrange uma estrutura gigantesca que custa cerca de 20 bilhões de reais por ano. O segundo são os custos decorrentes do viés protecionista da Justiça do Trabalho, que permite ganhos oportunistas e improdutivos aos diversos grupos interessados. Finalmente, o terceiro são os custos que derivam da predominância do "sair" sobre o "vocalizar", para os quais a facilidade de recorrer à Justiça do Trabalho muito contribui.

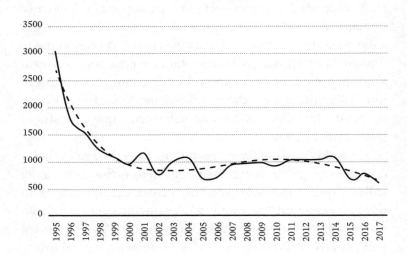

Gráfico 6 — Dissídios recebidos nos TRTs (1995-2017)

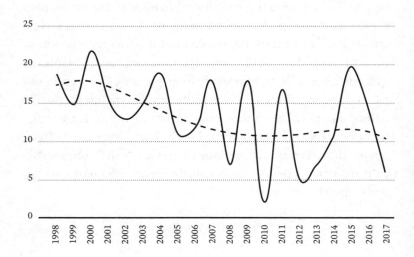

Gráfico 7 — Dissídios recebidos no TST (1998-2017)

FONTE: TST.

4. A proteção social ao emprego formal

A Constituição de 1988 estabeleceu um sistema de proteção social ao emprego amplo e generoso, que abrange uma política de transferência de renda ao desempregado (seguro--desemprego), uma poupança compulsória do trabalhador (FGTS), indenização ao empregado demitido e multa ao empregador por demissão (multa do FGTS) e subsídio ao emprego (abono salarial). Todos esses mecanismos são garantidos para o empregado formal.

O seguro-desemprego, regulado pelo artigo 7º dos Direitos Sociais da Constituição Federal, garante assistência financeira temporária ao trabalhador dispensado involuntariamente. Os requisitos para usufruto do benefício, além da demissão sem justa causa, se referem ao número de meses com emprego formal no período anterior à demissão. O número de meses cobertos pelo seguro varia de acordo com a duração observada no emprego formal e a quantidade de vezes que o trabalhador apelou ao mecanismo.

O FGTS é mecanismo de poupança compulsória que recolhe mensalmente o equivalente a 8% do rendimento formal do empregado. Essa poupança pode ser utilizada em caso de desemprego.

A multa do FGTS impõe ao empregador uma penalidade equivalente a 50% do valor acumulado no fundo durante o período em que o trabalhador ocupou determinado posto formal no caso de sua demissão sem justa causa. Desse montante, quarenta pontos percentuais são depositados para o trabalhador e dez pontos são direcionados ao setor público.

Por fim, o abono salarial é um subsídio ao trabalho para empregados no setor formal com baixa remuneração. É um benefício anual de um salário mínimo ao qual têm direito todos os empregados com carteira assinada ou estatutários que tenham trabalhado pelo menos um mês no ano de referência e recebido uma remuneração por mês trabalhado de até dois salários mínimos.

Embora, vistas isoladamente, cada política tenha a sua racionalidade e sentido, em conjunto elas criam incentivos contraditórios e resultados perversos não intencionais. Em particular, enquanto o abono salarial é um incentivo à permanência no emprego formal, as regras do seguro-desemprego associadas às regras do recebimento da multa do FGTS criam incentivos aos desligamentos e à alta taxa de rotatividade do emprego.

A proteção conhecida como seguro-desemprego recebe esta denominação (seguro) porque tem como objetivo cobrir o risco do desemprego. Os países que o adotam estabelecem o valor da contribuição (ou seja, do prêmio, na linguagem securitária) em função do tamanho do risco e da probabilidade da ocorrência do sinistro (o desemprego). As seguradoras utilizam o mesmo princípio para precificar suas apólices e cobrir quaisquer riscos. Por essa razão, o prêmio (a apólice) do seguro de automóvel, por exemplo, é tanto mais caro quanto maior o valor do automóvel (tamanho do risco) e quanto maior a probabilidade de ocorrência do sinistro (ou seja, acidente). No seguro-desemprego, o valor da contribuição deve ser proporcional ao valor coberto da folha de salários e também à frequência de desligamentos na empresa (taxa de rotatividade). Esse desenho do seguro-desemprego é o padrão internacional.

O financiamento do seguro-desemprego brasileiro, no entanto, funciona de modo diferente. A matéria é contemplada no artigo 239 da Constituição Federal, que destina a arrecadação dos programas PIS e Pasep para o Fundo de Amparo ao Trabalhador (FAT), que por sua vez financia o seguro-desemprego e o abono salarial. O Brasil escolheu financiar seu seguro desemprego por meio de contribuição incidente sobre o faturamento ou sobre o valor adicionado das empresas, provocando distorções desnecessárias. Por exemplo, uma empresa que utiliza tecnologia de ponta, pouca mão de obra e tem taxas pequenas de rotatividade contribui proporcionalmente mais que uma outra, que tenha altas taxas de rotatividade e seja intensiva em trabalho.

O PIS e o Pasep já existiam desde 1970 e, no processo de elaboração da Constituição, houve uma disputa entre diversos grupos que queriam se "apropriar" da destinação de seus recursos. Venceu a disputa o grupo que defendia a destinação daquelas contribuições para o seguro-desemprego. Ao mesmo tempo, foi acrescentado ao citado artigo 239 o parágrafo 1º que destinou 40% da arrecadação do PIS/Pasep ao BNDES para financiar os programas de fomento do banco. Trata-se de um sistema generoso. Apenas os gastos com seguro-desemprego, multa do FGTS e abono salarial alcançaram cerca de 67 bilhões de reais em 2015, o que correspondeu a cerca de 1,1% do PIB daquele ano.

5. Diagnóstico e problemas em aberto

O país chega ao final da segunda década do século XXI com muitos dos problemas do mercado de trabalho do século XX. Em particular, com as mesmas dualidades tão marcantes do mercado de trabalho brasileiro, com consequências de eficiência alocativa e de redistribuição. Na agenda de políticas públicas no campo do trabalho permanecem, como prioridades, a eliminação ou redução dessas dualidades, a proteção de todos os trabalhadores incluindo quem é ou está desprotegido, a redução das distorções no mercado de trabalho e a ampliação da proteção relativa aos trabalhadores de rendimentos mais baixos.

Na dualidade público versus privado, é preciso reduzir as distorções que levam a privilégios e redistribuições concentradoras de renda, além de criar incentivos para ganhos de eficiência e produtividade no setor público. Na dualidade formal versus informal, temos que minimizar as distorções do custo da formalização do trabalho.

No campo da representação coletiva dos interesses, o país precisaria estabelecer o regime de liberdade sindical e, ao mesmo tempo, desconstitucionalizar a regulação da atividade sindical. A existência de restrições à livre organização e de regras sobre o financiamento sindical impede que o Brasil assine a Convenção 87, que trata dessa questão e é considerada como a mais importante das convenções da OIT. Seria muito importante assegurar a atividade sindical tanto dos trabalhadores como dos empregadores e a representatividade e a sustentabilidade das entidades sindicais.

Com a Reforma Trabalhista (Lei 13 467/2017), o país iniciou um movimento em direção à diversificação das fontes de direitos trabalhistas. Precisaríamos assegurar a prevalência do negociado sobre o legislado e, para completar a reforma, seria importante aperfeiçoar o processo da negociação coletiva, estabelecendo regras de conduta recíprocas tanto para a mesa de negociação quanto para os momentos de impasse. O aperfeiçoamento da regulamentação da greve e o estabelecimento de mecanismos de solução de conflitos coletivos completariam o arcabouço institucional para a negociação coletiva.

Para consolidar esse movimento, o país terá que reconsiderar a conduta e o papel assumido pela Justiça do Trabalho no pós-1988. O artigo 1º da Constituição estabelece cinco princípios fundamentais, entre os quais está o da dignidade da pessoa humana. A Justiça do Trabalho tem invocado esse princípio, entre outros, para justificar e para guiar sua interpretação da própria Constituição e da legislação trabalhista e para a produção de súmulas e jurisprudência, frequentemente invadindo o terreno do Poder Legislativo e reduzindo o espaço da negociação coletiva.

A Reforma Trabalhista introduziu importantes aperfeiçoamentos no Processo de Trabalho, que em pouco tempo já tiveram impacto na redução da litigiosidade. Seria possível reduzi-la mais ainda se os atores sociais construíssem mecanismos negociados de solução de conflitos trabalhistas individuais. A evolução da negociação coletiva deve se encaminhar, portanto, para a criação desses mecanismos, que reduziriam nossa dependência em relação à Justiça do Trabalho.

Finalmente, será preciso reconsiderar a tributação sobre a folha para financiar o sistema de aposentadorias e de outros programas, pois ela tem impactos negativos na eficiência alocativa do mercado de trabalho. Por essa razão, seria importante conduzir articuladamente a Reforma da Previdência e a Reforma Tributária com o aperfeiçoamento institucional do mercado de trabalho. Essa é uma necessidade atual e, mais ainda, será uma necessidade do mercado de trabalho futuro. A informatização e a digitalização das relações de trabalho apontam para um cenário de substituição do tradicional vínculo de emprego por outras formas de contratação de trabalhadores. É provável que as plataformas digitais e outros recursos informatizados tornem obsoleta a regulamentação do mercado de trabalho que existe hoje. Igualmente, tornarão obsoleto o financiamento da aposentadoria por meio de contribuições sobre a folha de salários. Ambos os sistemas foram construídos com base no vínculo de emprego tradicional que, tudo indica, deixará de ser a forma preponderante de contratação. Em 1988, esse cenário inexistia no horizonte dos constituintes. O texto detalhado que produziram, se já é anacrônico hoje, será muito mais antiquado daqui a trinta anos.

Referências bibliográficas

BARROS, R. P.; COUTINHO, D.; FINAMOR, L.; LIMA, L.; SOUZA, A. P. ; ULYSSEA, Gabriel. "Rede de proteção ao trabalhador no Brasil: Avaliação ex-ante e proposta de redesenho". Seminário FGV/EESP Clear working Paper, nov. 2016.

CAMPOS, André G.; CORSEUIL, Carlos Henrique L.; FOGUEL, Miguel N.; ZYLBERSTAJN, Hélio. "Instituições trabalhistas e produtividade do trabalho". In: DE NEGRI, João Alberto; ARAÚJO, Bruno César; BACELETTE, Ricardo (Orgs.). *Desafios da nação: Artigos de apoio*, v. 2. Brasília: Ipea, 2018.

FREEMAN, Richard B.; MEDOFF, James L. *What Do Unions Do?*. Nova York: Basic Books, 1984.

NORTH, Douglass C. "Institutions". *Journal of Economic Perspectives*, v. 5, n. 1, pp. 97-112, inverno 1991.

ULYSSEA, Gabriel. *Firms, Informality and Development: Theory and Evidence from Brazil*, 2015. Disponível em: <https://economics.yale.edu/sites/default/files/ulysseadecember2014.pdf>. Acesso em: 30 jan. 2019.

VIII.
A Constituição Federal de 1988 e a Previdência Social

Paulo Tafner (Fipe/USP)

A Constituição Federal de 1988 definiu um amplo programa de proteção social à semelhança do *Welfare State* europeu. Desde então, três importantes emendas constitucionais e algumas leis infraconstitucionais conformaram o desenho institucional da seguridade no Brasil. De lá para cá, houve expansão da cobertura previdenciária, sobretudo entre idosos, e acentuado crescimento da despesa. O presente capítulo resgata um pouco dessa história e procura analisar os efeitos do crescimento da cobertura e das despesas previdenciárias.

Na primeira seção apresentamos e discutimos as principais alterações institucionais introduzidas na Constituição Federal de 1988 (CF/88). Para adequada compreensão do tema apresentamos, de forma sumarizada, o aparato institucional que passou a regular nosso sistema de Seguridade Social.

Na segunda seção apresentamos as principais mudanças institucionais ocorridas desde então, buscando destacar, sempre que possível, os possíveis impactos em termos de quantidade de benefícios e despesa.

Na terceira seção destacamos o papel proeminente da mudança demográfica no equilíbrio de sistemas previdenciários em regime de repartição, com ênfase no caso brasileiro. Procuraremos fornecer elementos básicos com o intuito de deixar clara a pressão de financiamento de nosso sistema em decorrência da mudança demográfica pela qual já está passando o país.

231

Na quarta seção fazemos uma breve apresentação da evolução da quantidade de benefícios previdenciários. Secundariamente procuramos apresentar dados sobre a cobertura previdenciária no país. Na seção final apresentamos as principais conclusões.

1. A Constituição Federal de 1988: O que ela definiu?

A Constituição Federal de 1988 foi elaborada e votada sob a égide da superação de um período de governos militares, com forte ímpeto distributivista, paternalista e elitista. O cidadão foi considerado hipossuficiente em todas as suas dimensões e cabia ao Estado prover sua subsistência. Poucas foram as considerações acerca do custo e da capacidade da sociedade de atender as demandas expressas no texto constitucional.

Em termos previdenciários, a CF/88 consagrou o princípio de que o sistema operaria em regime de repartição simples, cabendo aos ativos financiarem o pagamento de benefícios. A lógica que norteou o texto constitucional foi o estabelecimento de um sistema amplo de proteção social sob o título genérico "Seguridade Social". A seguridade está consagrada como "direito social" no artigo 6º da CF/88.[1] Sua definição encontra amparo nos artigos 194 a 204 e compreende um conjunto integrado de ações dos poderes públicos e da sociedade, com o objetivo de assegurar os direitos relativos à saúde, à previdência social e à assistência social, que são seus componentes básicos, sinteticamente definidos a seguir:[2]

---

1 Art. 6º São direitos sociais a educação, a saúde, o trabalho, o lazer, a segurança, a previdência social, a proteção à maternidade e à infância, a assistência aos desamparados, na forma desta Constituição.   2 Segundo Leite (1992, p. 1) trata-se de um conjunto de medidas destinadas a atender as necessidades básicas do ser humano, ou nas palavras de Tavares (2006): "o mínimo de condição social necessária a uma vida digna, atendendo ao fundamento da República contido no art. 1º, III, da CF".

- Seguro social (ou previdência social) — programa de pagamentos feitos ao indivíduo como compensação da perda de capacidade laborativa, desemprego involuntário, reclusão ou morte daqueles de quem dependia economicamente. A perda da capacidade laborativa está relacionada à incapacidade, à idade avançada, ao tempo de serviço e à maternidade. As pessoas que recebem este benefício são os "segurados" e contribuem com parte da sua renda[3] para o seguro social (salário contribuição). A existência de um salário de contribuição, com alguma relação com o valor dos benefícios a receber, caracteriza um vínculo contributivo.

- Assistência social — programa de pagamentos em dinheiro, distribuição de bens in natura e de prestação de serviços, distribuídos segundo o critério de necessidade, sem vínculo contributivo. Este programa tem por objetivo prover o atendimento das necessidades básicas do indivíduo através da proteção à família, à maternidade, à infância, à adolescência, à velhice e à pessoa portadora de deficiência.

- Saúde — conjunto de políticas e ações de natureza médica, sanitária e nutricional com o objetivo de prevenir e curar os problemas do bem-estar físico e mental primeiramente do indivíduo e secundariamente de seus familiares, além de reduzir o risco de doença e de outros agravos. Entendido de forma mais ampla, pode também compreender ações voltadas para a saúde pública.

---

3 Um empregado paga uma alíquota média de cerca de 9,6% sobre seu salário, limitado ao teto atualmente fixado em 5839,45 reais em janeiro de 2019. O empregador recolhe sobre todo o salário, sem teto, a contribuição correspondente à incidência da alíquota de 20%. Há alguns regimes especiais. Por exemplo, empregados domésticos recolhem entre 8% e 11% e o empregador recolhe 8%. Além disso, há também regimes tributários especiais, como o Simples, com alíquotas diferenciadas.

Em síntese, em termos de benefícios previdenciários e assistenciais, a CF/88 garantiu a todos — independentemente de sua contribuição — um benefício mínimo equivalente a um salário mínimo e elevou de meio para um salário mínimo o benefício rural, reduzindo em cinco anos a idade para sua obtenção.[4] A CF/88 também trata da previdência dos servidores públicos, estabelecendo regras previdenciárias extremamente benevolentes, entre as quais o direito à aposentadoria com remuneração integral e ao reajuste dos benefícios (aposentadorias e pensões) nas mesmas datas e percentuais conferidos aos servidores ativos:

Art. 40. O servidor será aposentado:

I — por invalidez permanente, sendo os proventos integrais quando decorrentes de acidente em serviço, moléstia profissional ou doença grave, contagiosa ou incurável, especificadas em lei, e proporcionais nos demais casos;

II — compulsoriamente, aos setenta anos de idade, com proventos proporcionais ao tempo de serviço;

III — voluntariamente:

a) aos trinta e cinco anos de serviço, se homem, e aos trinta, se mulher, com proventos integrais;

b) aos trinta anos de efetivo exercício em funções de magistério, se professor, e vinte e cinco, se professora, com proventos integrais;

c) aos trinta anos de serviço, se homem, e aos vinte e cinco, se mulher, com proventos proporcionais a esse tempo;

---

4 A busca pelo direito de aposentadoria — em decorrência do aumento do valor do benefício — fez com que dobrasse o número de aposentadorias por idade entre 1991 e 1994. Poucos anos depois, o valor real do salário mínimo também dobrou. Assim, num breve intervalo de tempo a despesa com aposentadorias rurais por idade se multiplicou por oito.

d) aos sessenta e cinco anos de idade, se homem, e aos sessenta, se mulher, com proventos proporcionais ao tempo de serviço.

§ 1º Lei complementar poderá estabelecer exceções ao disposto no inciso III, a e c, no caso de exercício de atividades consideradas penosas, insalubres ou perigosas.

[...]

§ 4º Os proventos da aposentadoria serão revistos, na mesma proporção e na mesma data, sempre que se modificar a remuneração dos servidores em atividade, sendo também estendidos aos inativos quaisquer benefícios ou vantagens posteriormente concedidas aos servidores em atividade, inclusive quando decorrentes da transformação ou reclassificação do cargo ou função em que se deu a aposentadoria, na forma da lei.

§ 5º O benefício da pensão por morte corresponderá à totalidade dos vencimentos ou proventos do servidor falecido, até o limite estabelecido em lei, observado o disposto no parágrafo anterior.

Os efeitos da CF/88 começaram a ser percebidos imediatamente. De início — já nos primeiros anos pós-Constituição — entre funcionários públicos e, a partir de 1990, também entre trabalhadores da iniciativa privada e trabalhadores rurais.

De 1988 a 1994 (seis anos apenas) os gastos previdenciários com servidores públicos (de União, estados e municípios) mais do que triplicaram, isto é, saltaram de 0,8% para 2,4% do PIB. Para os trabalhadores do setor privado, a despesa previdenciária dobrou, indo de 2,5% para 4,9% do PIB, no mesmo período.

Diante dos maiores gastos decorrentes das regras estabelecidas pela CF/88 e do processo de envelhecimento que se iniciara no final dos anos 1980, os governos passaram a elevar as alíquotas de contribuição. Ao final dos anos 1990, a alíquota para o setor privado atingiu 20% para os empregadores e até 11% para os trabalhadores.

Até 1993, não havia a exigência de um regime de previdência para o servidor. Ao cumprir os requisitos, o servidor podia se aposentar com proventos pagos pelo erário, independentemente de ter efetuado contribuições para obtenção do benefício. O servidor deixava o cargo e os cofres públicos continuavam arcando com a despesa da aposentadoria como se fosse um prêmio pelo tempo de serviço prestado. A aposentadoria, então, correspondia, sob o prisma do Tesouro, a um tipo de continuidade do serviço público.

Com a edição da Emenda Constitucional nº 3, de 17 de março de 1993, essa realidade começou a mudar. A referida emenda incorporou ao texto da Carta Magna a necessidade de contribuição dos servidores civis para custeio de suas aposentadorias e pensões, na forma da lei, em conjunto com os recursos do Ente. Posteriormente, foram promulgadas as Emendas Constitucionais nº 20, de 15 de dezembro de 1998; nº 41, de 19 de dezembro de 2003; e nº 47, de 5 de julho de 2005.

É importante deixar claro que, do ponto de vista legal, os princípios da Seguridade Social não são todos autoaplicáveis. Em muitos casos, além de leis complementares ou ordinárias, é necessário que regras operacionais sejam implementadas pelo Executivo de modo a tornar efetivos certos direitos.[5]

Isso significa que as questões ligadas à Seguridade Social em geral, e à Previdência em particular, abrangem um amplo e complexo arcabouço jurídico-institucional. É esse arcabouço legal que confere forma e dá substância e conteúdo aos

---

5 Pode-se afirmar que o Sistema de Seguridade é regulado, por ordem de importância, pela Constituição Federal, pelas Emendas Constitucionais que alteraram a Constituição, por leis Complementares ou Ordinárias, por Atos Normativos, Portarias e Decisões Administrativas. No caso da Previdência, a lei regulamentadora é de 1991.

princípios de seguridade.[6] É ele que define os procedimentos, os prazos e, em última instância, a inclusão de indivíduos no sistema sob a forma de contribuinte ou de beneficiário.

Para o financiamento desse amplo leque de proteção foi estabelecido no artigo 195 da CF que a Seguridade Social será financiada por toda a sociedade, de forma direta e indireta, nos termos da lei, mediante recursos provenientes dos orçamentos da União, dos estados, do Distrito Federal e dos municípios, e das seguintes contribuições sociais: a) dos empregadores, incidente sobre a folha de salários, o faturamento e o lucro; b) dos trabalhadores; e c) sobre a receita de concursos e prognósticos. Para tanto, foram criadas contribuições sociais, cujas receitas estão vinculadas ao financiamento da Seguridade Social.[7] Para o subsistema previdenciário foram criadas contribuições específicas incidentes diretamente sobre a remuneração ou renda dos trabalhadores e sobre a folha de pagamentos, neste caso incidente sobre o empregador.[8]

De pronto, duas características muito relevantes destacam-se dentro desse sistema de financiamento: a) em primeiro lugar, ao se estruturar o financiamento da seguridade

6 Não apenas no Brasil, mas em praticamente todos os países, a Seguridade Social é regida por regras formais e legislações específicas. É natural, portanto, que os arranjos institucionais que definem o sistema de seguridade de cada sociedade afetem o desempenho desses sistemas. 7 As Contribuições Sociais que financiam a Seguridade são: Cofins (80% vinculada à Seguridade); PIS/Pasep (60% de seu recurso é destinado ao Fundo de Amparo ao Trabalhador – FAT); CPMF (42,1% para a Saúde, 21% para a Previdência e 21,1% para o Fundo de Combate à Pobreza); CSLL (80% para a Seguridade Social). Em todos esses casos, os percentuais indicados referem-se aos valores devidos depois da aplicação da Desvinculação de Receitas da União (DRU). 8 Para maiores detalhes ver Tafner, 2006. Entre as contribuições para a Seguridade também se incluem as contribuições previdenciárias dos servidores públicos e dos trabalhadores inscritos no Regime Geral de Previdência Social. Neste caso, os recursos são 100% destinados para financiamento de aposentadorias e pensões.

via contribuições específicas, criou-se um sistema tributário paralelo com tributos de fácil cobrança, porém distorcivos e cumulativos,[9] penalizando produtos com cadeias produtivas mais longas — normalmente aqueles com maior valor agregado; e b) ao se vincular parcela da arrecadação a uma particular destinação, reduziu-se a flexibilidade alocativa — com evidentes efeitos deletérios sobre a capacidade do Estado de gerir prioridades.

E o mais grave, cristalizou-se e perpetuou-se uma particular preferência alocativa temporal e politicamente definida, com graves consequências sobre a soberania da representação política de novas preferências sociais.

Outro aspecto igualmente relevante é que, ao definir o sistema de Seguridade Social, a CF/88 tratou de ampliar o rol de direitos a todos os cidadãos, mesmo nas ações em que ela mesma admitia a existência de sistema contributivo, como é o caso da Previdência Social.

Passados trinta anos da promulgação da CF/88, qual o impacto das regras lá definidas no desempenho da previdência social brasileira? Dada a severa crise fiscal e a proeminência do gasto previdenciário no total da despesa pública, o que de fato podemos afirmar acerca do efeito da nova Carta no atual quadro previdenciário e fiscal brasileiro?

1.1. A Previdência Social

A previdência é um seguro social com a finalidade de repor a renda — parcial ou total — do indivíduo (ou do grupo familiar) quando diante de perda de capacidade laborativa causada por doença, morte, invalidez, devendo o potencial

---

9 A esse respeito ver, entre outros, Rezende e Tafner, 2005 (cap. 7); Oliveira, 2003; Rezende, 2003; e Varsano et al., 1998.

beneficiário ser membro participante do programa de previdência. Dentro desse conceito de seguro deve existir, em primeiro lugar, uma relação de pertencimento, ou seja, só estarão protegidos aqueles que estiverem vinculados ao sistema, e, em segundo lugar, uma relação — imperfeita, porém positiva — entre os valores das contribuições dos indivíduos ao longo de sua vida laborativa e os benefícios que eles (ou seus dependentes) irão receber.

Embora o princípio fundamental do seguro seja a reposição dos depósitos realizados, ou de igualdade de valores presentes entre contribuições e benefícios, quando se trata de um seguro social, algum grau de redistribuição é inexorável e admissível. Ou, nas palavras de Oliveira:

> [...] tecnicamente em um "seguro puro", o valor presente esperado das contribuições iguala o valor presente esperado dos benefícios para cada participante. No outro extremo da escala, encontra-se a assistência social, na qual a contribuição e o benefício são absolutamente desvinculados. *O que caracteriza o Seguro Social é que, não deixando de ser um seguro, não o é de forma estrita ou pura*, sendo admissível algum grau de redistributividade. (Oliveira, 1992, p. 3; grifo nosso.)

É fundamental deixar claro que o caráter redistributivo implícito de um seguro social não é determinado pela renda, mas sim pela ocorrência de sinistro. Ao aderir a um seguro social cada segurado contribui com parte de sua renda mensal para diversos tipos de cobertura. Os planos de seguro social cobrem três principais eventos: I) a perda da capacidade laborativa decorrente da idade; II) a perda da capacidade laborativa decorrente de doença ou acidente incapacitante, conhecida como invalidez; e III) a perda da capacidade laborativa decorrente da morte. Nos dois primeiros casos, o benefício recebido é denominado aposentadoria (por tempo ou idade, dependendo de cada plano particular, sendo o mais frequente a aposentadoria por idade) e, no último caso, o benefício recebido por terceiros é denominado pensão.

Nessas condições e admitida a existência de equilíbrio atuarial do plano, somente no primeiro caso não há qualquer transferência líquida de recursos. Nos demais, porém, não é essa a situação: os benefícios recebidos excederão os recursos aportados ao plano, havendo assim uma redistribuição interna de recursos.[10] Observe-se que essa transferência líquida de recursos não tem qualquer caráter redistributivo segundo critério de renda, mas apenas segundo ocorrência de sinistro. Nesse sentido, pode haver, inclusive, transferência dos mais pobres aos mais ricos. Numa situação hipotética, se o mais bem remunerado dos segurados, por fatalidade, sofrer um acidente que o incapacite para o trabalho, receberá recursos líquidos de todos os demais segurados do plano, havendo, portanto, "redistribuição negativa", ou seja, transferência de renda dos mais pobres para o mais rico.

O princípio de correspondência entre a contribuição e o valor do benefício significa que em todas as modalidades de sinistro o valor do benefício deverá guardar uma relação com o montante da contribuição. Assim, se, por exemplo, dois segurados contribuem com montantes diferentes durante toda a vida laboral e, digamos, um deles contribui com valores 20% maiores durante toda a vida, em condições iguais de obtenção do benefício, este deverá obter um benefício 20% maior do que o outro.[11]

---

10 Excetuado o caso extremo em que a invalidez ou a morte ocorram precisamente no dia em que o segurado faria jus ao benefício. **11** No caso de valores próximos ao salário mínimo (SM) isso não necessariamente é verdade, pelo fato de que o SM foi muito valorizado em termos reais, de modo que benefícios maiores tornaram-se iguais com o passar do tempo.

1.2. Previdência Social: Estrutura básica de custeio, valor do benefício e algumas definições

Há duas tradicionais opções de custeio dos regimes de previdência: o *regime de capitalização* (tratado na literatura internacional como *funded*), em que as contribuições feitas pelos segurados são identificadas individualmente e aplicadas em fundos capitalizados ao longo do tempo, constituindo-se em reservas para o futuro pagamento de benefícios; e o *regime de repartição* (tratado na literatura como *unfunded* ou *pay-as-you--go*), no qual os recursos correntes financiam as despesas correntes de modo que não há constituição de fundos prévios para a cobertura de benefícios. Este regime de custeio, apesar de não funcionar lastreado em um fundo previamente constituído, sempre poderá permitir a constituição de reservas, desde que as contribuições correntes (receitas do sistema) ultrapassem o volume de benefícios pagos (despesa do sistema).

Uma forma de entender mais facilmente a distinção entre eles é que enquanto no primeiro regime cada contribuinte está, em princípio, constituindo ao longo de sua vida de trabalho um fundo para financiar sua aposentadoria, no segundo, as contribuições feitas pelos atuais contribuintes financiam aqueles que já estão recebendo benefícios.

O regime de repartição é frequentemente tratado como um sistema de solidariedade entre gerações, visto que os atuais trabalhadores financiam os aposentados e pensionistas e esperam ser financiados pelos futuros trabalhadores. Não há, entretanto, garantia de que isso venha a acontecer.

O valor do benefício pode ser definido genericamente por duas regras: benefício definido ou contribuição definida. No primeiro tipo o benefício é definido e contratado quando se inicia a adesão ao plano. Este valor pode ser fixo ou guardar alguma correspondência com as contribuições realizadas pelo segurado. No segundo, o que é definido é a contribuição, não o valor que o segurado irá receber.[12]

A maior ocorrência empírica de regimes de capitalização com contribuição definida (Chile, Austrália, Singapura, Malásia, Argentina, México, El Salvador[13] e Bolívia, entre outros) e de regimes de repartição com benefício definido (Japão, França, Alemanha, Dinamarca, Holanda, Espanha, Brasil, entre outros) tem provocado debates que por vezes tratam o fenômeno empírico como impossibilidade teórica.[14]

Observe-se que a regra de determinação do valor do benefício em conjunto com o regime de custeio do sistema define um complexo quadro de distribuição de riscos. No regime de capitalização, os riscos associados à poupança e à aplicação dos recursos recaem totalmente sobre o segurado, se o plano for de contribuição definida; se for de benefício definido, os riscos recaem sobre o agente gestor do fundo. No regime de repartição, por outro lado, os riscos demográficos e de desempenho do mercado de trabalho, por exemplo, recaem sobre os contribuintes (ativos) e em casos mais graves — quando os recursos captados não são suficientes para arcar com os benefícios — sobre a sociedade.

Subjacente à discussão dos sistemas previdenciários há ainda outro aspecto que tem suscitado acalorado debate e

---

12 Há híbridos desses dois tipos polares. Por exemplo, há a Contribuição Variável, em que o benefício é indefinido na fase contributiva, mas, uma vez atingidas as condições de aposentadoria, o valor desta é fixado e não se altera. 13 Em El Salvador, foi mantido um pequeno sistema público no qual permaneceram apenas alguns trabalhadores, segundo critério de idade (ver Mesa--Lago e Muller, 2003). 14 No entanto, Suíça, Canadá e Bélgica, por exemplo, têm sistemas de capitalização com benefício definido, e Suécia e Itália têm sistemas de repartição com contribuição definida. Os Estados Unidos apresentam um sistema de capitalização nocional — que sendo de repartição simula um sistema de capitalização — com benefício definido.

diversos estudos.[15] Sistemas de repartição seriam mais propensos à redistribuição do que planos em regime de capitalização.

Argumenta-se que essa preferência por planos mais generosos seria decorrente de uma distribuição desigual de poder na sociedade que favorece os mais velhos em detrimento dos mais jovens, ainda que, por vezes, tal desequilíbrio fosse compensado pelo aumento da poupança em decorrência do efeito herança.[16] Assim, os mais velhos sempre teriam preferência por planos mais generosos, visto que o ônus recairia sobre as gerações mais jovens e mesmo sobre gerações vindouras.

De forma simples, pode-se imaginar uma sociedade hipotética com três grupos de indivíduos: os jovens, os maduros e os aposentados. Suponha-se que a população total não se altera e que a cada período um novo trabalhador jovem ingressa no mercado de trabalho e um aposentado morre — cessando o benefício de aposentadoria. Suponha-se ainda que o produto e os salários cresçam 10% ao ano, que a alíquota de contribuição seja constante (15%) e que o sistema de previdência é criado ao fim do primeiro ano. A Tabela 1 apresenta a evolução desse sistema, para cinco períodos, indicando para cada grupo de indivíduos os benefícios recebidos e as contribuições realizadas.

Observe-se que o grupo A não terá contribuído, mas terá recebido uma transferência líquida de 248; a geração seguinte — grupo B — terá contribuído com 165 e receberá 272, o que corresponde a uma transferência líquida das gerações mais novas de 107. O processo continua com transferências líquidas das gerações mais novas para as mais velhas.

---

15 Ver, entre outros, Rangel e Zeckhauser, 2001; Meltzer e Richard, 1981; Mulligan e Sala-I-Martin, 1999a e 1999b e 2003; Mulligan, Gil e Sala-I-Martin, 2002.
16 Ver Bernheim, 1991.

Tabela I — Simulação de contribuições e benefícios de um Regime de Repartição

Ano		1		2		3		4		5
Jovem	salário	500		550		605		666		732
		B	C		D		E		F	
	contribuição			83		91		100		110
Maduro	salário	1000		1100		1210		1331		1464
		A	B		C		D		E	
	contribuição			165		182		209		219,6
Aposentado		—	A	247,5	B	272,3	C	299,6	D	329,4

FONTE: Elaborada pelo autor.

Como indicado por Browning,

o sistema "ideal" do ponto de vista de qualquer indivíduo é uma alíquota zero de contribuição previdenciária durante seus anos de trabalho e uma taxa muito alta depois que ele se aposentar. Em termos mais gerais, um indivíduo será progressivamente mais favorável ao aumento da alíquota à medida que ele se torna mais velho, já que ele deve pagar maior alíquota por um número menor de anos, de modo a maximizar a transferência líquida de recursos. (Browning, 1975, p. 375)

O desempenho e o equilíbrio de um sistema de previdência dependem de fatores que lhe são intrínsecos, como, por exemplo, a existência ou não de idade mínima para aposentadoria, o cálculo do valor do benefício (por exemplo, último salário de contribuição, média contributiva), a taxa de reposição (porcentagem máxima do valor do benefício vis-à-vis o valor da contribuição), as regras que regem o benefício de pensão (por exemplo, no Brasil um beneficiário pode receber integralmente sua aposentadoria e a pensão de seu cônjuge)[17] e as regras que regem a aposentadoria por invalidez, entre outras.[18] Esse conjunto de fatores compõe uma complexa rede de elementos que determinam o desempenho do sistema.

Porém, é importante que o leitor tenha clareza de que os sistemas de previdência podem ser entendidos como um corpo dotado de vasos comunicantes com outros corpos. O sistema tem regras próprias, mas como se comunica com outros sistemas é por eles afetado. Assim, seu estado geral depende não apenas de suas condições próprias, mas também das condições dos sistemas conexos, em especial o mercado de trabalho,[19] dado que este determina, em parte, o nível de emprego, o nível de remuneração e, juntamente com o aparato institucional e o desempenho macroeconômico, o grau de informalidade. O desempenho macroeconômico também tem um papel, pois além de afetar o desempenho do mercado de trabalho, define a taxa de juros — variável-chave para a sustentabilidade de fundos de capitalização — e, em última instância, o nível de crescimento da economia.

Por fim, o desempenho de um sistema previdenciário depende da demografia. A literatura sobre previdência é farta em evidências de que as mudanças demográficas são fatores severamente restritivos à sustentabilidade desses sistemas e estão na raiz das mudanças implementadas nos sistemas previdenciários ao redor do mundo, a partir do final do século passado. Na terceira seção voltaremos a esse ponto.

---

17 Apenas no setor público, após a reforma de 2003, o valor do benefício de pensão ficou limitado a um percentual do valor integral da pensão.
18 Há sólidas evidências de que os benefícios previdenciários por invalidez são particularmente elevados no Brasil. Essa hipertrofia é particularmente sensível no setor público, como mostraram Tafner, Pessoa e Mendonça, 2006.
19 E este, por sua vez, depende das condições macroeconômicas e das instituições que regulam o mercado de trabalho.

2. O aparato institucional pós-CF/88

Desde a Constituição Federal de 1988 quatro Emendas Constitucionais e mais de uma dezena de leis e outros instrumentos infraconstitucionais foram editados de modo a conformar o atual desenho de nosso sistema de seguridade e particularmente a previdência social.

2.1. A primeira PEC e a organização básica da Previdência do setor público

Todos os estados, o Distrito Federal e mais de 2 mil municípios, incluindo todas as capitais, têm os chamados Regimes Próprios de Previdência Social (RPPS), que adotaram o modelo de repartição simples e em muitos casos dispensaram a contribuição dos servidores ou ela era apenas simbólica. Além disso, as contas da previdência com frequência se misturavam com os custos da saúde dos servidores.

Até 1993, não havia a exigência de um regime de previdência para o servidor público. Ao cumprir os requisitos, o servidor podia se aposentar com proventos pagos pelo Erário, independentemente de ter ou não contribuído para a obtenção do benefício. O servidor deixava o cargo e os cofres públicos continuavam arcando com a despesa da aposentadoria como se fosse um prêmio pelo tempo de serviço prestado. A aposentadoria, então, correspondia, sob o prisma do Tesouro, a um tipo de continuidade do serviço público.

Essa ausência de preocupação e controle com o equilíbrio financeiro e atuarial dos Regimes Próprios redundou em estrutural desequilíbrio financeiro e enorme passivo previdenciário do Setor Público. O volume de gastos previdenciários e o desequilíbrio financeiro representam parcela significativa da receita tributária, com tendência de crescimento acelerado.

Com a edição da Emenda Constitucional nº 3, de 17 de março de 1993, essa realidade começou a mudar. A referida emenda incorporou ao texto da CF a necessidade de contribuição dos servidores civis para custeio de suas aposentadorias e pensões, na forma da lei, em conjunto com os recursos do Ente. Essa Emenda pode, assim, ser considerada o embrião de um regime de previdência para os servidores.

Desde então tem melhorado a gestão dos RPPS e muitos entes já implementaram um sistema de capitalização e algum plano de equalização do déficit. Mas a situação ainda é dramática. O déficit atuarial[20] da previdência dos servidores civis da União é de 5,09 trilhões de reais. Para os estados, de acordo com a última avaliação atuarial, de dezembro de 2016, está em 5,17 trilhões. Nas capitais, em 447 bilhões. No caso dos estados isso corresponde a 9,6 vezes a Receita Corrente Líquida (RCL) de todos juntos. No caso das capitais equivale a 3,4 vezes a RCL. Na União está em 11,5 vezes a RCL.

Posteriormente, foram promulgadas as Emendas Constitucionais nº 2, de 15/12/1998; nº 41, de 19/12/2003; e nº 47, de 5/07/2005.[21] Essas emendas promoveram uma verdadeira reforma no âmbito da previdência e aproximaram as características do regime próprio das do regime geral, mas o passivo acumulado se fará sentir pelas próximas três décadas.

O texto atual da Constituição Federal estabelece, no artigo 40, que é assegurado regime próprio de previdência de caráter contributivo e solidário aos servidores titulares de cargos efetivos da União, dos estados, do Distrito Federal e dos municípios, incluídas suas autarquias e fundações, observados critérios que

---

20 Passivo atuarial é o resultado negativo em valores presentes da diferença entre o montante de receitas e despesas previdenciárias em um horizonte temporal de 75 anos. Trata-se, portanto, de uma dívida do Ente com seus servidores ativos, aposentados e pensionistas.   **21** Essas serão vistas adiante, pp. 258-66.

preservem o equilíbrio financeiro e atuarial. Também o artigo 69 da Lei de Responsabilidade Fiscal (LRF — Lei Complementar nº 101, de 04/05/2000) estabelece que o Ente da Federação que mantiver ou vier a instituir regime próprio de previdência social para seus servidores conferir-lhe-á caráter contributivo e o OR-GANIZARÁ com base em normas de contabilidade e atuárias que preservem seu equilíbrio financeiro e atuarial.

As Leis nº 9717/1998 e 10 887/2004 definem normas gerais para os RPPS. O então Ministério da Previdência Social (MPS) foi definido como órgão supervisor e regulamentador dos RPPS, com competência para a realização de auditorias diretas e indiretas para aferir a regularidade de cada RPPS. Nesse sentido, o Decreto Federal nº 3788/2001 criou o Certificado de Regularidade Previdenciária (CRP), que define um conjunto de 35 itens que devem ser atendidos por todos os RPPS. Por outro lado, os Tribunais de Contas têm a prerrogativa de realizar auditorias e fiscalizações e julgamento de contas por intermédio de fiscalização contábil, financeira, orçamentária, patrimonial e atuarial. As prerrogativas e ações dos MPs e Tribunais de Contas referentes aos RPPS são complementares e estão, a cada dia, mais sintonizadas.

Os sucessivos déficits[22] financeiros dos regimes próprios de previdência exigiram cobertura dos governos, que diminuíram ou eliminaram investimentos e outros gastos essenciais, como educação, saúde, segurança etc. Destaque-se que em 2017 os municípios brasileiros apresentaram superávit de 13,4 bilhões de reais, enquanto os estados e o Distrito Federal tiveram déficit de 122,7 bilhões e a União atingiu déficit de 83,4 bilhões. A tendência é de crescimento do déficit, especialmente nas contas estaduais. Os dados apresentados na Tabela 2 e os Gráficos 1 e 2 ilustram a situação.

---

22 Déficit financeiro representa a diferença entre receitas de contribuições previdenciárias patronais e de servidores e as despesas com pagamento de benefícios.

Tabela 2 — Regimes Próprios — Resultado Financeiro — 2015-7 (em bilhões de reais) e Arrecadação tributária como proporção de toda a arrecadação

Entes	Resultado Financeiro dos RPPS (R$ bilhão)		
	2015	2016	2017
Municípios	6,7	11,1	13,4
Estados e DF	-60,9	-89,6	-122,7
União	-72,5	-80,4	-83,4
Civis	-35,5	-39,2	-40,3
Demais*	-4,5	-5,7	-6,8
Militares	-32,5	-35,5	-36,3
Total	-126,7	-158,9	-192,7

* Refere-se a servidores de antigos territórios, autarquias e fundações extintas.
FONTE: MPAS/Secretaria de Previdência. Elaborada pelo autor.

A despesa previdenciária real cresce em termos médios a um ritmo superior a 4% ao ano, mas a arrecadação cresce a um ritmo inferior, descompasso que tenderá a se agravar nos próximos anos. No caso dos estados, a situação tende a ser particularmente grave. Trata-se de uma tendência que independe de ação mais ou menos conservadora dos Executivos locais, ainda que governos menos licenciosos consigam adiar, por algum tempo, a tragédia já enfrentada por alguns.

2.2. O período entre a CF/88 e as ECs 20/1998 e 41/2003

Em 1991 o presidente Fernando Collor sanciona as leis n° 8212 e 8213, que instituem, respectivamente, o Plano de Custeio e

Gráfico 1 — Evolução do Déficit Previdenciário da União
(em bilhões de reais)

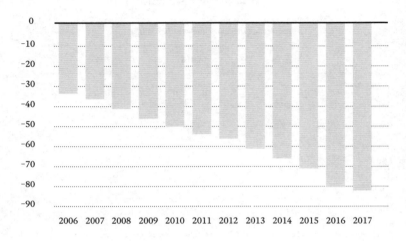

Gráfico 2 — Evolução do Déficit Previdenciário de estados,
DF e municípios (em bilhões de reais)

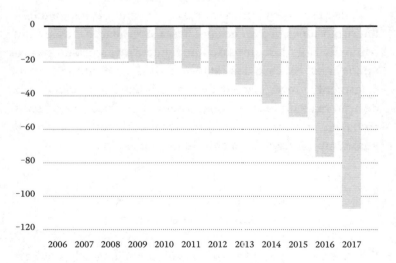

FONTE: MPAS/Secretaria de Previdência. Obs.: Valores de 2017 estimados pelo autor.

os Planos de Benefícios, esses últimos aumentando consideravelmente o leque de benefícios. Em seguida, preocupado com o potencial desequilíbrio atuarial do sistema e após alterar a estrutura ligada à previdência e assistência e saúde — deslocando o Inamps[23] para o âmbito do Ministério da Saúde —, o presidente envia ao Congresso proposta de reforma da seguridade social, composta por um conjunto de formulações que alterava substancialmente o conteúdo dos projetos de lei, recém-sancionados, abrangendo vários aspectos da organização do sistema, da base de financiamento e do leque de riscos cobertos. Pela proposta, a previdência social pública seria composta de dois planos de benefícios: um geral e compulsório abrangendo os segurados da previdência social, garantindo os mesmos benefícios até então vigentes e limitando o seu valor máximo a cinco salários mínimos; e outro complementar, privado e facultativo a todos os segurados do plano geral que desejassem complementar o valor dos seus benefícios.

A previdência complementar privada incorporaria, além das entidades fechadas e abertas de previdência, as federações, sindicatos e associações profissionais que instituíssem e mantivessem planos de cobertura. Também cogitou-se da criação do Instituto de Previdência do Servidor Público, que passaria a administrar o Plano de Previdência dos Servidores Civis da União, das autarquias (inclusive daquelas em regime especial) e das fundações públicas federais, e do Seguro de Riscos Sociais (SRS), que cobriria os acidentes de trabalho, as

---

23 O Instituto Nacional de Assistência Médica da Previdência Social (Inamps), autarquia federal, foi criado em 1977, pela Lei nº 6439, que instituiu o Sistema Nacional de Previdência e Assistência Social (Sinpas), definindo um novo desenho institucional para o sistema previdenciário, voltado para a especialização e integração de suas diferentes atividades e instituições. O Inamps foi extinto em 1993, pela Lei nº 8689, e suas competências transferidas às instâncias federal, estaduais e municipais gestoras do Sistema Único de Saúde (SUS).

251

enfermidades profissionais e comuns, com filiação obrigatória de todos os trabalhadores. A proposta do governo, entretanto, não prosperou.[24]

2.2.1. A Reforma de 1998:
A Emenda Constitucional nº 20

A Reforma de 1998 pode ser entendida como o primeiro passo formal para o ajustamento estrutural do sistema face aos problemas detectados a partir da Constituição de 1988. Enviada ao Congresso no primeiro semestre de 1995, a Emenda Constitucional nº 20 atacava simultaneamente os dois regimes públicos de previdência, cujas despesas cresciam de forma perigosa para o equilíbrio fiscal.[25]

Como indica Cechin:

> A reforma proposta objetivava, em essência, frear o vertiginoso crescimento do número de novas concessões de aposentadoria por tempo de serviço em idades declinantes, tanto no serviço público, quanto no setor privado. Essas aposentadorias eram alcançadas a partir de 25/30 anos de serviço, independentemente de idade (no serviço público, a contagem em dobro de licenças-prêmio não gozadas permitia aposentadorias em idades ainda menores). (Cechin, 2005, p. 5)

---

24 Em termos doutrinários, a proposta então apresentada poderia ser classificada como reforma mista, pois garantiria um primeiro pilar universal, público e com características de seguro social — e, portanto, em alguma medida redistributivo — e um segundo pilar, sob regime de capitalização (*funded*) privado e facultativo.   **25** A saber, o Regime Geral da Previdência Social (RGPS) que cobre o trabalhador da iniciativa privada com contrato sob as normas da CLT, os autônomos e os contribuintes por conta própria e os empregados domésticos, e os Regimes Próprios dos Servidores Públicos.

Embora a emenda constitucional referente à seguridade social tenha sido uma das primeiras a ser enviada ao Congresso (PEC nº 33, originalmente denominada Mensagem 306), fortes pressões das bancadas oposicionistas no Congresso fizeram com que fosse deixada de lado por um longo tempo e mais tarde desmembrada em quatro propostas diferentes. Duas delas foram consideradas inconstitucionais e as remanescentes tiveram seus textos totalmente modificados, ao fim de amplo processo de negociação com o Legislativo. Em 1998, três anos depois de encaminhada ao Congresso, a proposta foi aprovada e transformada na Emenda Constitucional nº 20, também conhecida como Reforma de 1998.

A Reforma de 1998 foi orientada para a redução do déficit dos sistemas e premida pelo volume crescente de aposentadorias concedidas por tempo de contribuição para um público especialmente jovem e crescentemente feminino.[26] Este último ponto é muito relevante porque a mulher se aposenta cinco anos mais cedo do que o homem e vive em média seis anos mais, o que tem graves consequências para o equilíbrio do sistema.

Como o diagnóstico era semelhante para ambos os sistemas, o Regime Geral de Previdência Social (RGPS) e o Regime dos servidores públicos, o governo preparou uma reforma que tivesse ampla abrangência, procurando frear o crescimento acelerado da concessão de novos benefícios. Entre várias alterações nas regras então vigentes, a Reforma de 1998:

---

26 Até 1998, a proporção de aposentadorias urbanas por tempo de contribuição concedidas para indivíduos com até 49 anos representava praticamente a metade do total. A partir da EC 20/1998 essa proporção passou a cair. Em 2016, representava 15,3% do total. O aumento das aposentadorias femininas reflete a crescente participação da mão de obra feminina no mercado de trabalho a partir de meados da década de 1960.

- Retirou da Constituição ("desconstitucionalizou") a fórmula de cálculo do valor do benefício para o regime geral;
- Introduziu a exigência de critérios de equilíbrio financeiro e atuarial para associar mais diretamente benefícios a contribuições;
- Permitiu à União, estados, Distrito Federal e municípios que limitassem o pagamento do benefício ao teto do RGPS, desde que instituíssem regime complementar próprio;[27]
- Eliminou a aposentadoria por tempo de serviço especial para professores do ensino superior (foi mantida somente para os do ensino fundamental e médio);
- Eliminou a escala de salário-base de contribuição para contribuintes individuais;
- Reduziu os juros mensais incidentes sobre a indenização de tempo efetivamente trabalhado e não recolhido aos cofres da Previdência Social (de 1% para 0,5% ao mês);
- Estendeu o salário-maternidade a todas as filiadas da Previdência Social, inclusive contribuintes individuais;
- Proibiu a contagem de tempo fictício; e
- Separou o Seguro Acidentes do Trabalho do plano de previdência social.

Com a "desconstitucionalização" da fórmula de cálculo do valor de benefícios para os trabalhadores da iniciativa privada, uma nova fórmula de cálculo, com período de transição de cinco anos, foi apresentada pela Lei 9876, em 1999,

---

27 Esse ponto é retomado na Reforma de 2003 com mais clareza. Ainda assim, até hoje nem a União, nem estados instituíram e regulamentaram seus fundos de aposentadoria e pensão.

determinando o uso do fator previdenciário.[28] A fórmula de cálculo incluía uma lista de variáveis atuariais como expectativa de vida, tempo de trabalho, idade da aposentadoria etc.

No que diz respeito aos servidores públicos, as principais alterações foram:

- Fim da aposentadoria proporcional para os funcionários públicos admitidos após 16/12/1998;
- Novos critérios para a aposentadoria proporcional para os já participantes do sistema: 30 anos de tempo de contribuição para homens e 25 para mulheres e limite de idade de 53 anos para homens e 48 anos para mulheres, além de um pedágio de 40% adicional sobre o tempo restante;
- Novos critérios para a aposentadoria integral para os já participantes do sistema: 35 anos de tempo de contribuição para homens e 30 para mulheres e limite de idade de 53 anos para homens e 48 anos para as mulheres, além de um pedágio de 20% sobre o tempo restante;
- Fixação de idade mínima para a aposentadoria de novos funcionários públicos, válida apenas para os novos entrantes no sistema: 60 anos para homens e 55 anos para mulheres.[29]

---

28 Para uma análise detalhada do fator previdenciário, ver, entre outros, Ornelas e Vieira, 1999; Pinheiro e Arruda, 1999; Delgado, Querino, Rangel e Stivali, 2006; e Giambiagi, 2000. **29** Curiosamente, esse mesmo princípio não foi aprovado para o RGPS, ou seja, não se aplica aos trabalhadores da iniciativa privada, das estatais e servidores públicos regidos pela CLT. O mesmo princípio foi reafirmado na Reforma de 2003 e novamente foi perdida a oportunidade de ajustamento no RGPS.

Em complemento à Reforma de 1998, além da Lei 9876, de 1999, que definiu nova metodologia de cálculo do benefício, com o uso do fator previdenciário,[30] quatro outras legislações foram aprovadas posteriormente. A primeira foi a Lei Complementar nº 101 de 2000, que define regras de contabilidade para as finanças públicas baseadas em certos princípios gerais, como planejamento e previsão de despesas e receitas; equilíbrio de despesas e receitas; transparência contábil; criação de mecanismos para limitar gastos públicos; prevenção de risco e correção de desvios que possam afetar o equilíbrio das finanças públicas. A segunda, a Lei nº 10 028 de 2000, que define como crime a criação de novas obrigações monetárias ao fim do mandato político, limitando a possibilidade de ampliação de gastos previdenciários em períodos finais de mandato. Em maio de 2001 são editadas as Leis Complementares 108 e 109, que dão a regulamentação que vigora até o presente para os fundos de pensão, com foco na gestão dos planos de benefícios das entidades de previdência complementar de empresas estatais, federais e estaduais.

A expectativa de que as pessoas adiariam a aposentadoria por causa da redução no valor do benefício decorrente do uso do fator não se confirmou. O fato é que, sobretudo para os segurados mais jovens, a renda esperada, mesmo com a

---

30 O fator previdenciário é expresso por uma fórmula com duas componentes: a) a primeira equaliza o tempo de contribuição e o tempo de recebimento de benefício; b) a segunda é um juro implícito que valoriza ou desvaloriza o total de depósitos feitos pelo segurado. Quem ficar mais tempo contribuindo terá um juro maior. Uma vez obtido o valor do fator, este é multiplicado pelo valor obtido pela média das 80% maiores contribuições feitas pelo segurado. O resultado é o valor do benefício que o segurado passará a receber.

penalização imposta, era ainda muito vantajosa.[31] Passados menos de quatro anos da Reforma de 1998 e da aprovação da lei que regulamentou o valor dos benefícios, ficou evidente que a tendência de desequilíbrio nas contas do RGPS não tinha dado sinais de arrefecimento. Por outro lado, no regime próprio do setor público, a redução do volume de concessão de aposentadorias, que, num primeiro momento, foi notícia alvissareira, logo arrefeceu e ficou claro que a reforma apenas havia "represado" por cinco anos o padrão normal de aposentadorias. Ficava evidente, portanto, a necessidade de nova reforma do sistema, o que viria a ocorrer em 2003.

2.2.2. A Reforma de 2003:
A Emenda Constitucional nº 41

Na campanha presidencial de 2002, todos os candidatos mencionaram a necessidade de novas reformas no Sistema Previdenciário. O novo governo concentrou a reforma no sistema próprio dos servidores, alcançando uma redução no déficit atuarial e elevando a arrecadação corrente, através da cobrança de contribuição previdenciária de inativos e pensionistas. Mas, ao deixar em segundo plano o Regime Geral, alegando equivocadamente que o fator previdenciário já teria resolvido o problema de insolvência de longo prazo, permitiu

31 Mesmo tendo perda de 30% — ou seja, com taxa de reposição de 70% do valor do benefício completo — a Reforma de 1998 não teve o impacto esperado. E isso valeu para o contribuinte tanto do sexo masculino quanto do sexo feminino. A aposentadoria proporcional ou antecipada tem sido historicamente preferida pelo contribuinte no Brasil. Permanecer um ano adicional no mercado de trabalho, pelas regras do fator, implica um adicional médio de 6% a 7% no valor do benefício. O fato é que as pessoas têm preferido se aposentar mais cedo, o que é sugestivo de que a taxa de desconto intertemporal é superior a esse patamar.

257

que o déficit do RGPS continuasse aumentando. Em acréscimo, adotou medida que eleva o valor do teto, ampliando o rombo de longo prazo.[32]

Em 30 de abril de 2003 o governo encaminha proposta de mudança do sistema de previdência do setor público. Com velocidade surpreendente para tema normalmente tão polêmico[33] e que tinha sido objeto de desaprovação e contestação dos partidos de oposição durante o governo anterior, a Proposta passa pela Comissão de Constituição e Justiça e, em seguida, em junho de 2003, a Comissão de Reforma Previdenciária, tendo como relator o deputado José Pimentel, apresenta à Câmara dos Deputados a PEC-40.

Após algumas modificações e com uma estratégia de negociação bem articulada — visto que oposição e governo concordaram em colocar em outra Proposta de Emenda Constitucional pontos que, apesar de polêmicos, poderiam ser negociados em etapa posterior — a proposta foi finalmente votada, repassada para o Senado e aprovada em 19 de dezembro de 2003. Foi sancionada pelo presidente em 30 de dezembro e transformada na EC-41.

A reforma aprovada no primeiro ano do governo Lula atacou as principais fontes de desequilíbrio do sistema próprio dos servidores públicos, responsável por um déficit anual de 3,5% do PIB. Em síntese, as principais alterações propostas pela EC-41 foram:

---

32 O valor do teto foi elevado em fevereiro de 2004, passando de 1 869,34 reais (7,79 SM) para 2400 reais (10 SM), uma elevação de 28,4%. Em relação a fevereiro de 2003, esse aumento correspondeu a 53,7% em apenas um ano.
33 Trata-se, de fato, de um recorde absoluto. Em nenhum país do mundo democrático uma reforma da previdência, ainda que parcial como foi a de 2003, concentrada no regime próprio do servidor público, tramitou com tamanha velocidade. A reforma anterior, de 1998, demorou três anos.

- Fixação de requisito que combina idade, tempo de contribuição e tempo de permanência no cargo para obtenção de aposentadoria integral para os servidores efetivos à época: para homens 60 anos de idade e 35 anos de contribuição e para mulheres 55 anos de idade e 30 anos de contribuição. Em ambos os casos, com exigência mínima de 20 anos de efetivo exercício no setor público e no mínimo 10 anos de efetivo exercício na carreira e pelo menos 5 anos no cargo. Para os novos servidores, desaparece o direito ao benefício integral;
- Redutor no valor das aposentadorias para aqueles que cumpriram os requisitos vigentes à época, mas não os propostos pela EC-41, na razão de 3,5% para cada ano inferior à idade de 60 anos, se a aposentadoria ocorresse até 31/12/2005, e de 5% nas mesmas condições a partir de 01/01/2006;
- Cobrança de contribuição previdenciária de 11% sobre a parcela do valor do benefício (aposentadoria ou pensão) que excedesse 60% do teto do RGPS para os servidores federais e 50% do teto para os servidores estaduais e municipais;[34]
- Redução do valor das pensões que fossem concedidas a partir da EC-41;
- Fixação de teto para aposentadorias no Setor Público correspondente à maior remuneração do ministro do Supremo Tribunal Federal;
- Reafirmação da autorização para que União, estados e municípios criem seus Fundos de Previdência complementar, sendo permitida a criação de apenas um fundo por ente estatal, tendo como regra a oferta exclusiva de planos de contribuição definida.

---

34 O valor de isenção para contribuição foi posteriormente modificado através de decisão do Supremo Tribunal Federal, no julgamento das Ações Diretas de Inconstitucionalidade (ADIs) nº 3105 e 3128, passando a ser o teto do RGPS.

Em julho de 2005, ano e meio depois de aprovada a EC nº 41, finalizando e cumprindo acordos fechados durante a votação da reforma de 2003, o Congresso aprova a EC nº 47, que faz ajustes pontuais na Emenda anterior e conclui o processo de reforma do governo Lula.

2.3. Os Fundos de Previdência Complementar e a contrarreforma de 2015

A primeira vez que se tentou instituir um regime de previdência complementar para os servidores públicos foi por meio do PLP nº 9, de março de 1999. Mas foi somente com a EC nº 41/2003 que se consagrou na Constituição a possibilidade de criação do regime de previdência complementar, na modalidade de contribuição definida, para os servidores públicos civis da União e dos demais entes federados. Sua efetivação, porém, exigia lei específica e dependia da criação de entidade própria. A Lei 12 618, que institui a previdência complementar no âmbito da União, foi aprovada em 2012 e no ano seguinte foi criada a Funpresp.[35]

A criação da previdência complementar dos entes públicos federais ou subnacionais representou avanço na busca de equilíbrio financeiro e atuarial dos regimes próprios, mas o passivo existente do passado representa enorme desafio para as gerações futuras. Os vários aprimoramentos institucionais produziram

---

35 Apesar de ser o mais importante fundo dos servidores públicos, o Funpresp não foi o primeiro a ser constituído. A SP-Prevcom foi criada pela Lei 14 653, de 22 de dezembro de 2011. O Regime de Previdência Complementar do Estado de São Paulo fixou um limite máximo para a concessão de aposentadorias e pensões pagas pelo Regime Próprio igual ao do teto do Regime Geral de Previdência Social (RGPS). O início de sua operação ocorreu em janeiro de 2013 e todos os servidores titulares de cargos efetivos que entraram em exercício no serviço público a partir de 21 de janeiro de 2013 passaram a ter suas aposentadorias limitadas ao teto do INSS e devem participar de um plano de benefício complementar da SP-Prevcom para obter uma renda de aposentadoria ou pensão superior a esse valor.

melhora substancial na gestão dos RPPS dos entes. Atualmente muitos estados têm um sistema de capitalização e um plano de equalização do déficit a longo prazo.

A despeito do avanço representado pela criação da previdência complementar para os regimes próprios, em 2015, o Congresso Nacional aprovou o que se convencionou chamar de "pauta-bomba". No âmago dela, foi aprovada a Lei 13183/2015, que instituiu a "regra 85/95". A referida lei modificou a redação do artigo 29-C da Lei 8213/91, definindo que:

> Art. 29-C. O segurado que preencher o requisito para a aposentadoria por tempo de contribuição poderá optar pela não incidência do fator previdenciário no cálculo de sua aposentadoria, quando o total resultante da soma de sua idade e de seu tempo de contribuição, incluídas as frações, na data de requerimento da aposentadoria, for:
>
> I — igual ou superior a noventa e cinco pontos, se homem, observado o tempo mínimo de contribuição de trinta e cinco anos; ou
>
> II — igual ou superior a oitenta e cinco pontos, se mulher, observado o tempo mínimo de contribuição de trinta anos.
>
> § 1º Para os fins do disposto no caput, serão somadas as frações em meses completos de tempo de contribuição e idade.
>
> § 2º As somas de idade e de tempo de contribuição previstas no caput serão majoradas em um ponto em:
>
> I — 31 de dezembro de 2018;
>
> II — 31 de dezembro de 2020;
>
> III — 31 de dezembro de 2022;
>
> IV — 31 de dezembro de 2024; e
>
> V — 31 de dezembro de 2026.

Como se nota, no caput do artigo, é prevista a possibilidade de afastamento da aplicação do fator previdenciário no cálculo de apuração do valor do benefício, na hipótese de totalização do tempo de contribuição e idade, nos totais de 85 e 95 pontos, para mulheres e homens, respectivamente. O incremento de pontos inicia-se em 2019 e terminará em 2027, quando serão exigidos noventa pontos para mulheres e cem para homens. Essa mudança de regras representará um aumento da já elevada despesa previdenciária da ordem de 14% para homens e de 29% para mulheres que se aposentam por tempo de contribuição até o início da década de 2030. Assim, na contramão de todas as mudanças institucionais realizadas após a Constituição de 1988, que visaram reduzir o ritmo de crescimento da despesa previdenciária, essa alteração produz e continuará a produzir aumento significativo dessa despesa, sendo, portanto, uma contrarreforma da previdência.

3. A componente demográfica

Como já mencionado, a literatura sobre previdência é farta em indicar a demografia como fator de desequilíbrio dos sistemas, especialmente aqueles que operam em regime de repartição.

Diversos documentos da Orgazinação para a Cooperação e Desenvolvimento Econômico (OCDE) manifestam esse ponto de vista. Em *Live Longer, Work Longer* (OCDE, 2006, p. 9), afirma-se que "O envelhecimento da população é um dos desafios mais importantes enfrentados pelos países membros. Nos próximos cinquenta anos, todos os países da OCDE terão um aumento acentuado na parcela de idosos na população e um grande declínio na parcela da população em idade ativa". Campbell e Feldstein (2001, p. 1) abrem com essas palavras o livro *Risks Aspects of Investment-Based Social Security Reform*: "O aumento da expectativa de vida nos Estados Unidos e em outros países industrializados está criando um grande problema para os programas tradicionais de previdência social em regime de repartição".

Também no Brasil, a dinâmica demográfica tem se tornado um poderoso desafio à sustentabilidade de nosso sistema previdenciário. O fato é que o número de idosos tem crescido e continuará a crescer a um ritmo muito superior ao da população em idade ativa. Para piorar esse cenário, o número de crianças vem decrescendo e, para 2060, projeta-se que a população infantil será praticamente a metade do que foi em 2000. A Tabela 3 apresenta dados resumidos da demografia brasileira, segundo recortes etários específicos. É também apresentada a razão de dependência demográfica e seu inverso. Esta última estatística fornece o número de ativos para cada inativo. Se todos os ativos contribuíssem para o sistema previdenciário, esse seria o número de ativos que financiaria cada inativo.

Fica evidente que está ocorrendo uma degradação acelerada no número de ativos que serão responsáveis pelo financiamento do sistema. Eram 9,2 em 1980 e serão apenas 1,6 em 2060. Os desafios serão enormes. Além disso, entre 2000 e 2060 o número de ativos crescerá apenas 9%, ao passo que o número de inativos será multiplicado por 5,2 e o número de indivíduos com oitenta anos ou mais será multiplicado por 10,8. Em síntese haverá muito mais gente recebendo benefícios e por muito mais tempo.

No Brasil, o envelhecimento da população não é um problema ligado apenas às questões internas do país. O processo de envelhecimento populacional brasileiro é particularmente acentuado quando comparado ao dos demais países. Envelhecer é um desafio para qualquer país. Envelhecer mais do que outros países significa perder competitividade. A Tabela 4, elaborada a partir de dados demográficos da ONU, apresenta as projeções demográficas para regiões e uma amostra de vinte países, de 1950 até 2100. A cada ano da tabela corresponde um percentual de idosos (indivíduos com 65 anos ou mais) e a idade mediana.

Tabela 3 — Informações demográficas — Brasil: 1980-2000-2020 a 2060*

Ano	De 0 a 14 anos	De 15 a 59 anos	60 anos ou mais	80 anos ou mais
	46 328 331	67 553 231	8 199 948	673 239
1980	39,1%	57,0%	6,9%	0,6%
	0,59	2,33	2,80	4,96
	52 107 064	107 105 551	14 235 731	1 772 466
2000	30,0%	61,8%	8,2%	1,0%
	-0,81	1,29	3,67	4,32
	44 315 024	138 471 689	29 290 662	4 131 551
2020	20,9%	65,3%	13,8%	1,9%
	-1,20	0,28	3,56	4,69
	39 256 945	142 328 209	41 541 763	6 533 763
2030	17,6%	63,8%	18,6%	2,9%
	-1,02	-0,27	2,70	4,98
	35 441 110	138 507 200	54 204 894	10 618 421
2040	15,5%	60,7%	23,8%	4,7%
	-1,06	-0,78	2,06	3,52
	31 849 189	128 040 929	66 457 570	15 010 245
2050	14,1%	56,6%	29,4%	6,6%
	-1,16	-0,96	1,02	2,44
	28 332 752	116 290 126	73 551 010	19 111 509
2060				
	13,0%	53,3%	33,7%	8,8%

*A segunda linha de cada ano indica a participação percentual de cada grupo etário no total da população; a terceira linha apresenta a taxa anual média de variação da população de cada grupo etário entre os anos indicados.

Total	Razão de dependência demográfica	Inverso da razão de dependência demográfica
118562549		
100%	0,1214	8,2383
1,92		
173448346		
100%	0,1329	7,5237
1,01		
212077375		
100%	0,2115	4,7275
0,51		
223126917		
100%	0,2919	3,4261
0,22		
228153204		
100%	0,3914	2,5553
-0,08		
226347688		
100%	0,5190	1,9267
-0,37		
218173888	0,6325	1,5811
100%		

FONTE: IBGE: Projeção da população — Revisão 2013. Elaborada pelo autor.

Tabela 4 — Porcentagem de idosos e idade mediana para regiões e uma amostra de países: 1950-2100

País/Região	1950		2000	
	% Idoso	Id. Med	% Idoso	Id. Med
Mundo	7,98%	23,59	8,89%	26,33
Países mais desenvolvidos	11,53%	28,48	16,88%	37,29
Países menos desenvolvidos	5,25%	19,36	4,74%	18,19
Portugal	10,39%	26,09	18,87%	37,86
Japão	7,66%	22,35	20,08%	41,21
Espanha	10,85%	27,54	18,34%	37,63
Canadá	5,21%	19,02	10,00%	31,87
Coreia do Sul	5,21%	19,02	10,00%	31,87
Brasil	**4,87%**	**19,21**	**7,07%**	**25,06**
Itália	12,03%	28,62	20,99%	40,39
México	5,36%	18,68	6,25%	22,72
Chile	6,88%	22,23	9,17%	28,87
Alemanha	14,51%	35,25	20,45%	40,05
China	7,41%	23,92	9,23%	30,07
Colômbia	5,29%	18,72	6,14%	24,39
Uruguai	11,79%	27,85	14,94%	31,57
Malásia	7,32%	19,80	5,80%	23,83
França	16,26%	34,67	17,71%	37,68
Argentina	7,04%	25,66	11,78%	27,89
Austrália	12,53%	30,41	14,03%	35,40
Suécia	14,87%	34,17	18,11%	39,42
Índia	5,39%	21,25	6,37%	22,72
Indonésia	6,23%	20,02	6,87%	24,44
África do Sul	6,45%	21,11	5,78%	22,83
Nigéria	5,10%	19,11	4,50%	17,94

2050		2100	
% Idoso	**Id. Med**	**% Idoso**	**Id. Med**
21,29%	36,05	28,08%	41,64
32,91%	45,42	35,29%	47,12
22,38%	25,99	30,21%	35,95
41,67%	53,06	41,53%	52,54
42,38%	53,17	41,07%	51,85
41,90%	52,28	40,46%	51,72
41,56%	53,94	41,20%	51,55
41,56%	53,94	41,20%	51,55
29,60%	45,13	39,42%	50,76
40,29%	51,36	39,35%	50,54
24,58%	40,76	38,93%	50,40
30,59%	45,12	38,78%	50,10
37,64%	50,30	38,67%	49,97
35,10%	47,99	37,68%	49,64
27,45%	43,34	37,65%	49,42
27,54%	42,51	37,19%	48,89
23,12%	40,25	35,45%	47,57
32,16%	44,26	36,10%	47,34
23,45%	38,54	34,69%	46,94
28,31%	41,50	34,87%	46,68
30,41%	43,20	34,81%	46,49
19,09%	37,47	32,24%	45,90
19,20%	36,60	29,71%	43,85
15,92%	34,15	28,84%	43,31
6,43%	22,42	16,10%	33,05

FONTE: ONU, Population Division. World Population Prospects: The 2017 Revision. Elaborada pelo autor.

Em 1950, a idade mediana brasileira era a menor da amostra. No mesmo ano, a porcentagem de idosos na população brasileira era a segunda menor — ficando acima apenas da Nigéria. Pois bem, em 2100, segundo as projeções da ONU, o Brasil será o sexto país mais envelhecido da amostra, tanto em termos de porcentagem de idosos quanto em relação à idade mediana, ficando atrás apenas de Portugal, Canadá, Coreia do Sul, Japão e Espanha, países com renda média muito superior à brasileira.

Os dados apresentados evidenciam que a demografia já exerce e continuará a exercer pelas próximas três décadas forte pressão sobre a sustentabilidade do sistema previdenciário brasileiro. E não há nada que se possa fazer. Trata-se de um risco já contratado.

4. A evolução dos benefícios, da despesa previdenciária e da cobertura

As estatísticas previdenciárias fornecidas pelo Ministério da Previdência Social[36] têm diversos conjuntos de informações. Um desses conjuntos é particularmente relevante para nosso estudo: o de benefícios emitidos, que revela o estoque de benefícios ativos no sistema e também nos permite analisar a cobertura do sistema previdenciário. Há informações sobre quantidade de benefícios e o valor despendido no seu pagamento. As informações estão disponíveis para o ano de 1993 em diante, mas por conta das complexas operações de atualização monetária todos os dados acerca de valores serão considerados a partir de 1994.

Vejamos em detalhes esse conjunto de informações.

---

36 Há duas publicações importantes elaboradas e divugadas pelo Ministério: os Boletins Mensais (Beps) e o Anuário Estatístico da Previdência Social (Aeps). Todas as informações aqui apresentadas foram extraídas dessas publicações.

4.1. Os benefícios emitidos

Em 1994 (posição de dezembro) o total de benefícios emitidos do RGPS totalizou 13,9 milhões. Vinte e três anos mais tarde, em 2017, esse número alcançou 29,5 milhões, o que corresponde a um crescimento de 111%, a uma taxa anual média de 3,16%. No mesmo período, a despesa real (deflacionada pelo INPC) saltou de 8,68 bilhões de reais/mês para 32,5 bilhões, tendo crescido 274% a uma taxa anual média de 5,6%. O Gráfico 3 apresenta essas informações.

Gráfico 3 — Quantidade e Valor de benefícios emitidos
(posição dezembro) — 1994-2017

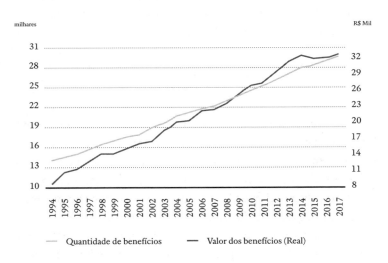

FONTE: Aeps — Ministério da Previdência Social, diversos números. Deflacionado pelo INPC. Elaborado pelo autor.

Evidentemente, o crescimento observado no número de benefícios emitidos decorre da aceleração do processo de envelhecimento de nossa população (e de nossas regras de acesso).

Mas a demografia responde apenas por uma parcela do acentuado ritmo de crescimento dos gastos. A outra parcela decorre basicamente do expressivo aumento do valor do piso e da participação deste no total de benefícios, conforme pode ser observado nos Gráficos 4 e 5.

Constata-se que o valor do piso em termos reais cresce 2,54 vezes ao mesmo tempo que a participação dos benefícios com valor igual ao piso no total de benefícios emitidos salta de 33% para 65,7% e sua participação no total de despesas cresce de ⅓ para 44,8%. É importante assinalar que tanto o crescimento do valor real do piso (indexado ao salário mínimo) quanto sua presença crescente na quantidade de benefícios e na despesa previdenciária não decorrem exclusivamente da Constituição, mas também da legislação infraconstitucional.

4.2. A cobertura

Uma medida importante da abrangência de um sistema previdenciário é o seu grau de cobertura. Há várias medidas de cobertura. Uma das mais usuais é aquela que compara o número de benefícios pagos com a população ou mais especificamente com a população idosa. Como o conjunto de benefícios emitidos compreende benefícios pagos temporariamente — como auxílio-doença ou licença-maternidade, por exemplo — utilizamos nessa estatística apenas aposentadorias e benefícios assistenciais de prestação continuada. Os dados estão apresentados na Tabela 5.

A participação de aposentadorias na população aumenta mais de quatro pontos percentuais entre 1994 e 2017. Os benefícios assistenciais saltam de 0,80% para 2,27% no mesmo período. Tomados em conjunto, esses números representam um aumento de 6,42% no início do período para 12,02% ao final.

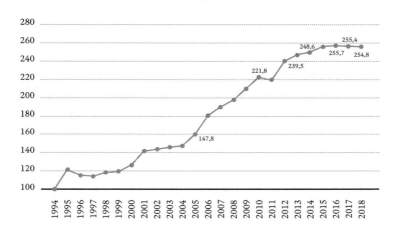

Gráfico 4 — Evolução do valor do Piso (Índice: valor real, deflacionado pelo INPC — 1994-2018)

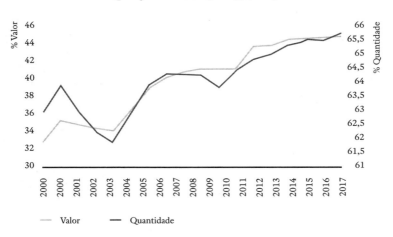

Gráfico 5 — Evolução da participação percentual de benefícios com valor igual ao piso no total de benefícios emitidos e no valor (posição dezembro) — 1994-2017

FONTE: Aeps — Ministério da Previdência Social, diversos números. Deflacionado pelo INPC. Elaborados pelo autor.

Tabela 5 — Participação relativa da quantidade de Aposentadorias, de Benefícios Assistenciais e de ambos na população total e na população de 60 anos ou mais — 1994-2017 (anos selecionados)

Ano	Total da População		
	Aposentadoria	Assistencial	Ambos
1994	5,61%	0,80%	6,42%
1997	6,09%	1,03%	7,12%
2000	6,52%	1,18%	7,69%
2003	6,79%	1,29%	8,08%
2006	7,26%	1,57%	8,83%
2009	7,87%	1,81%	9,68%
2012	8,49%	2,01%	10,50%
2015	9,10%	2,16%	11,26%
2016	9,43%	2,20%	11,63%
2017	9,76%	2,27%	12,02%

População de 60 anos ou mais

Aposentadoria	Assistencial	Ambos
73,96%	10,58%	84,54%
77,15%	13,05%	90,20%
79,39%	14,34%	93,73%
79,63%	15,12%	94,75%
80,35%	17,38%	97,73%
80,76%	18,57%	99,34%
79,72%	18,92%	98,64%
77,71%	18,44%	96,15%
77,91%	18,17%	96,08%
78,02%	18,14%	96,16%

FONTE: Aeps — Ministério da Previdência Social, diversos números e IBGE. Elaborado pelo autor.

Considerada a população de sessenta anos ou mais, a expansão da cobertura é menos vertiginosa, porém, ainda assim bem elevada. Em 1994, 85 de cada cem indivíduos nessa faixa etária recebiam aposentadoria ou benefício assistencial. Em 2017 esse número se elevou para 96. Isso significa que praticamente todo indivíduo com mais de sessenta anos recebe algum benefício. Se considerarmos o grupo de 65 anos ou mais, é certo dizer que todos recebem algum benefício do nosso sistema previdenciário, ou seja, o sistema tem cobertura universal para idosos.

A expansão da cobertura de benefícios decorre em boa medida da Constituição Federal de 1988, que reduziu em cinco anos a idade para obtenção do benefício rural e garantiu a todos um benefício mínimo. É certo, porém, que a redução progressiva da idade para obtenção do benefício assistencial, realizada por legislação infraconstitucional, teve seu papel no crescimento da concessão de benefícios e, consequentemente, no estoque de benefícios ativos.

Conclusão

Após trinta anos da Constituição Federal de 1988 constata-se que ela foi bem-sucedida em estender direitos sociais e proteção social a grupos até então descobertos ou desprotegidos. O sistema de seguridade social ampliou muito sua cobertura. No âmbito mais restrito da previdência social, o número de pessoas atendidas pelo sistema mais que duplicou. Em consequência, a despesa previdenciária se expandiu muito além do que seria de esperar considerando-se apenas o aumento de pessoas atendidas.

Como mostrado neste capítulo, a despesa previdenciária mais que triplicou em termos reais: como proporção do PIB, alcançou patamares equivalentes a de países demograficamente envelhecidos. Mais que isso, essa despesa se transformou na maior da União e também dos entes subnacionais. Mas estamos apenas iniciando o processo de envelhecimento, que deverá ser particularmente rápido e acentuado, levando o Brasil ao posto de um dos países mais envelhecidos do mundo em menos de quarenta anos.

O crescimento vertiginoso de nossa despesa previdenciária decorre em parte do processo de envelhecimento de nossa população e da expansão dos direitos definidos pela CF/88, porém legislações infraconstitucionais — particularmente aquelas que definiram expressiva valorização do salário mínimo, a redução progressiva da idade de obtenção de benefícios assistenciais e a adoção da regra 85/95 — tiveram importância significativa e continuarão a exercer pressão sobre a trajetória ascendente da despesa previdenciária.

Iniciamos um processo de envelhecimento acelerado. Em pouco mais de vinte anos, nossa população deixará de crescer; a população em idade ativa também terá reduzido seu tamanho relativo, ao passo que a população idosa caminhará para algo próximo a 25% do total. Mudanças nas regras de acesso aos benefícios e na fixação de seu valor são imperativas para os próximos anos, se desejarmos garantir sustentabilidade fiscal e perspectivas de crescimento do produto e da renda per capita.

Referências bibliográficas

BERNHEIM, Douglas. "How Strong Are Bequest Motives?: Evidence Based on Estimates of the Demand for Life Insurance and Annuities". *Journal of Political Economy*, v. 99, n. 5, pp. 899-927, 1991.

BROWNING, Edgar K. "Why the Social Insurance Budget Is Too Large in a Democracy?". *Economic Inquiry*, v. 13, pp. 373-88, set. 1975.

CAMPBELL, John Y.; FELDSTEIN, Martin. (Orgs.). *Risk Aspects of Investment-Based Social Security Reform*. Chicago; Londres: The University of Chicago Press, 2001.

CECHIN, J. "Reformas e previdência complementar no serviço público: Convergência entre regimes". V Congresso Brasileiro de Previdência Complementar. São Paulo, 20-21 jun. 2005.

DELGADO, Guilherme; QUERINO, Ana Carolina; RANGEL, Leonardo; STIVALI, Mateus. "Avaliação de resultados da lei do fator previdenciário (1999-2004)". *Texto para Discussão 1161*, Brasília, fev. 2006. Disponível em: <http://www.ipea.gov.br/portal/images/stories/PDFs/TDs/td_1161.pdf>. Acesso em: 30 jan. 2019.

GIAMBIAGI, Fabio. "As muitas reformas da previdência social". Texto para Discussão, n. 430. Departamento de Economia, PUC-Rio, set. 2000.

LEITE, Celso Barroso. *Curso de Direito Previdenciário*. São Paulo: LTR, 1992.

MELTZER, Allan H.; RICHARD, Scott F. "A Rational Theory of the Size of Government". *Journal of Political Economy*, v. 89, n. 5, pp. 914-27, 1981.

MESA-LAGO, C.; MULLER, K. "Política e reforma da previdência na América Latina". In: COELHO, V. S. P. (Org.). *A reforma da previdência social na América Latina*. Rio de Janeiro: FGV, 2003.

MULLIGAN, C.; GILL, R.; SALA-I-MARTIN, X. "Social Security in Theory and Practice (I): Facts and Political Theories". *NBER Working Paper*, Cambridge, n. 7118, 1999a.

_____. "Social Security in Theory and Practice (I): Efficiency Theories, Narrative Theories and Implications for reform". *NBER Working Paper*, Cambridge, n. 7119, 1999b.

_____. "Social Security and Democracy". *NBER Working Paper*, Cambridge, n. 8958, 2002.

MULLIGAN, C.; GILL, R.; SALA-I-MARTIN, X. "Social Security, Retirement, and the Single-Mindedness of the Electorate". *NBER Working Paper*, Cambridge n. 9691, 2003.

ORGANIZAÇÃO PARA A COOPERAÇÃO E DESENVOLVIMENTO ECONÔMICO (OCDE). *Live Longer, Work Longer — Ageing and Employment Policies*, 2006.

OLIVEIRA, F. A. de. "Fundef e Saúde: Duas experiências (virtuosas?) de descentralização". In: REZENDE, F.; OLIVEIRA, F. A. de. *Descentralização e federalismo fiscal no Brasil: Desafios da reforma tributária*. Rio de Janeiro: Konrad Adenauer Stiftung, 2003.

OLIVEIRA, F. E. B. "Proposta de um referencial básico para a discussão da Seguridade Social". *Texto para Discussão 251*, Rio de Janeiro, Ipea, 1992.

ORNELAS, W.; VIEIRA, S. "As novas regras da previdência social". *Conjuntura Econômica*, v. 53, n. 11, pp. 18-22, nov. 1999.

PINHEIRO, V. C.; ARRUDA, G. A. "Aspectos constitucionais do fator previdenciário". *Informe da Previdência Social*, v. 11. n. 10, out. 1999.

RANGEL, A.; ZECKHAUSER, R. "Can Market and Voting Institutions Generate Optimal Intergenerational Risk Sharing?". In: CAMPBELL, John Y.; FELDSTEIN, Martin. (Orgs.). *Risk Aspects of Investment-Based Social Security Reform*. Chicago; Londres: The University of Chicago Press, 2001.

REZENDE, Fernando. "Modernização tributária e federalismo fiscal". In: REZENDE, F.; OLIVEIRA, F. A. de. *Descentralização e federalismo fiscal no Brasil: Desafios da reforma tributária*. Rio de Janeiro: Konrad Adenauer Stiftung, 2003.

_____; TAFNER, Paulo (Orgs.). *Brasil: o estado de uma nação: Uma análise ampla e objetiva dos principais problemas e desafios do país*. Rio de Janeiro: Ipea, 2005.

TAFNER, Paulo. *Microinstituições e desempenho do sistema previdenciário brasileiro: Alguns efeitos não antecipados*. Rio de Janeiro: Iuperj, 2006. Tese (Doutorado em Sociologia Política).

_____; PESSOA, M.; MENDONÇA, J. "Aposentadoria por invalidez dos servidores públicos civis do poder executivo federal entre 1994 e 2004". Rio de Janeiro, Ipea, abr. 2006. (Série Seminários Dimac).

TAVARES, Marcelo Leonardo. *Direito Previdenciário: Regime geral de previdência social e regimes próprios de previdência social*. Rio de Janeiro: Lumen Juris, 2006.

VARSANO, Ricardo et al. "Uma análise da carga tributária no Brasil". *Texto para Discussão 583*. Rio de Janeiro, ago. 1998. Disponível em: <http://www.ipea.gov.br/portal/images/stories/PDFs/TDs/td_0583.pdf>. Acesso em: 30 jan. 2019.

Todos os direitos desta edição reservados à Todavia.

Grafia atualizada segundo o Acordo Ortográfico da Língua
Portuguesa de 1990, que entrou em vigor em 2009.

capa
Bloco Gráfico
ilustração de capa
David Galasse
composição
Manu Vasconcelos
preparação
Ana Cecília Agua de Melo
checagem
Luiza Miguez
revisão
Débora Donadel
Huendel Viana

Dados Internacionais de Catalogação na Publicação (CIP)

— —

A Carta: Para entender a Constituição brasileira
Organização: Naercio Menezes Filho e André Portela Souza
São Paulo: Todavia, 1ª ed., 2019
280 páginas

ISBN 978-85-88808-73-7

1. Constituição Federal do Brasil 2. Democracia 3. Direito constitucional
I. Menezes Filho, Naercio II. Souza, André Portela III. Título
CDD 342.0281

— —

Índice para catálogo sistemático:
1. Constituição Federal do Brasil 342.0281

todavia
Rua Luís Anhaia, 44
05433.020 São Paulo SP
t. 55 11. 3094 0500
www.todavialivros.com.br

fonte
Register*
papel
Munken print cream
80 g/m²
impressão
Geográfica